FISAC
DE LA
SOTA

Carlos Asensio-Wandosell / Moisés Puente (eds.)

LA FABRICA

MUSEO ICO

Miguel Fisac y Alejandro de la Sota: miradas en paralelo. Dos maestros de la arquitectura moderna española en su centenario
Museo ICO, del 17 de octubre de 2013 al 16 de febrero de 2014

Miguel Fisac and Alejandro de la Sota: Parallel Visions. Two Masters of Modern Spanish Architecture on their Centenary
Museo ICO, from October 17th, 2013 to February 16th, 2014

FUNDACIÓN ICO

Presidente / Chairman
Román Escolano Olivares

Directora / Director
Mónica de Linos Escofet

Responsable del Área de Arte /
Head of the Art Department
Gonzalo Doval Sánchez

AGRADECIMIENTOS / ACKNOWLEDGMENTS

Francisco Alonso de Santos
Architekturmuseum der TU München
Ana Barbazán Iglesias
David Bestué
Luis Buñuel Salcedo
Padre Ángel Camino
Carpintería La Navarra
Luis Castelo Vicente
Centro de Estudios Hidrográficos del CEDEX
Centro de Interpretación y Documentación del
 Agua y de los Humedales Manchegos (CIDAHM),
 Ayuntamiento de Daimiel
Colegio La Salle Ntra. Sra. de las Maravillas
Consejo Superior de Investigaciones Científicas
S.E. Correos y Telégrafos, S.A.
Teresa Couceiro
Pilar Criado Escribano
Dirección General de Arquitectura, Vivienda y Suelo,
 Ministerio de Fomento
J.C. Dubois
Madre Ángela Estévez Plaza
Luis Fernández-Galiano
Familia Fisac Badell
Javier Frechilla Camoiras
Fundación Residencia de Estudiantes (CSIC)
Teresa González Limón
José Hevia
Instituto de Óptica Daza de Valdés (CSIC)
Xurxo Lobato
Ana Victoria López
Elena López Errasquín
Esteban Manrique Reol
Fray Fernando Mañero Espinosa
Enrique Mendiluce Escobedo
Javier Mendinueta Garín
Carlos Miranda Ruiz de Gordejuela
Alejandro del Moral
Museo Nacional de Ciencias Naturales (CSIC)
Museo de Pontevedra – Diputación de Pontevedra.
 Fondo Pintos Fonseca
Paz Núñez Martí
José Antonio Ocaña Martínez
Miguel Ordogoiti
Parroquia de Santa Ana y la Esperanza, Madrid
Soraya Peña de Camus Sáez
Julián Pérez Alonso
Ángel Pérez Pérez
Religiosas de la Asunción. Colegio Asunción
 Cuestablanca, Madrid
Beatriz Riesco Moreno
Ramón Ruiz-Valdepeñas
Thilo M.A. Schuster
Secretaría General de Pesca, Ministerio de
 Agricultura, Alimentación y Medio Ambiente
Jordi Sierra Viu
Familia De la Sota Rius
Subdelegación del Gobierno en Tarragona
Teologado PP. Dominicos, Madrid
Antonio Vega
David Ventureira Iglesias
Julio Zori Pantoja

EXPOSICIÓN / EXHIBITION

Una exposición de / An exhibition by
fundación ICO

En colaboración con / Organized with
fundaciónmiguelfisac

FUNDACIÓN ALEJANDRO DE LA SOTA

Producción / Production
Fundación ICO

Comisarios / Curators
Carlos Asensio-Wandosell (Miguel Fisac)
Moisés Puente (Alejandro de la Sota)

Diseño de la exposición / Exhibition Design
Estudio Aurora Herrera

Coordinación / Coordination
Alicia Gómez Gómez
Francisco Rojas Serrano

Imagen / Image
Soda www.sodacomunicacion.com

Comunicación / Comunication
Cano Estudio

Montaje / Installation
Tema

Transporte / Transport
Ordax

Seguros / Insurance
AON
UFB UMU Assekuranzmakler

CATÁLOGO / CATALOGUE

Editado por / Edited by
Fundación ICO
La Fábrica

Coordinación / Coordination
Miriam Querol

Diseño / Design
Erretres

Traducciones / Translations
Graham Thomson

Corrección de textos / Proofreading
Alfredo Blanco Solís

Fotomecánica / Photosetting
Cromotex

Impresión / Printing
Brizzolis

Encuadernación / Bound by
Ramos

© de esta edición / for this edition
Fundación ICO, La Fábrica
© de los textos / texts
sus autores / their authors
© de las traducciones / translations
Graham Thomson

Todas las imágenes pertenecen a la Fundación Miguel Fisac y a la Fundación Alejandro de la Sota excepto pp. 56, 57, 62, 64, 66 y 67 (Herederos de Joaquín del Palacio) y p. 16 (Fundación Residencia de Estudiantes).

All of the images are the property of the Fundación Miguel Fisac and the Fundación Alejandro de la Sota except those on pp. 56, 57, 62, 64, 66 and 67 (heirs of Joaquín del Palacio) and p. 16 (Fundación Residencia de Estudiantes).

ISBN 978-84-15691-50-1
Depósito Legal / Legal Deposit: M-26586-2013

LA FÁBRICA

Editor / Publisher
Alberto Anaut

Directora editorial / Editorial Director
Camino Brasa

Director de desarrollo / Development Director
Fernando Paz

Coordinación / Coordination
Doménico Chiappe

Director de producción / Producer Director
Rufino Díaz

Organización / Organiser
Rosa Ureta

Distribución / Distribution
Raúl Muñoz

La Fábrica
Verónica, 13
28014 Madrid
91 360·13 20
edicion@lafabrica.com
www.lafabrica.com

La tipografía utilizada en este libro es Graphik y ha sido impreso en papel Arcoprint E.W. de 120 gr. para el interior y 300 gr. para la cubierta.

The typeface used in this book is Graphik and it has been printed on Arcoprint E.W. paper: 300 grams for the cover and 120 grams for the inside pages.

Todos los derechos reservados. Cualquier forma de reproducción, distribución, comunicación pública o transformación de esta obra sólo puede ser realizada con la autorización de sus titulares, salvo excepción prevista por la ley. Dirijase a CEDRO (Centro Español de Derechos Reprográficos, www.cedro.org) si necesita fotocopiar o escanear algún fragmento de esta obra.

All rights reserved. No part of this publication may be reproduced, stored in a retrieval system or transmitted, in any form or by any means, electronic or mechanical, including photocopying, recording or any information storage and retrieval system, without the written permission of the publishers, bar exceptions stipulated by Spanish law. Should you wish to photocopy or scan any fragment of this work, go to CEDRO (Centro Español de Derechos Reprográficos, www.cedro.org).

2013 sees the centenary of the birth of several great figures in Spanish architecture. The Museo ICO is celebrating two of them with the exhibition *Miguel Fisac and Alejandro de la Sota: Parallel Visions. Two Masters of Modern Spanish Architecture in their Centenary*. One from Castilla-La Mancha and the other from Galicia, both carried out their professional activities from their studios in Madrid. However, their influence on later generations was articulated in different ways: Miguel Fisac's through his prolific built work, Alejandro de la Sota's largely through his teaching at the ETSAM architecture school in Madrid, both through an innovative architecture in which constant research was of fundamental importance. These are architects who were obliged by the times in which they started building to be second-time-around pioneers, reintroducing into post-war Spain the premises of a Modern Movement that had been proscribed by official bodies that promoted a historicism of an imperial cast.

By way of a comprehensive biographical itinerary and the selection of some of their most significant projects, *Miguel Fisac and Alejandro de la Sota: Parallel Visions* celebrates the work of two key figures in Spanish architecture, work that is excellent despite having been produced with very limited resources, is absolutely relevant today in a time that is difficult for Spain in general and for the discipline in particular. In their architecture they constantly sought new solutions that would permit serialization, prefabrication, modulation and simplified construction and make it possible to reduce costs without compromising the client's needs and the building's function. The Centre for Hydrographic Studies by Miguel Fisac and the Maravillas Gymnasium by Alejandro de la Sota, to name just two of the projects in this exhibition, are clear examples of this.

Their approach to architecture, reflective towards the profession and far removed from facile sensationalism, and the achievements of their buildings make it especially appropriate to champion these architects again today. At the Museo ICO we hope and trust that *Miguel Fisac and Alejandro de la Sota: Parallel Visions* will contribute to a fuller appreciation of each architect's life and work, both inside and outside Spain, and to stimulate reflection and debate on Spanish architecture.

This project would not have been possible without the support and participation, from the very beginning, of a large number of individuals and institutions, both public and private. To all of them we want to convey our sincere thanks, especially to the custodians of the architects' archives, which have provided the greater part of the work and documents in this exhibition: the Fundación Miguel Fisac and the Fundación Alejandro de la Sota. Both perform an invaluable task in the conservation and dissemination of their legacy, to which the Museo ICO and the Fundación ICO now share with *Miguel Fisac and Alejandro de la Sota: Parallel Visions. Two Masters of Modern Spanish Architecture in their Centenary*.

Fundación ICO / Museo ICO

En 2013 se cumple el centenario del nacimiento de varios maestros de la arquitectura española. El Museo ICO dedica a dos de ellos la exposición *Miguel Fisac y Alejandro de la Sota: miradas en paralelo. Dos maestros de la arquitectura moderna española en su centenario*. Manchego uno y gallego el otro, ambos desarrollaron su actividad profesional desde sus estudios madrileños. Su influencia en generaciones posteriores, sin embargo, se articuló de modo distinto: la de Miguel Fisac a través de su prolífica obra construida; la de Alejandro de la Sota, sobre todo, a través de su magisterio en la Escuela Técnica Superior de Arquitectura de Madrid; ambas mediante una arquitectura innovadora en la que la investigación constante tenía un peso fundamental. Se trata de arquitectos que, obligados por la época en la que comenzaron a construir, tuvieron que volver a ser pioneros, reintroduciendo en la España de la posguerra los presupuestos de un Movimiento Moderno que había sido proscrito por unas instancias oficiales que preconizaban el historicismo de corte imperial.

A través de un exhaustivo recorrido biográfico y de la selección de algunos de sus proyectos más significativos, *Miguel Fisac y Alejandro de la Sota: miradas en paralelo* celebra la obra de dos figuras fundamentales para la arquitectura española que, excelente aun habiendo sido realizada con gran escasez de medios, se encuentra plenamente vigente en estos momentos de dificultades, para España en general y para la disciplina en particular. En su trabajo fue constante la búsqueda de nuevas soluciones que permitiesen la seriación, la prefabricación, la modulación, la simplificación constructiva, que posibilitasen, en fin, reducir costes sin menoscabo de las necesidades del cliente y la función del edificio. El Centro de Estudios Hidrográficos de Miguel Fisac y el Gimnasio del colegio Maravillas de Alejandro de la Sota, por citar solo dos de los proyectos presentes en esta exposición, son claros ejemplos de ello.

Su actitud ante la arquitectura, reflexiva ante la profesión y alejada del efectismo fácil, y los logros alcanzados con sus edificios hacen pertinente la reivindicación, una vez más, de estos arquitectos. Desde el Museo ICO esperamos que *Miguel Fisac y Alejandro de la Sota: miradas en paralelo* contribuya a un mayor conocimiento de la vida y obra de ambos, tanto dentro como fuera de España, así como a estimular el debate y la reflexión en torno a la arquitectura española.

Este proyecto no habría podido llevarse a cabo sin el apoyo y la colaboración que, desde el inicio, brindaron un gran número de personas e instituciones, tanto públicas como privadas. A todas ellas queremos transmitir nuestro más sincero agradecimiento, muy especialmente a las depositarias de los archivos de ambos arquitectos, de los que procede el grueso de las obras y documentación que conforman esta muestra: la Fundación Miguel Fisac y la Fundación Alejandro de la Sota. Ambas llevan a cabo una labor fundamental en la conservación y difusión de su legado, a la que el Museo ICO y la Fundación ICO se unen a través de *Miguel Fisac y Alejandro de la Sota: miradas en paralelo. Dos maestros de la arquitectura moderna española en su centenario*.

Fundación ICO / Museo ICO

Miguel Fisac en su estudio de la calle Villanueva, 5. Madrid.
Miguel Fisac at his office in the fith of Villanueva street. Madrid.

Alejandro de la Sota en el gimnasio del colegio Maravillas
Alejandro de la Sota at the Maravillas School Gymnasium

Miguel Fisac and Alejandro de la Sota, Parallel Visions

Carlos Asensio-Wandosell and Moisés Puente

Staging a joint exhibition to celebrate the centenary of the birth of two great masters of modern Spanish architecture presents certain problems, but also an extraordinary opportunity. What at first seemed to be a real dilemma — how to show the work of two architects with more differences than similarities — became an opportunity to reflect on architectures with an identity of their own grounded in very difficult socio-economic conditions that produce a different, and even exotic, vision of a discipline. In not being anthological, the exhibition shows something more than the two architects' individual achievements. Setting out two trajectories as diverse as Fisac's and De la Sota's in the same gallery allows us to observe in parallel two very different ways of making and understanding architecture, in the belief that, far from clashing, they will complement one another and be able to give us a broader panorama of the architecture of their time. The aim was not to compare their trajectories but to juxtapose them, setting out two parallel lives and careers in such a way that the visitor to the exhibition and the reader of this catalogue can draw their own conclusions.

The two architects coincided in time, as students at the School of Architecture of Madrid, and despite the fact that one was from Daimiel and the other from Pontevedra, they decided to set up their architecture studios in the capital. To some extent their beginnings were similar: they both began their careers in a Spain recently emerged from the Civil War, isolated from all significant cultural and architectural discourse elsewhere in the world; a Spain in which any news that came from outside had considerable intellectual impact. Each in his own way, they tried to break out of the sad anodyne atmosphere of a country living under a regime that upheld a neo-imperial style and living through the urgencies of post-war reconstruction. The absence of many major figures — some because they had died in the war, like Josep Torres Clavé or José Manuel Aizpurúa , others because they had gone into exile from the country, like Josep Lluís Sert, Félix Candela and Luis Lacasa, among others — interrupted the continuity of the pre-war attempts to engage with the European Modern Movement and induced a rather superficial return to historicist styles, localism and regionalism. At the same time, the void left by those missing major figures, coupled with the need for urgent reconstruction, gave a new generation of architects opportunities to take on good jobs very early. Fisac learned much from his travels to various parts of the world, seeing at first hand the most important and influential architecture from different periods of history; for his part, De la Sota immersed himself in a few deeply understood references. Over time, their paths took very different directions, and it seems that their endpoints could hardly be more contrasting: Miguel Fisac, obsessed with finding the ultimate aesthetic sense of reinforced concrete, concluded his career moulding heavy prefabricated elements, while De la Sota wound up working exclusively with latest-generation lightweight prefabricated modules in ever lighter buildings.

Fisac began his career with the project for the Espíritu Santo church in Madrid, which was by construction management (rather than a construction firm), thus affording him in-depth knowledge of the building trades. This, together with what he inherited from his father, who was a pharmacist and alchemist, prompted him to develop an inventiveness in construction far above that of the rest of his generation. His architecture is characterized throughout by the experimental inquiry that took it from a strain of rationalism to a violent and highly personal organicist expressionism.

Miguel Fisac y Alejandro de la Sota, miradas en paralelo

Carlos Asensio-Wandosell y Moisés Puente

Celebrar con una exposición conjunta el centenario del nacimiento de dos grandes maestros de la arquitectura moderna española plantea ciertos problemas, pero también constituye una oportunidad extraordinaria. Aquello que en un principio parecía ser un verdadero dilema –mostrar la obra de dos arquitectos con más diferencias que similitudes– se convirtió en una buena oportunidad para reflexionar sobre arquitecturas con identidad propia fundamentadas en condiciones socioeconómicas muy difíciles y que producen una mirada diferente, e incluso exótica, sobre la disciplina. Al no ser una antológica de los autores, la exposición muestra algo más que sus propios logros por separado. Exponer dos trayectorias tan dispares como la de Fisac y De la Sota en una misma sala permite observar en paralelo dos maneras bien distintas de hacer y entender la arquitectura, con la confianza de que, lejos de disturbarse, ambas se complementen y sean capaces de ofrecer un panorama más amplio de la arquitectura de su tiempo. No se trata tanto de comparar sus trayectorias, cuanto de yuxtaponerlas al disponer en escena dos vidas y trayectorias en paralelo, con el fin de que el visitante de la exposición, y el lector de este catálogo, puedan extraer sus propias conclusiones.

Ambos arquitectos coincidieron en el tiempo, estudiaron en la Escuela de Arquitectura de Madrid y, a pesar de que uno procedía de Daimiel y el otro de Pontevedra, decidieron instalar sus estudios de arquitectura en la capital. En cierto sentido, sus inicios fueron similares, pues empezaron a trabajar en una España recién salida de la Guerra Civil, aislada de todo discurso cultural y arquitectónico relevante en el mundo; en una España en la que cualquier noticia que viniera de fuera tenía un impacto intelectual muy importante. Cada uno a su manera, intentaron huir del ambiente triste y anodino de un país inmerso en un régimen que defendía un estilo neoimperial y que vivía la urgencia de la reconstrucción posbélica. La ausencia de figuras importantes –algunas porque habían muerto en la contienda, como Josep Torres Clavé o José Manuel Aizpurúa; y otras que tuvieron que exiliarse del país, como Josep Lluís Sert, Félix Candela y Luis Lacasa, entre otros– interrumpió la continuación de los ensayos de acercamiento al movimiento moderno europeo de preguerra y dio paso a una vuelta bastante epidérmica a estilos historicistas, al localismo y regionalismo. Por otro lado, el vacío que dejaron esas importantes figuras, unido a la necesidad de una urgente reconstrucción del país, permitió a una nueva generación de arquitectos tener buenas oportunidades de trabajo desde muy pronto. Fisac se fue formando en sus numerosos viajes por todo el mundo, donde visitó de primera mano la arquitectura más importante e influyente de los diferentes períodos de la historia; por su lado, De la Sota se fue enfrascando en pocas pero bien entendidas referencias. Con el tiempo, sus trayectorias tomaron rumbos bien diferenciados, y parece que el final no podría ser más opuesto: Miguel Fisac, obsesionado con la búsqueda del sentido estético último del hormigón armado, finalizó su carrera moldeando prefabricados pesados, mientras que, por su parte, De la Sota acabó construyendo únicamente con prefabricados ligeros de última generación en obras cada vez más livianas.

Fisac comenzó su carrera con el proyecto de la iglesia del Espíritu Santo, en la madrileña colina de los chopos, una obra ejecutada por administración (sin constructora) que le permitió un conocimiento profundo de los oficios de la construcción. Ello, unido a la herencia paterna –su padre era

De la Sota meanwhile began his career working for the Instituto Nacional de Colonización and after his first essays in a timidly modern popular architecture in the construction of various new villages, such as Esquivel, his career underwent a definitive shift towards a modern architecture in the American vein which it was never to abandon. His coherent career was a continual pursuit of abstraction and lightness in construction, always wrapped in the mythic aura surrounding his person, which he himself created.

The joint exhibition of the work of these two architects makes good use of the qualities of the Museo ICO. On the ground floor, adjacent to the entrance area, it presents the two men in context and establishes parallel itineraries through the life and work of both. Their beginnings, and documents and photographs of their personal, academic and professional lives are combined with furniture and objects in an attempt not only to describe the trajectories each took but also to give an idea of the cultural, technological and ideological spheres in which they worked.

In the second room, on the middle floor, six of the most important works of each are placed in opposing pairs. The criteria for selecting the pairings have to do with when they were designed and built and with the type of construction, its spatial characteristics and its position in the landscape and the city. The dialectic between the works exists not in order to draw comparisons but to make it easier to relate Fisac's and De la Sota's ways of working at different stages in their careers and understand how their conceptual positions interweave with one another, moving from the figurative-eclectic to the purely abstract and disciplinary. The associations between the works begin with the regionalist eclecticism of Daimiel Vocational Training Centre (Fisac) and the village of Esquivel (De la Sota). A little later Fisac's Instituto Cajal in Madrid and De la Sota's Civil Governor's Office and Residence in Tarragona tested the idea of a new urban monumentality. Both the Centre for Hydrographic Studies (Fisac) and the Maravillas school gymnasium (De la Sota), now regarded as classics, are sophisticated developments of a large hall, in each case with a superb resolution of overhead lighting. Albeit on very different scales, in the Domínguez house (De la Sota) and the Dominican monastery (Fisac) we are confronted with the idea of a new built landscape: while the monastery is a fabric adapted to the topography, the house is composed of separate volumes with multiple links between them. Two buildings with an urban vocation and similar programmes, the IBM headquarters in Madrid (Fisac) and the Post and Telecommunications building in León (De la Sota), explore the possibilities of resolving façades with precast elements — heavy in the former case, very light in the latter — in firmly consolidated urban environments. Finally, two small projects for houses by the sea — one built, in Mazarrón (Fisac), and the others, for Alcudia, surviving only on paper (De la Sota) — engage with the idea of the inhabited landscape in privileged settings.

To conclude the tour of the exhibition, the installations in the two small upper rooms — Miguel Fisac's by the architect Ramón Ruiz-Valdepeñas, president of the Fundación Miguel Fisac, and Alejandro de la Sota's by the artist David Bestué — offer insights into De la Sota's working methods and Fisac's approach to travel, and enhance our awareness that we are in the presence of living work that is always open to interpretation from other visions and other disciplines.

farmacéutico y alquimista–, le impulsó a desarrollar una inventiva constructiva que estaba por encima de la de su generación. Su arquitectura siempre se caracterizó por una indagación experimental que la hizo pasar de un cierto racionalismo a un expresionismo organicista violento y muy personal.

Por otro lado, De la Sota comenzó su carrera trabajando para el Instituto Nacional de Colonización y, tras sus primeros ensayos de arquitectura popular tímidamente moderna en la construcción de diversos pueblos, como el de Esquivel, su trayectoria experimentó un giro definitivo hacia una arquitectura moderna de filiación norteamericana que ya no abandonaría en toda su carrera. Su coherente carrera fue una continua búsqueda de la abstracción y de la ligereza constructiva, envuelta siempre en el aura mítica del propio personaje que él mismo había ido construyendo.

La exposición conjunta de la obra de ambos arquitectos aprovecha las cualidades de las salas del Museo ICO. La planta baja, adyacente a la zona de entrada, presenta a los personajes en su contexto y establece un recorrido paralelo por la vida y obra de ambos. Los inicios, documentos y fotografías de su vida personal, académica y profesional se combinan con muebles y objetos para intentar no solo describir la trayectoria de cada uno de ellos, sino también dejar entrever el ambiente cultural, tecnológico e ideológico en el que trabajaron.

En la segunda sala, en la planta intermedia, seis de las obras más importantes de cada uno de ellos se sitúan enfrentadas dos a dos. Los criterios establecidos para la determinación de las parejas tienen que ver con el tiempo en el que fueron ejecutadas, con el tipo de construcción, sus características espaciales y su posicionamiento en el paisaje y la ciudad. La dialéctica entre las obras no tiene el ánimo de establecer comparaciones, sino de permitir relacionar las formas de trabajar de Fisac y De la Sota en diferentes etapas de su carrera, y comprobar cómo se van entrelazando sus posicionamientos conceptuales, pasando de lo figurativo-ecléctico a lo puramente abstracto y disciplinar. Las asociaciones entre las obras empiezan con el eclecticismo regionalista del Instituto Laboral de Daimiel (Fisac) y el pueblo de Esquivel (De la Sota). Más tarde, Fisac con el Instituto Cajal, en Madrid, y De la Sota con el Gobierno Civil de Tarragona ensayan la idea de una nueva monumentalidad urbana. El Centro de Estudios Hidrográficos (Fisac) y el gimnasio del colegio Maravillas (De la Sota), considerados hoy ejemplos ya clásicos, constituyen una sofisticada elaboración de una gran sala con una magnífica resolución de la iluminación cenital. Aunque con escalas muy diferentes, en la casa Domínguez (De la Sota) y en el convento de los Dominicos (Fisac) nos encontramos ante la idea de un nuevo paisaje construido; mientras que el convento es un tejido adaptado a la topografía, la casa está formada por volúmenes separados con múltiples enlaces entre ellos. Dos edificios con vocación urbana y programa similares, la sede de IBM en Madrid (Fisac) y el edificio de Correos y Telégrafos en León (De la Sota), exploran las posibilidades de la resolución de las fachadas con elementos prefabricados –pesados en un caso, ligerísimos en el otro– en entornos urbanos consolidados. Por último, dos pequeños proyectos de viviendas unifamiliares frente al mar, una construida en Mazarrón (Fisac) y otras que quedaron en proyecto en Alcudia (De la Sota), exploran la idea de paisaje habitado en un entorno privilegiado.

Para acabar el recorrido de la exposición, en las dos pequeñas salas superiores, sendas instalaciones –la de Miguel Fisac, llevada a cabo por Ramón Ruiz-Valdepeñas, arquitecto y presidente de la Fundación Miguel Fisac, y la de Alejandro de la Sota, obra del artista David Bestué– ofrecen visiones sobre los modos de trabajo, en el caso de Alejandro de la Sota, y de entender los viajes, en el caso de Fisac, con la confianza de que nos encontramos ante una obra viva y siempre abierta a interpretaciones desde otras miradas y otras disciplinas.

CONTENT

MIGUEL FISAC
ALEJANDRO DE LA SOTA

I and Fisac —Carlos Asensio-Wandosell	16
Alejandro de la Sota, or the Construction of a Myth —Moisés Puente	34
Timeline	50
Daimiel Vocational Training Centre Ciudad Real, 1951-1953	56
Village of Esquivel Sevilla, 1952-1963	72
Cajal and Microbiology Institute Madrid, 1950-1956	88
Civil Governor's Office and Residence Tarragona, 1957-1964	104
Dominican Seminary Madrid, 1956-1959	120
Maravillas School Gymnasium Madrid, 1960-1962	136
Centre for Hydrographic Studies Madrid, 1960-1963	152
Domínguez House A Caeira (Poio), Pontevedra, 1973-1978	168
IBM Building Madrid, 1966-1967	184
Post and Telecommunications Building León, 1981-1984	200
House on the Bay of Mazarrón Murcia, 1968-1969	216
Residential Development by the Sea Alcudia, Mallorca, 1983-1984	228

ÍNDICE

MIGUEL FISAC
ALEJANDRO DE LA SOTA

Yo y Fisac — 17
—Carlos Asensio-Wandosell

Alejandro de la Sota, o la construcción de un mito — 35
—Moisés Puente

Línea del tiempo — 50

Instituto Laboral de Daimiel — 56
Ciudad Real, 1951-1953

Pueblo de Esquivel — 72
Sevilla, 1952-1963

Instituto Cajal y de Microbiología — 88
Madrid, 1950-1956

Gobierno Civil — 104
Tarragona, 1957-1964

Teologado Dominicos — 120
Madrid, 1956-1959

Gimnasio del colegio Maravillas — 136
Madrid, 1960-1962

Centro de Estudios Hidrográficos — 152
Madrid, 1960-1963

Casa Domínguez — 168
A Caeira (Poio), Pontevedra, 1973-1978

Edificio IBM — 184
Madrid, 1966-1967

Edificio de Correos y Telecomunicaciones — 200
León, 1981-1984

Chalet en la Bahía de Mazarrón — 216
Murcia, 1968-1969

Urbanización junto al mar — 228
Alcudia, Mallorca, 1983-1984

I and Fisac

Carlos Asensio-Wandosell

'It's a strange business, speaking for yourself, in your own name, because it doesn't at all come with seeing yourself as an ego, a person or a subject. Individuals find a name for themselves, rather, only through the harshest exercises in depersonalization, by opening themselves up to the multiplicities everywhere within them, to the intensities running through them.'
—Gilles Deleuze

1. The First Trip, the Space-Volume Dissociation. Fisac or I(Fisac. 1936, The War.

Miguel Fisac hardly ever used quotes from other authors, he always spoke in the first person. Behind this apparent clarity of thought and self-awareness, his life was a trip towards the recovery of his Self.

The start of the Spanish Civil War caught him unawares, as it did so many others. The I(Fisac marked by his surname did not want to be enlisted in the Republican army and decided to hide in the strongroom of his parents' house. It was there, perhaps, in that self-imposed captivity that the I(Fisac emerged most intensely, the creator open and receptive to the world. He spent a year trapped in a stasis that brought about a split, a confrontation between a Fisac distressed at a situation that thwarted his plans as a young man of promise and an I(Fisac reworking and refashioning itself, maturing in the course of an inner journey. It was not an extensive journey but an intensive one, as is every real journey beyond the limits of a known identity to confront other and as yet unknown selves. This inner journey, shut up in the family strongroom, made him a nomad. 'Nothing is as immobile as a nomad,' Deleuze said. 'The idea of nomadism is simply an inversion of sense: you need to be settled to travel and this kind of journey is not a journey unless there is a psychic transformation.'[1] Indeed, Fisac, in his hideout, was undergoing a transformation. He had understood, during his years at the School of Architecture, his condition as a peripheral personality. His hard, direct character had not helped him in some of his course subjects. If he was to get on he had to escape his native soil and insert himself into that elitist environment. At the same time the recollection of and the longing for the light of La Mancha, like a sentient being, was his travelling companion — 'light is the first visible animal of the invisible,' as Lezama Lima would say.

Light generates Volume. His appreciation of this statement took him to the definition of architecture that Le Corbusier offered in his 1923 book *Vers une architecture* — *'L'architecture est le jeu, savant, correct et magnifique des volumes sous la lumière'* — [2] a definition etched into pre-Civil War Spanish architecture by the lecture Le Corbusier gave at the Residencia de Estudiantes in 1928.[3]

This awareness of light as a generator of volume was to constitute his Self as an architect, while at the same time feeding his introversion. 'Light,' in the

---

1/ *L'Abécédaire de Gilles Deleuze* is a film made by Pierre-André Boutang in 1988-1989 and first broadcast on French television in 1996. It consists of a series of three interviews with the philosopher by Claire Parnet.

2/ 'Architecture is the masterly, correct and magnificent play of volumes brought together in light.'

3/ Le Corbusier was invited to speak by the architect Fernando García Mercadal and Alberto Jiménez Fraud, the director of the Residencia de Estudiantes.

Yo y Fisac

Carlos Asensio-Wandosell

«Decir algo en nombre propio es muy curioso; porque no es en absoluto en el momento en que uno se toma por un yo, una persona o un sujeto, cuando se habla en su nombre. Al contrario, un individuo adquiere un verdadero nombre propio como consecuencia del más severo ejercicio de despersonalización, cuando se abre a las multiplicidades que le atraviesan de parte a parte, a las intensidades que le recorren.»
—Gilles Deleuze

1. El primer viaje, la disociación Volumen-Espacio. Fisac o Yo(Fisac. 1936, la guerra.

Miguel Fisac apenas utilizaba citas de otros autores, siempre hablaba en primera persona. Tras esta aparente claridad de pensamiento y conciencia de sí mismo, su vida fue un viaje hacia la recuperación de su Yo.

El principio de la Guerra Civil le sorprende, como a tantos otros. El Yo(Fisac marcado por su apellido no quería ser alistado por el ejército republicano y decide esconderse en la cámara de la casa de sus padres. Ahí, tal vez, en ese cautiverio autoimpuesto surge con más intensidad el Yo(Fisac, el creador abierto y receptivo al mundo. Vivió un año atrapado en un inmovilismo que le provocó una escisión, una confrontación entre un Fisac angustiado con una situación que entorpecía sus planes de joven prometedor y un Yo(Fisac reelaborando y reelaborándose, madurando en el viaje interior. No era un viaje extensivo, sino intensivo, como son los verdaderos viajes que sobrepasan los límites de una identidad conocida para confrontarnos con los otros yoes desconocidos hasta ese momento. Este viaje interior, atrapado en el zulo familiar, le convierte en un nómada. «Nada hay más inmóvil que un nómada», dice Deleuze. «La idea del nomadismo es, simplemente, una inversión de sentido: es necesario estar asentado para viajar y ese tipo de viaje no es ningún viaje sino cuando por él hay una transformación psíquica»[1]. Efectivamente, Fisac está sufriendo, desde su propio escondite, una transformación. Ha comprendido, durante sus años en la Escuela de Arquitectura, su condición de personaje periférico. Su carácter duro y directo no le ha ayudado en algunas asignaturas de la carrera. Si quiere salir adelante necesita escapar de su tierra e integrarse en ese ambiente elitista. Por otro lado, el recuerdo, el anhelo de la luz manchega, como un ser animado, es su compañero de viaje –«la luz es el primer animal visible de lo invisible», diría Lezama Lima–.

La luz genera el Volumen. La conciencia de esta afirmación le traslada a la definición de arquitectura que Le Corbusier incluía en su libro del año 1923 *Vers une architecture: «L'architecture est le jeu, savant, correct et magnifique des volumes sous la lumière»*[2], grabada en la arquitectura española previa a la Guerra Civil gracias a la conferencia que Le Corbusier impartió en la Residencia de Estudiantes el año 1928[3].

1/ *El abecedario de Gilles Deleuze* es un programa de la televisión francesa producido por Pierre-André Boutang en 1988-1989 y emitido en el año 1996. Consiste en una serie de tres entrevistas que Claire Parnet le realiza al filósofo.

2/ «La arquitectura es el juego sabio, correcto y magnífico de los volúmenes bajo la luz».

3/ Le Corbusier fue invitado por el arquitecto Fernando García Mercadal y el director de la Residencia de Estudiantes Alberto Jiménez Fraud.

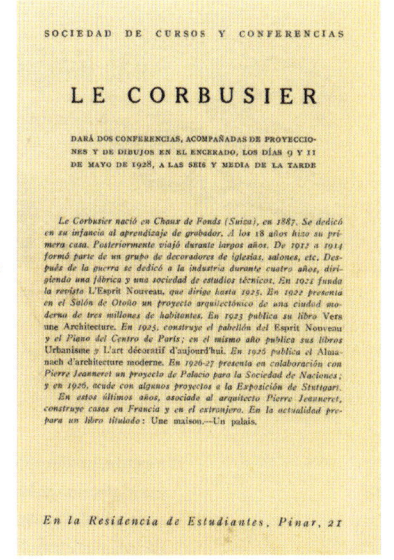

Cartel original que anuncia la conferencia de Le Corbusier en la Residencia de Estudiantes el año 1928.
Original poster announcing the lecture by Le Corbusier at the Residencia de Estudiantes in 1928.

words of José Angel Valente, 'is metonym for creation: creation will always be named in terms of light. The essence par excellence, but also place of appearance in concavity, the hollow, the space.'[4] Light, in José Ángel Valente's sense, was for Miguel Fisac an intensive journey from Volume to Space, from exteriority to introversion, from outside to inside.

2. The Official Line, the Predominance of Volume. Fisac and Fisac. A Figure, a Hill.

At the end of the Civil War Fisac returned to the School of Architecture in Madrid, where the Italian magazine *Architettura*, edited by Marcello Piacentini until its closure in 1943, was circulated and read. The official magazine of the architectural profession in Italy, it was an offshoot of *Architettura e Arti Decorative*. The last few issues of *Architettura* featured projects for the E42 city, which was to host Rome's Universal Exposition of 1942. This Expo had a great deal of influence in post-Civil War Spain, given the close bilateral relations between the Italian and Spanish regimes. It was Mussolini himself who adopted the Novecento Italiano style for the construction of his grand projects.[5]

As editor of *Architettura*, Piacentini imposed aesthetic precepts which sought a connection between the new resources offered by the construction industry and classic ordination. The new was important, but had to be backed by the weight of history. There was no break. The work of architecture aimed to be a compendium of all the arts and a means of conserving the craft tradition; in much the same way as in Catalan Modernisme, as the continuation of French Art Nouveau, or the Glasgow Style in Britain, there was a real concern with recovering the craft skills, which had begun to disappear in the early twentieth century.

Fisac completed his studies in this cultural context, and his first works, at Colina de los Chopos in Madrid,[6] are indebted to this *novecentista* current. Pure volume and representation: an architecture that I(Fisac saw as finished from its first beginnings. Attentive to the architecture being made at the time, he realized that the modern approach was the most coherent and the most potentially enduring. Very different from this, however, is his Espíritu Santo church, his first built work. Intuitive, intelligent in its construction, quiet and modest, on the exterior it doffs its cap to the no longer extant Instituto Escuela by Arniches and Domínguez.[7]

Fisac also laid out the area of Colina de los Chopos at a tangent to calle Serrano, with its wonderful building by Manuel Sánchez Arcas and Luis Lacasa.[8] Completed in 1932, the modernity of the Rockefeller's interior led the young Fisac to think that there was something beyond *novecentista* façadism.

The new intervention established an east-west orientation, with the façade on calle Serrano, the portico of which is known as the Propylaea, and following the axis towards the west, there is a square with a pond in the middle. At the

---

[4] López Fernández, Laura, 'El esencialismo poético en José Ángel Valente', in *Espéculo*, 2000-2001.

[5] The most notable published works are the so-called *palazzi*: the Palazzo della Civiltà Italiana, by Guerrini, Bruno and Romano; the Palazzo del Littorio, designed by the team of Carminati, Lingeri, Saliva, Terragni and Moretti; the Palazzo dei Congressi, constructed by Adalberto Libera in 1940, the Archivio Centrale dello Stato by Renzi, Figini and Pollini, and the set of tertiary volumes that compose the central part of the composition around the large square with the obelisk commemorating Marconi.

[6] As Juan Ramón Jiménez called the small hill on which the CSIC was built, near paseo de La Castellana.

[7] A Spanish educational institution founded in Madrid in 1918.

[8] Now the Instituto de Química Física Rocasolano.

Esta conciencia de la luz como generadora de volumen será constitutiva de su Yo arquitecto, al mismo tiempo que alimentará su introversión. «La luz», en palabras de Valente, «es metonimia de creación, la creación siempre será nombrada en términos de luz. La esencia por excelencia, pero también lugar de la aparición en la concavidad, el hueco, el espacio»[4]. La luz, en el sentido de José Ángel Valente, será para Miguel Fisac un viaje intensivo del Volumen al Espacio, de la exterioridad y a la introversión, del fuera a dentro.

2. La línea oficial, la predominancia del Volumen. Fisac y Fisac Una figura, una colina.

Cuando, al finalizar la Guerra Civil, Fisac volvió a la Escuela de Arquitectura de Madrid, circulaba la revista italiana *Architettura,* dirigida por Marcello Piacentini hasta su clausura en 1943. Era la revista oficial de la profesión en Italia, que había nacido de *Architettura e Arti Decorative.* En sus últimos números, *Architettura* expuso los proyectos de la ciudad E42, que sería la sede de la Exposición Universal de Roma de 1942. Esta exposición tuvo una influencia muy grande en la España de posguerra, dadas las fluidas relaciones bilaterales entre el gobierno italiano y el español. Es el propio Mussolini quien primero adoptó el Novecento para la construcción de sus grandes proyectos[5].

Piacentini, desde la dirección de *Architettura,* impuso unos preceptos estéticos que buscaban la conexión entre los nuevos recursos que ofrecía la construcción y una ordenación clásica. Lo nuevo es importante, pero sustentado por el peso de la historia. No hay ruptura. La obra de arquitectura pretendía ser un compendio de todas las artes y una forma de mantener los oficios artesanos. Caso similar al del Modernismo catalán, que, como continuador del Art Nouveau francés, o el Glasgow Style británico, se preocupó de recuperar los oficios que, ya a principios del siglo XX, se estaban perdiendo.

Fisac acaba la carrera en este caldo de cultivo, y sus primeras obras en la Colina de los Chopos[6] son fruto de esta corriente novecentista. Puro volumen y representación. Una arquitectura que el propio Yo(Fisac entiende acabada desde sus inicios, pues, atento a la arquitectura que se hacía, comprendió que el camino de la modernidad era el más coherente y el que más recorrido tenía. Muy diferente es la iglesia del Espíritu Santo, a la sazón su primera obra. Intuitiva, de inteligente construcción, callada y modesta, se supedita, exteriormente, a la destruida arquitectura de Arniches y Domínguez para el Instituto Escuela[7].

Fisac también ordenaría toda la zona de la colina tangente a la calle Serrano, en la que ya existía el maravilloso edificio Rockefeller[8] de Manuel Sánchez Arcas y Luis Lacasa del año 1932. Edificio de una modernidad interior tal que al joven Fisac le hace pensar en que hay algo más allá del fachadismo novecentista.

Portada del número especial de la revista italiana *Architettura* dedicado a la arquitectura del Tercer Reich. Agosto de 1939.
Cover of the special issue of the Italian magazine *Architettura* devoted to the Third Reich architecture. August, 1939.

4/ López Fernández, Laura, «El esencialismo poético en José Ángel Valente», en *Espéculo*, 2000-2001.
5/ Las obras más notables publicadas son los denominados *palazzos:* el de la Civiltá Italiana de Guerrini, Bruno y Romano; el del Littorio, proyectado por el equipo de Carminati, Lingeri, Saliva, Terragni y Moretti; el de Congressi, construido por Adalberto Libera en 1940; el Archivio Centrale dello Stato de Renzi, Figini y Pollini, y el conjunto de volúmenes terciarios que compondrían la parte central de la composición en torno a la gran plaza del Obelisco, conmemorativa de Marconi.
6/ Así llamó Juan Ramón Jiménez a la pequeña colina sobre la Castellana donde se levantó el CSIC.
7/ Institución educativa española fundada en Madrid en 1918.
8/ En la actualidad es el Instituto de Química Física Rocasolano.

end, closing the complex and unjustly turning its back to the Residencia de Estudiantes, is the tightly constricted central building of the CSIC.

The last building he constructed here is the Institute of Optics, in the organization of which he took into account the neighbouring Physical Chemistry building by Lacasa (then in exile in the Soviet Union) and Sánchez Arcas. The scheme develops a very detailed functional programme, including the design of work units composed of a combined table and chair and a window, with the ergonomics and the control of natural and artificial lighting the key elements. There are clear references to Le Corbusier in the concave entrance, somewhat similar to the entrance to the Swiss Pavilion in the Cité universitaire in Paris (1935), and to the Asplund of the Stennäs holiday home in the cafeteria on the top floor. In the design of the cafeteria Fisac was evidently attentive to what was going in postwar Europe, in the form of a return to the vernacular, rather than the regionalism promoted by the Franco regime. This building emancipated the I(Fisac from the populist Fisac and paved the way for his next trip.

3. The Second Trip, the Inner Revolution (Space). I(Fisac or Fisac. 1949, Lausanne, Basel, Paris, Copenhagen, Stockholm, Gothenburg, Amsterdam, Madrid.

Fisac seems to have replicated a trip taken by Ricardo Fernandez Vallespín, the Opus Dei architect — and priest from 1949 on — with whom he shared the studio on calle Villanueva. The great and significant difference between his and Vallespín's route is that Fisac visited Paris to see at first hand the work of Le Corbusier, and to study the architecture in concrete of the great Auguste Perret.

Fisac arrived in Paris four years after the end of World War II. The first thing he did was to visit the Swiss Pavilion, which he already knew from various publications; in fact, he had studied its entrance while working on the project for the Institute of Optics in Madrid. He now analyzed it thoroughly, both inside and out, in order to assimilate it. On his return to Madrid he said he had not found it at all interesting, and that its poor execution and deplorable maintenance had disappointed him so much that he now considered Le Corbusier a charlatan and the Modern Movement he led by him dehumanized and absurd. Clearly, Fisac had adopted a populist stance in line with the position taken by the Franco regime. He could not praise a pro-communist architect, especially one who was developing an architecture that was the ideological opposite of what was being done in Spain. Here once again the I(Fisac, intelligent and sensitive, recognized great Architecture, which he could not help but admire and follow, and contrasted it with the volumetric and superficial Fisac who was to opt all his life to take positions contrary to those of the Swiss master.

The unprecedented discovery, again not acknowledged by Fisac, was the work of the Danish architect Arne Jacobsen. It was this discovery that sparked his interest in designing furniture, utensils, jewellery and even clothes. Jacobsen also grappled with a similar internal contradiction: for him, tradition was a framework he would never reject, even after visiting Le Corbusier's L'Esprit Nouveau Pavilion in 1925, and Konstantin Melnikov's Soviet Pavilion for the Universal Exhibition in Paris that same year. His early works tread an ambiguous path between tradition and modernity, reflecting an admiration for both Asplund and Mies van der Rohe at the same time. His house in Klampenborg marks an aesthetic break with the Romantic tradition to tune with new architectural trends.

On Fisac's return to Spain he carried out three works of major significance for his career in a short space of time. The first of these was the CSIC bookshop

Interior de la librería del CSIC, Duque de Medinaceli, Madrid, 1949.
Interior of the CSIC bookshop, Duque de Medinaceli, Madrid, 1949.

La nueva ordenación establece un eje Este-Oeste. Tiene fachada a la calle Serrano, con un pórtico conocido como los Propileos, y siguiendo el eje hacia el Oeste, hay una plaza con un estanque en el medio. Al final, cerrando el conjunto e injustamente dando la espalda a la Residencia de Estudiantes, el encorsetado edifico central del CSIC.

El último edificio que construye es el Instituto de Óptica. En la organización del edificio tiene en cuenta el trabajo de Lacasa (exiliado a la Unión Soviética) y Sánchez Arcas para el vecino edificio de Química Física. Desarrolla un programa funcional muy minucioso. Llega a diseñar unidades de trabajo compuestas de mesa-silla y ventana, donde la ergonomía y el control de la iluminación natural y artificial son los elementos fundamentales. Aparecen referencias claras a Le Corbusier en la entrada cóncava, de alguna manera similar a la entrada del Pabellón Suizo en la ciudad universitaria de París (1935) y al Asplund de la casa de vacaciones en Stennas, en la cafetería de la última planta. En el caso de la cafetería se detecta que Fisac está atento a lo que se lleva en la Europa de posguerra, que es una vuelta a lo vernáculo, más que al regionalismo que proclamaba el régimen de Franco. Este edificio emancipa al Yo(Fisac sobre el populista Fisac y abre el camino hacia el siguiente viaje.

3. El segundo viaje, la revolución interior (Espacio). Yo(Fisac o Fisac. 1949, Lausana, Basilea, París, Copenhague, Estocolmo, Gotemburgo, Ámsterdam, Madrid.

Aparentemente, repite el viaje de Ricardo Fernández Vallespín –arquitecto del Opus Dei y sacerdote desde 1949–, con el que comparte el estudio de la calle Villanueva. La gran e importantísima diferencia con la ruta que hizo Vallespín es que Fisac visita París para ver en primera persona la obra de Le Corbusier, además de interesarse por la arquitectura de hormigón del gran maestro Auguste Perret.

Llega a París cuatro años después del fin de la Segunda Guerra Mundial. Inmediatamente, visita el Pabellón Suizo. Ya lo conocía de algunas publicaciones; de hecho, había estudiado su entrada mientras realizaba el proyecto del Instituto de Óptica en Madrid. Fisac lo analizó minuciosamente, por dentro y por fuera, hasta asimilarlo. A su vuelta a Madrid, comentó que no le había interesado nada, que su ejecución deficiente, su mantenimiento deplorable, le habían decepcionado tanto que consideraba a Le Corbusier un embaucador y el movimiento moderno liderado por él, una tontería deshumanizada. Claramente, Fisac mantuvo una postura populista en la línea marcada por el régimen franquista. Él no podía alabar a un arquitecto comunista que además estaba desarrollando una arquitectura situada en el polo opuesto de lo que ideológicamente se estaba haciendo en España. Aquí, otra vez, el Yo(Fisac, inteligente y sensible, reconoce la gran Arquitectura, a la que inevitablemente admira y persigue, y le confronta con el Fisac volumétrico y superficial que jugará toda su vida a situarse en posiciones contrarias al maestro suizo.

El hallazgo sin precedentes, y tampoco reconocido por Fisac, lo encontró en la obra del danés Arne Jacobsen. A partir de ese momento empieza a interesarse por el diseño de muebles, utensilios, joyas e incluso ropa. También Jacobsen vive la misma controversia interior, la tradición es un marco de referencia que nunca olvidará, incluso después de visitar el Pabellón de L'Esprit Nouveau de Le Corbusier en el año 1925, o el realizado por Konstantin Melnikov para la Exposición Universal de París del mismo año. Sus primeras obras siguen un camino ambiguo entre tradición y modernidad, entre la admiración por Asplund y Mies van der Rohe al mismo tiempo. Su casa en Klampenborg marcará una ruptura

Pabellón de entrada del Instituto de Óptica Daza de Valdés, 1948.
Entrance pavilion of the Institute of Optics Daza de Valdés, 1948.

Pabellón Suizo de la Ciudad Universitaria de París, Le Corbusier, 1932.
The Swiss Pavilion at the Cité Universitaire in Paris, by Le Corbusier, 1932.

on calle Duque de Medinaceli in Madrid. Fisac approached the commission as an exercise of decompression in relation to his previous phase, as well as a corollary to his European tour. The natural expression of the wood contrasts with the cladding of the concrete pillars of the former ice palace, with small pieces of marble. The entrance, with its markedly Scandinavian flavour, has little to do with the lighting of a ceiling with a regular grid of fluorescent strips. The architect tested and proved himself here as a total designer.

The second significant work is the Instituto Cajal. As is often said, it resonates with echoes of Nordic architecture, with a nod in the direction of Asplund. Fisac designed the Instituto Cajal out of an internal pitched battle. On one hand, he has now broken with *novecentista* architecture, but not completely: he was still using exquisitely dressed stonework for plinths and entrances. On the other hand, he had to fit the project to a very complicated plot, with a chamfered corner on two equally important streets. Of course, at this stage he was far beyond wanting a building in the shape of a pair of trousers. He rejected this option, and thought constantly about the pavilion by Le Corbusier, dreaming of pure, clean volumes raised on pillars to allow a view of the garden from the street. In the end, he raised the building on pillars only at the two entrances, thus visually connecting the two streets, in a timid attempt to free the ground floor. He could not maintain this solution for the entire length of the two blocks, however, firstly because he was still holding on to conceptual reminiscences of his earlier architecture, in which the buildings have a socle and rest on the ground, and secondly because he resolved the chamfered corner with a concave block at street level, in a clear reference to the vertical communications volume of the Swiss pavilion, and this concave block could not be raised on pilotis because it is one of the flights of steps giving access to the building. Inevitably, he had to tie the whole scheme together by symmetrically lowering the Velázquez and Joaquín Costa blocks in order to connect them with the chamfer. The façades of these clearly recall the Statens Laboratorium Bakteriologiska (SBL) in Stockholm by Asplund (1937), in the regular order of the windows and in the size and proportions of these. In the last analysis, the building is a conceptual hybrid endowed with homogeneity by Fisac's talent. The whole is built of brick, in part with a new patented brick designed by Fisac himself. The aforementioned double-glazed pivot window with a blind in the cavity between the panes is another personal achievement of a very high level and a technological milestone in the Spain of the time.[9]

Both Asplund and Fisac found it hard to position themselves socially in favour of functionalism. If Le Corbusier's demountable pavilion for Nestlé is a possible precedent for the Stockholm International Exhibition, Asplund can be considered less Corbusierian and more constructivist, following in the Weimar line of Gropius, Meyer and Mendelsohn.

The third work is much more important than the first two. With the project for the Daimiel Vocational Training Centre there emerges an architect of sufficient talent to devise new solutions for the proposed programmes. This is indeed an architecture in line with the vernacular, understood as that which essentially constitutes the culture of a country. In this case, it also distanced itself from the regionalism that was far too prevalent in postwar Spain. It was clearly influenced by the Jacobsen of the herring-smoking plant of 1943, but gives a much greater sense of distilling all of the architecture of the time. The thoroughly intelligent organization of the functional programme used organigrams which look forward to the computational and semiotic world

[9]/ Like the railroad cars for the Pullman Company in the USA, the windows were made in Madrid by the carpentry firm La Navarra.

estética con la tradición más romántica al sintonizar con las nuevas corrientes arquitectónicas.

A su vuelta a España, Fisac ejecuta tres obras muy importantes para su carrera en un corto espacio de tiempo. La primera, la librería del CSIC en la calle Duque de Medinaceli de Madrid. Fisac toma el encargo como un ejercicio de descompresión de su etapa anterior, a la vez que un corolario de su viaje por Europa. La expresión natural de la madera contrasta con el chapado de los pilares de hormigón, del antiguo palacio de hielo, con piedrecitas de mármol. La entrada, con claro sabor escandinavo, poco tiene que ver con la iluminación de fluorescentes de un techo tramado de luminarias. El arquitecto prueba y se prueba aquí como diseñador total, y lo consigue.

La segunda es el Instituto Cajal. Según se dice, conserva ecos de arquitectura nórdica, que se construye mirando de reojo a Asplund. Fisac proyecta el Cajal con una batalla campal interior. Por un lado, ha cortado con la arquitectura novecentista, pero no del todo: sigue utilizando cantería exquisitamente labrada en zócalos y entradas. Por otro, tiene que resolver un proyecto en un solar muy complicado, con chaflán a dos calles igual de importantes. Por supuesto, a estas alturas, no quiere un edificio en forma de pantalones. Se niega, y piensa constantemente en el pabellón de Le Corbusier, sueña con volúmenes puros, limpios, levantados sobre pilares para permitir la visión del jardín desde la calle. Al final, alza el edifico sobre pilares únicamente en las dos entradas, y así conecta las dos calles visualmente, en un tímido intento de liberar la planta baja. No puede mantener esta solución a lo largo de los dos bloques porque, en primer lugar, conserva, conceptualmente, las reminiscencias de su arquitectura anterior, donde los edificios tienen zócalo y se apoyan en el suelo. Y, en segundo lugar, porque resuelve el chaflán con un bloque cóncavo a la calle –clara referencia al volumen de comunicaciones verticales del pabellón suizo– que no puede levantar sobre pilares, pues es una de las escaleras del edificio. Inevitablemente tiene que casar todo bajando de forma simétrica los bloques de Velázquez y Joaquín Costa hasta la calle para engancharlos con el chaflán. Las fachadas de estos sí recuerdan al Asplund del Statens Bakteriologiska Laboratorium (SBL) de Estocolmo (1937), en el orden regular de ventanas –todas situadas a haces exteriores–, y también en su tamaño y proporción. El edificio, al final, es una mezcla conceptual homogeneizada por el talento de Fisac. La totalidad se construye con ladrillo, parte con un ladrillo nuevo patentado por él. La comentada ventana –basculante con doble vidrio y persiana en medio– es otro desarrollo personal de altísimo nivel y supone un hito tecnológico en la España del momento[9].

Tanto a Asplund como a Fisac les costó posicionarse socialmente a favor del funcionalismo. Si el pabellón desmontable para Nestlé de Le Corbusier es un posible precedente de la Exposición de Estocolmo, a Asplund se le puede considerar menos lecorbusierano y más constructivista en la línea de la república de Weimar: Gropius, Meyer y Mendelsohn.

La tercera obra es mucho más importante que las anteriores. El proyecto del Instituto laboral de Daimiel muestra ya a un arquitecto de talento suficiente como para aportar nuevas respuestas a los programas que se le proponen. Efectivamente es una arquitectura en la línea de lo vernáculo, entendido como lo esencialmente constitutivo de la cultura de un país. En este caso, lejos también del regionalismo imperante en

Instituto Laboral de Daimiel, 1950.
Daimiel Vocational Training Centre, 1950.

9/ Igual que la de los vagones de tren americanos de la compañía Pullman, fueron construidas en Madrid por la carpintería La Navarra.

pioneered by Tomás Maldonado and his colleagues at the Hochschule für Gestaltung in Ulm.

By the end of this trip the spatial and introverted I(Fisac had assimilated and made his own the new architectures he had seen at first hand and taken his place in the front rank of the Spanish architecture of the time.

4. The Third Trip, the Beginning. I(Fisac and Fisac.
1955. The United States, Saarinen, Organic Design.
Fisac made his third trip in 1955. With an Iberia airline ticket known as Madrid-Madrid, he travelled around the world, and visited, among other cities, Athens, Jerusalem, Calcutta, Bangkok, Manila, Tokyo, San Francisco, Los Angeles, Chicago and Boston.

On this third trip he got to know at first hand the work of Mies, Wright and Neutra, whom he met in Los Angeles.[10]

During this third, 'round the world in eighty days' journey he recorded in his notebooks his thoughts on the lack of character of Tel Aviv airport, the rebuilding of the city of Manila after the war by architects who had studied in the USA, the expressive power of the people in Calcutta (where he found no architecture of interest), and the Japanese house as a piece of air bounded by floor and ceiling, surrounded by a garden to be looked at.

The climax of the trip was Chicago. After looking at the work of Mies and Wright and visiting the Johnson Wax building in Racine, he went on to Detroit, where Eero Saarinen had just completed the main building of the General Motors plant in the suburb of Warren. The new building is a work of total architecture, thanks not only to its size but also to the scope and design capacity of Saarinen's office. Everything from the structural elements, stairs and climate control systems to the furnishings was at the cutting edge of incorporating new techniques and aesthetics into architecture. Jacobsen, too, was a great admirer of Saarinen and of this building in particular. From Copenhagen he had followed American Streamline Moderne, and especially the design programme being developed at the Cranbrook Academy of Art in the late 1940s.[11] The organic design that came out of Cranbrook was followed with great interest in Europe. Saarinen was probably the most representative architect of his generation, with a great capacity for carefully orchestrating the insertion of his own projects into the history of architecture through the management of his public image and his relations with leading corporate powers. This was another thing that Volume Fisac admired about the Finnish American master.

In Boston he visited another important building by Saarinen, the MIT Chapel or Kresge Chapel, begun in 1953, next to the auditorium on the campus of MIT in Cambridge. The curving brick wall, laid in header bond; the overhead light shining down on the altar in contrast to the other light, rippling with water reflections, entering the building from the base upwards; the sculpture by Harry Bertoia over the marble altar, a full-height metal screen suspended from the opening in the roof through which the light filters: all of this was powerfully impressed on the mind of the spatial I(Fisac.

10/ Fisac and Neutra had met in Madrid a few years earlier. Together they visited the teacher training college that Fisac was in process of constructing in the Ciudad Universitaria in Madrid. Neutra was deeply impressed with Fisac's project.
11/ The legendary art school run by Saarinen's father, Eliel, whose students included, in addition to Eero, Charles and Ray Eames, Florence Knoll, Harry Bertoia, Harry Weese, and Ralph Rapson, among others.

la España de posguerra. Tiene claras influencias del Jacobsen de la fábrica para sazonar arenques de 1943 pero con un talento muy superior a la hora de destilar toda la arquitectura del momento. Inteligentísima organización del programa funcional, mediante organigramas que se adelantan al mundo computacional y semiótico, que lanzará la Hochschule für Gestaltung de Ulm de la mano de Maldonado.

Después de este viaje, el Yo(Fisac, espacial e introvertido, había asimilado y hecho suyas las nuevas arquitecturas que había visto en primera persona y se situaba al frente de la arquitectura española del momento.

4. El tercer viaje, el principio. Yo(Fisac y Fisac.
1955. Estados Unidos, Saarinen, el *Organic Design*.

Fisac realiza el tercer viaje en 1955. Con un billete de Iberia que se llama Madrid-Madrid, da la vuelta al mundo. Visita, entre otras ciudades, Atenas, Jerusalén, Calcuta, Bangkok, Manila, Tokio, San Francisco, Los Ángeles, Chicago y Boston.

Conoce de primera mano la obra de Mies, Wright y Neutra, con quien se encuentra en Los Ángeles[10].

Durante este tercer viaje, que fue su vuelta al mundo en ochenta días, anota en sus cuadernos reflexiones sobre la falta de carácter del aeropuerto de Tel Aviv; la reconstrucción de la ciudad de Manila después de la guerra por arquitectos que habían estudiado en Estados Unidos; la fuerza expresiva de la gente en Calcuta, donde no encuentra arquitectura de interés; o la casa japonesa como un trozo de aire acotado entre suelo y techo, rodeado de un jardín para mirar.

El clímax del viaje es Chicago. Después de ver la obra de Mies y Wright y visitar la Johnson Wax en Racine, viaja a Detroit, donde Eero Saarinen acaba de finalizar el edificio central de la General Motors en Warren. El nuevo edificio es una obra de arquitectura total, no solo por el tamaño, también por el alcance y la capacidad de proyecto de la oficina Saarinen. Desde los elementos estructurales, escaleras y sistemas de climatización hasta el mobiliario estuvieron a la vanguardia de la incorporación de nuevas técnicas y estéticas a la arquitectura. También Jacobsen admiró profundamente a Saarinen y este edificio en particular. Desde Copenhague había seguido el *american streamline,* y en especial el programa de diseño que se desarrolló a finales de la década de 1940 en la Cranbrook Academy of Art[11]. Desde Europa se veía el diseño organicista que salía de esta escuela con muchísimo interés. Saarinen es el arquitecto probablemente más representativo de su generación, con una gran capacidad para orquestar cuidadosamente la inserción de sus propios proyectos en la historia de la arquitectura a través del manejo de su imagen pública y sus relaciones con los poderes corporativos más importantes. Algo que también Fisac-Volumen admiró del maestro americano.

En Boston visita otro edificio importante de Saarinen, la Capilla Kresge del año 1950, situada junto al auditorio en el campus del MIT en Cambridge. La pared de ladrillo ondulada, aparejada a tizón; la entrada de luz cenital sobre

Fachada del chaflán, Instituto Cajal y de Microbiología, 1949.
Chamfered façade of the Cajal and Microbiology Institute, 1949.

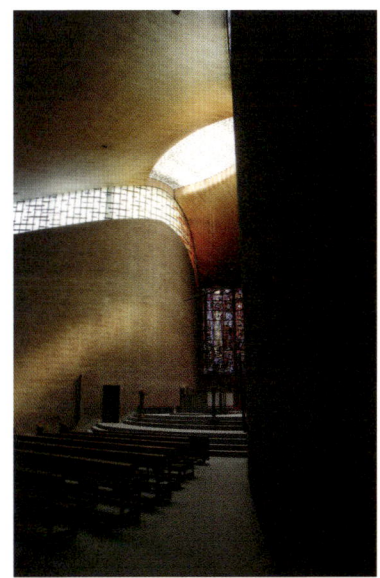

Interior de la iglesia de los Dominicos. Madrid, 1958.
Interior of the Dominican church. Madrid, 1958.

10/ Fisac y Neutra se habían conocido en Madrid unos años antes. Juntos se acercaron a la escuela de profesorado que Fisac estaba ejecutando, en ese momento, en la Ciudad Universitaria de Madrid. Neutra quedó profundamente impresionado con el proyecto de Fisac.

11/ Mítica escuela de arte dirigida por el padre de Saarinen, Eliel, y por la que pasaron, además del propio Eero, los Eames, Florence Knoll, Harry Bertoia, Harry Weese, y Ralph Rapson.

This trip marked the beginning of a very fruitful and brilliant period of professional activity. On returning to Madrid he worked on the construction of the Dominican monastery, the project for which he had drawn up before setting out on his trip. Inevitably, the MIT Chapel appears in the magnificent church, where it evolves into the two brick hyperbolas, also laid in header bonds, expanded by the demands of the programme, which called for a church comprising two parts: a part for the choir of students of the monastery-cum-seminary and another, public part for the parishioners. The church was and is an intense phenomenological experience. Fisac, as well as accommodating the complex programme with more or less success, also constructed a tower. In contrast to the interior space, the exterior volume of the tower, a prodigious structure that ushers in a new stage in which it becomes the centre of the project.

Fisac pursued his career between these two worlds he began to sketch with the longing for light of his first trip, and which took on corporeal form with experience in two worlds that were one work: I(Fisac: space and Fisac: volume. This enabled him to arrive at a number of formal and constructional solutions, and at the same time to have a significant impact on public life in Spain.

5. The Modelling of Space: the Central Phase. I(Fisac and Fisac. Structural Expressionism and Echoes of New Brutalism.

The dichotomy of I(Fisac and Fisac accentuated after the final trip. The extrovert architect was now one of the most important figures in Spanish culture, and like many others he was influenced by Rudolf Wittkower's *Architectural Principles in the Age of Humanism*.[12] Recognizing the opportunity, he launched at the Spanish critics of the time a saying of Lao Tzu's — 'architecture is a piece of humanized air' — a phrase that Fisac himself was ultimately to understand in different ways at different times. Is the air interior or exterior? The fact is that in the church of Santa Ana in Madrid it is interior, but probably at his house on the Bay of Mazarrón the humanized air is from the sea.

I(Fisac had seen the birth of the classicism of modernity in Saarinen, and after his trip to America he saw his way very clearly. He knew that in Europe, Jacobsen, Eiermann, Ruf, Rietveld and others were looking to the United States in the hope that the new was really there. He was aware, before many of his peers, that engineers would have an important role in this new positivism, and he took an interest in, for example, Fred Severud and Pier Luigi Nervi. He also had one eye on South America, on Vilanova Artigas, and on Félix Candela's thin-shell structures that Saarinen so much admired. Space and the light of space were an important part of his background, informed by the memory of the spatiality of the Frontón Recoletos pelota court (Zuazo-Torroja), which he visited as an architecture student.

It comes as a surprise to find in Fisac's library the book by Fred Severud and Joseph Henry Abel *Apartment Houses*,[13] which deals with housing in multi-storey buildings. Fisac had been interested in Severud ever since he encountered his work with Saarinen in the great Gateway Arch in St. Louis. He saw that the Norwegian-born engineer had a vision of the structural forms of the near future, already intuited in such masterpieces of the architecture of the second half of the twentieth century as Utzon's Sydney Opera House — which in some sense alludes to Saarinen's TWA Flight Center — or the Yoyogi National Gymnasium in Tokyo by Kenzō Tange — invoking Saarinen's David S. Ingalls Rink. Fisac

---

12/ An important book for the postwar generation of architects, in which Wittkower relates function and form to the objective laws that govern the universe.
13/ A title in the Progressive Architecture Library series launched by the Reinhold Publishing Corporation of New York in 1947.

el altar en contraposición con la otra luz que penetra, con reflejos de agua, desde el basamento del edificio hacia arriba; sobre el altar de mármol, la escultura de Harry Bertoia, una pantalla metálica suspendida del lucernario por donde se desliza la luz. Todo ello se quedó intensamente en la mente del Yo espacial de Fisac.

Este viaje marcó el inicio de una actividad profesional muy fructífera y brillante. A la vuelta a Madrid, desarrolla el proyecto y la obra del Convento de los Dominicos, cuyo encargo se había realizado antes de emprender el viaje. Inevitablemente, en la magnífica iglesia aparece la capilla del MIT, evolucionada en las dos hipérbolas de ladrillo, también a tizón, y redondeada por las exigencias del programa al exigir una iglesia con dos partes: por un lado los coristas –alumnos de teología del convento-teologado–; por el otro, los feligreses, la parte pública. La iglesia ha sido y es una experiencia fenomenológica intensa. Fisac, además de trabajar el complejo programa del teologado con más o menos acierto, construye una torre. Frente al espacio interior, el volumen exterior de la torre: prodigiosa estructura que abrirá una nueva etapa donde esta será el centro del proyecto.

Fisac continúa su carrera entre esos dos mundos que empezó a esbozar con el anhelo de luz de su primer viaje y fue haciendo corpóreo con la experiencia. Dos mundos que eran una sola obra. Yo(Fisac: el espacio y Fisac: el volumen. Esto le permitió llegar a una cuantía de soluciones formales y constructivas, a la vez que obtenía una gran repercusión en la vida pública de España.

5. La modelización del espacio: la etapa central. Yo(Fisac y Fisac. El expresionismo estructural y los ecos del *New Brutalism*.

La dicotomía de Yo(Fisac y Fisac se acentuó después del último viaje. El extrovertido arquitecto es uno de los personajes más importantes de la cultura española, y como otros muchos se siente influido por el libro de Wittkower *Architectural Principles in the Age of Humanism*[12]. Consciente de la oportunidad, lanzaría a la crítica española del momento la frase de Lao Tse: «La arquitectura es un trozo de aire humanizado», frase que finalmente el mismo Fisac entendió de manera diferente en distintas épocas. ¿El aire es interior o exterior? Efectivamente, en la iglesia de Santa Ana en Madrid es interior, pero probablemente en su casa de la bahía de Mazarrón el aire humanizado es el del mar.

Edificio Olivetti en Frankfurt, Egon Eiermann, 1970.
The Olivetti building in Frankfurt, by Egon Eiermann, 1970.

El Yo(Fisac ha visto el nacimiento del clasicismo de la modernidad en Saarinen, tiene muy claro el camino desde su viaje a América. Sabe que en Europa, Jacobsen, Eiermann, Ruf, Rietveld miran a Estados Unidos con la esperanza de que lo nuevo esté realmente allí. Es consciente, antes que muchos, de que los ingenieros van a ocupar un papel importante en este nuevo positivismo. Se interesa por ellos: Fred Severud, Pier Luigi Nervi. También mira de forma sesgada a Sudamérica: Vilanova Artigas, y a los cascarones de Félix Candela que tanto admira Saarinen. El espacio, la luz del espacio, son una parte importante de su formación, con el recuerdo de la espacialidad del frontón Recoletos (Zuazo-Torroja) que él pudo visitar cuando era estudiante de Arquitectura.

Sorprende encontrar en la biblioteca de Fisac el libro de Fred Severud y Joseph Henry Abel *Apartment Houses*[13], dedicado a tipologías de

---

12/ Libro importante para la generación de arquitectos de posguerra, donde la función y la forma estaban relacionadas por la leyes objetivas que reinan el universo.

13/ Perteneciente a la serie de libros *Progressive Architecture Library* que lanzó la editorial neoyorquina Reinhold Publishing Corporation en 1947.

understood architecture as a radical experience which he conceived in terms of Hölderlin's phrase 'one can only follow the flight of the great or die'.

The structural organicism that was emerging in the United States was to create a context in which form would take on expression and appear under the aegis of the new, as opposed to the resurgence, once again, of the term 'new empiricism', used by *The Architectural Review* to refer, in some way, to a Scandinavian architecture which set out among other things to distance itself from the premises of the International Style and maintain an outmoded Romanticism. This trend, also embraced by a number of British architects, championed the use of brick, pitched roofs, and, in short, a return to a certain picturesqueness. Their opponents advocated the development of the most essential principles of modern architecture. This new approach was set out in an article by the English critic Reyner Banham in the December 1955 issue of *The Architectural Review* entitled 'The New Brutalism': 'The New Brutalism has to be seen against the background of the recent history of history, and, in particular, the growing sense of the inner history of the Modern Movement itself,' Banham wrote in his article, which opens with a quote from Le Corbusier: 'L'architecture, c'est, avec des matières bruts, établir des rapports émouvants.'[14]

The New Brutalism had a tendency to look to Le Corbusier and to be keenly aware of something called *béton brut* and, in the case of the most sophisticated and cultured, to be acquainted with Dubuffet's Art Brut and its ramifications in Paris.

In 1953, the Smithsons designed a small house in Soho, London, which embodied the premises of the 'warehouse aesthetic'. In the specification, Alison Smithson wrote that 'our intention in this building [is] to have the structure exposed entirely, without interior finishes wherever practicable'.

In this context, although Fisac never showed any conceptual adherence to the movement, he did embrace three points that can be regarded as its corollary: 1) formal legibility of the project; 2) clear exposition of the structure, and 3) appreciation of materials for their intrinsic qualities, just as they are. On the other hand, the engineer Pier Luigi Nervi, with an increasingly important body of work, quiet and sensible, valued above all else integrity, the truth. He argued that structural correctness 'is identical with functional, technical and economic truthfulness and is a necessary and sufficient condition of satisfactory aesthetic results, which is identical with functional, technical and economic truthfulness'. Fisac was captivated by these principles and by Nervi's commitment to reinforced concrete, a material which in the late 1950s he saw as possessing infinite possibilities.

Another of Pier Luigi Nervi's qualities that placed him above the Americans, in Fisac's eyes, was his concern with economic efficiency in construction. It could be said that this position was the antithesis of the majestic Gateway Arch in St. Louis, a project so costly that it took the U.S. government years to pay off, though that in no way detracts from its greatness. Ernesto Nathan Rogers records that Nervi began by establishing a basis of scientific certainty, but then allowed his intuition to take him beyond that basis. In the last resort, he 'always subjected his intuitive powers to rational laws'.

Immersed in this current, Fisac started work on one of his masterpieces: the Centre for Hydrographic Studies. This paradigm project brought together

---

14/ 'Architecture is the establishing of moving relationships with raw materials.' Le Corbusier, *Vers une Architecture*. Éditions Crès, Collection de L'Esprit Nouveau, Paris, 1923.

viviendas en edificios de plantas. Fisac sigue a Severud desde que conoce su trabajo en el gran arco de San Luis con Saarinen. Sabe que este ingeniero de origen noruego tiene en la cabeza las formas estructurales del futuro próximo, que intuye ya los edificios de la Sydney Opera House de Utzon –de alguna manera referido en la terminal TWA– o el Gimnasio Nacional Yoyogi en Tokio de Kenzo Tange –en el estadio de hockey David S. Ingalls–, obras cumbre de la arquitectura de la segunda mitad del siglo XX. Fisac entiende la arquitectura como una experiencia radical a la que concibe según la frase de Hölderlin: «Solo se puede seguir el vuelo de los grandes o morir».

El organicismo estructural que está surgiendo en América va a crear un contexto en el que la forma adquiere la expresión, y aparece con el calificativo de lo nuevo, frente al resurgir, otra vez, del término «nuevo empirismo», utilizado por la revista *Architectural Review,* refiriéndose, de alguna forma, a una arquitectónica escandinava, que tenía entre sus fines apartarse de los presupuestos del estilo internacional y mantenerse en un romanticismo trasnochado. Esta tendencia, también adoptada por un sector de los arquitectos ingleses, abogaba por el uso de la fábrica de ladrillo, las cubiertas inclinadas. En fin, una vuelta a un cierto pintoresquismo. Contra ella surgen los partidarios de desarrollar los principios más esenciales de la arquitectura moderna. Esta nueva corriente aparece amparada en el artículo del crítico inglés Reyner Banham para el número de *Architectural Review* de diciembre de 1955 «The New Brutalism». «El New Brutalism tiene que ser visto contra la base de la reciente historia de la historia, y en particular, del sentido creciente de la historia interna del movimiento moderno en sí mismo», diría Banham en este artículo que empieza con la frase de Le Corbusier: «*L'architecture, c'est, avec des matières bruts, établir des rapports émouvants*»[14].

El New Brutalism tenía una tendencia a mirar hacia Le Corbusier y ser consciente de algo llamado el *béton brut* y, en el caso de los más sofisticados y cultos, a conocer el Art Brut de Dubuffet y su conexiones en París.

En el año 1953, los Smithson diseñan una pequeña vivienda en el Soho considerándola dentro de la «estética del almacén». En la memoria, diría Alison, «nuestra intención es dejar la estructura vista sin acabados interiores, allí donde sea posible».

En ese sentido Fisac, aunque nunca mostró ninguna adhesión conceptual a este movimiento, sí aceptó tres puntos que podríamos considerar su corolario: 1) legibilidad formal del proyecto, 2) exposición clara de la estructura y 3) valoración de los materiales por sus cualidades intrínsecas, tal como son. Por otro lado, el ingeniero Pier Luigi Nervi, con una obra cada vez más importante, callado y sensato, valoraba por encima de todo la integridad, la verdad. Defendería que «la corrección estructural es condición suficiente y engendra resultados estéticos satisfactorios, pues equivale a la veracidad funcional, técnica y económica». Estos principios y su dedicación al hormigón armado, material al que al final de la década de 1950 se le intuían infinitas posibilidades, cautivaron a Fisac.

Otro rasgo de Pier Luigi Nervi que le hacía estar por encima de los americanos, desde la perspectiva de Fisac, era su preocupación por la eficiencia económica de la construcción. Diríamos que esta postura se

Interior de la nave de modelos del Centro de Estudios Hidrográficos.
Interior of the models bay, Centre for Hydrographic Studies.

14/ «Arquitectura, esto es, con las materias primas, establecer relaciones emocionales». Le Corbusier, *Vers une Architecture.* Éditions Crès, Collection de L'Esprit Nouveau, París, 1923.

the two Fisacs: the volumetric Fisac who implanted a high-rise office building overlooking the river Manzanares, and the spatial I(Fisac who invested all his mature reflection in the design of the large bay for models.

He was, more precisely, reflecting on the organic expressionism of American engineers, and on the fact that Nervi had built his Palazzo delle Esposizioni in Turin (1947-1949) using a modular system of precast concrete parts which resolved with a single gesture the structure, the roof and the entry of natural light, generating one of the most impressive spaces of the twentieth century. His intuition led him to design a system of component parts that transcends him as an architect: his famous 'bones'. This marks the beginning of his period as a great master, working with the new while grounding himself in the inalterable principles of architecture. It was to be a decade of work and ongoing research in which he deployed his considerable talent, creativity and ability to solve technical problems with great economy of means, reviewing patents and forms to adapt them to a range of programmes for factories, offices, houses, hotels and so on. A number of his finest achievements are from this period: the Centre for Hydrographic Studies, the church of Santa Ana and the Asunción secondary school, all in Madrid. This was a time of total and unhesitating belief in the concrete as the great material of architecture, embodied in buildings that are organic rational systems, whose representation is not the façades but the organism as a whole.

6. The Modelling of Volume. Fisac vs I(Fisac.
Conceptual Exhaustion.
Triumph and Destruction of the Public Figure.

Fisac the public figure, Fisac-Volume, concluded his prodigious decade obsessed with the messianic idea of discovering the true architectural language of concrete. Above and beyond its technical potential and its structural capabilities, it should give rise to a very different architecture. Its soft liquid manufacture, as the distinctive quality of material, should also be that of the new architecture.

At the end of the 1960s, Fisac's spatial I, drawing on both his inner spatiality and his understanding of the urban landscape, designed a façade building with the same precepts he had been adopted in his great buildings of the era: the use of hollow prefabricated concrete components; organic forms that cater more fully to human needs, and economy of material resources. This building is the IBM headquarters on paseo de La Castellana in Madrid. He was clearly familiar with the *capannone alla Magliana*, an experimental building designed by Pier Luigi Nervi in 1945, of interest for its construction system based on precast ferro-concrete components, assembled on site. Fisac used a hollow V-shaped prefabricated element in an alternating concave-convex sequence to generate openings in the façade that give angled views of paseo de La Castellana and let natural light in to the interior. The undulation produced by the combination of the various parts and the sense of a dynamic volumetry under the sunlight envision a new world of possibilities that seem to express the very essence of the material.

During the 1970s he directed much of his energy toward this end, developing flexible formwork systems to produce a soft padded concrete as baroque as Bernini's *The Rape of Proserpina*. But his architecture was losing space, the I(Fisac was gradually withdrawing and devoting itself to more spiritual objects related to his interest in death and in Jakob Lorber's *New Revelation*, or the attempt to reconcile science and spirituality. Meanwhile, the public Fisac, on his own now, was still in search of *une autre architecture*. There were years when, in his questing search, architecture was slipping away from him at the same rate as the eclipsing of his public persona. If he had learned from Henri

Colegio de la Asunción. Madrid, 1965.
La Asunción Secondary School. Madrid, 1965.

sitúa en el polo opuesto del majestuoso arco de San Luis, proyecto tan costoso que le llevó al Gobierno estadounidense años poder pagarlo, aunque no por eso deja de ser tan formidable. Ernesto Nathan Rogers relata que Nervi, primero, establecía una base de certidumbre científica, pero la trascendía después mediante su intuición. Al final, «siempre sometía sus poderes intuitivos a las leyes racionales».

Inmerso dentro de esta corriente, Fisac inicia una de sus obras maestras: el Centro de Estudios Hidrográficos. Paradigmático proyecto donde se encuentran los dos Fisac, el volumétrico que implanta un edificio torre de oficinas mirando al río Manzanares y el Yo(Fisac espacial que destila sobre la gran sala de modelos todas sus reflexiones.

Efectivamente, está pensando en el expresionismo orgánico de los ingenieros americanos, y sabe que Nervi ha construido su Palazzo de Esposizioni di Torino (1949) con un sistema modular de piezas de hormigón prefabricado que resuelven con un solo gesto la parte estructural, la cubierta y la entrada de luz natural, generando uno de los espacios más sobrecogedores del siglo XX. Desde su intuición diseña un sistema de piezas que le trasciende como arquitecto: sus famosos «huesos». Es el inicio de su época de gran maestro, trabaja con lo nuevo apoyándose en los principios inalterables de la arquitectura. Será una década de trabajo e investigación continuada, aportando talento, creatividad y capacidad para resolver problemas técnicos, con economía de medios, revisando patentes y formas para adaptarse a diferentes programas, fábricas, oficinas, viviendas unifamiliares, hoteles, etcétera. De esta época son algunas de sus obras maestras: el Centro de Estudios Hidrográficos, la iglesia de Santa Ana y el colegio de la Asunción, todos en Madrid. Época de creencia total y absoluta en el hormigón como el gran material de la arquitectura. Los edificios son sistemas racionales orgánicos cuya representación no son las fachadas, sino la totalidad del organismo.

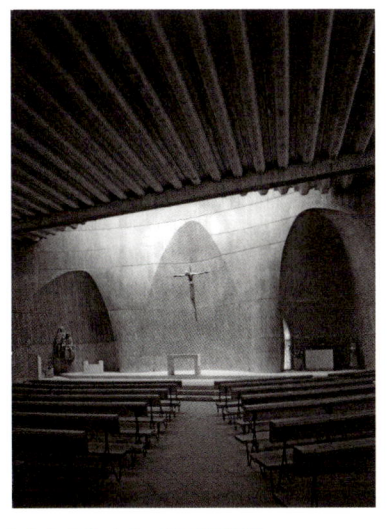

Iglesia de Santa Ana. Madrid, 1965.
The church of Santa Ana. Madrid, 1965.

6. La modelización del volumen. Fisac vs Yo(Fisac. El agotamiento conceptual. Triunfo y destrucción del personaje.

Fisac personaje público, Fisac-Volumen, acaba su década prodigiosa obsesionado con la idea mesiánica de encontrar el lenguaje arquitectónico del hormigón. Más allá de sus posibilidades técnicas, de sus capacidades estructurales, debería generar una imagen muy diferente de la arquitectura. Su fabricación líquida y blanda debería ser el distintivo del material y, como consecuencia, también de la arquitectura.

Al final de la década de 1960, el Yo-espacial de Fisac, desde la espacialidad interior, pero también desde el entendimiento del paisaje urbano, proyectó un edificio fachada con los mismos preceptos que había usado en sus grandes edificios de la época: utilización de piezas de hormigón, prefabricadas huecas; formas orgánicas que se adaptan mejor a las necesidades de lo humano y economía de medios materiales. Este es la sede de IBM en el paseo de La Castellana de Madrid. Es evidente que conocía el *capannone alla Magliana*, edificio experimental de Pier Luigi Nervi del año 1945. Interesante por su sistema constructivo a base de elementos de ferrocemento, prefabricados y montados en el lugar. Fisac utiliza un prefabricado en forma de V hueco que en su alternancia cóncavo-convexo va generando unas aperturas en fachada que permiten vistas sesgadas de La Castellana e iluminación natural al interior. La ondulación producida por la conjunción de todas las piezas, la sensación de volumetría dinámica bajo la luz sol, le hacen vislumbrar un nuevo mundo de posibilidades, que expresarían la esencia misma de lo que es el material.

Edificio para el MUPAG. Madrid, 1969.
MUPAG building. Madrid, 1969.

Provenzal that 'architecture is the plastic drama [...] of solids and voids, of the play of light and shade', he would also have reminded him that the task of Art, even if it was *l'art de demain*, is to bring about the reconciliation between the material and the spiritual.[15]

I knew him in the last years of his life. I found him a remarkable character, thanks to the particular impersonal way in which he talked about his work, very different from other great architects I have known personally. Don Miguel used to say, in the long afternoons he devoted to the students who were admitted to his house, that true architecture transcends its author, it belongs to architecture. His remarks never stemmed from the securely established position of the master, and still less from that of a teacher, but from the passion of a humanist.

I still recall today his intense gaze and clear, direct language.

15/ Provenzal, Henri, *L'art de demain*. Librairie Académique Didier, Perrin et Cie, París, 1904.

Durante la década de 1970 dedicó muchos esfuerzos en este sentido, desarrolló sistemas de encofrados flexibles que generaban un hormigón acolchado, blando, barroco como *El rapto de Proserpina* de Bernini. Pero su arquitectura perdía espacio, el Yo(Fisac se aparta paulatinamente y se dedica a cometidos más espirituales: su interés por la muerte, y la Nueva Revelación en Jakob Lorber, o el concilio entre ciencia y espiritualidad. Mientras, el Fisac público, ya en solitario, seguía buscando *une architecture autre*. Unos años en los que, en su afán de búsqueda, la arquitectura se le fue yendo de la manos a la misma velocidad que su personalidad pública se iba apagando. Si Henri Provenzal le había dicho que «la arquitectura es el drama plástico [...] de llenos y vacíos, de juegos de sombras y de luces», también le recordaría que la tarea del Arte, aunque se refería a *l'art de demain,* es la reconciliación entre lo material y lo espiritual[15].

Yo lo conocí los últimos años de su vida. Me pareció alguien formidable, por una particular forma impersonal de hablar de su obra, muy diferente a otros maestros de la arquitectura que he conocido personalmente. Contaba don Miguel, en las largas tardes que dedicaba a los estudiantes que nos acercábamos a su casa, que la verdadera arquitectura sobrepasa a su autor, pertenece a la arquitectura. Nunca sus comentarios partían desde una posición asentada de gran maestro, menos de un profesor, sino desde lo apasionado de un humanista.

Todavía hoy recuerdo su mirada intensa y su lenguaje claro y directo.

El rapto de Proserpina de Bernini, 1621.
The Rape of Proserpina by Bernini, 1621.

15/ Provenzal, Henri, *L'art de demain.* Librairie Académique Didier, Perrin et Cie, París, 1904.

Alejandro de la Sota, or the Construction of a Myth

Moisés Puente

'The past carries with it a temporal index by which it is referred to redemption. Doesn't a breath of the air that pervaded earlier days caress us as well? In the voices we hear, isn't there an echo of now silent ones?'.
—Walter Benjamin, *On the Concept of History*

Alejandro de la Sota probably arouses more impassioned responses than any other modern Spanish architect. His work is the subject of pilgrimages by architects and students looking for a unique way of working, an encounter with an almost magical revelation. And his words resonate as mantras that are endlessly repeated in the architecture schools. That said, behind the construction of his myth is a clearly defined and structured programme, responsibility for which lies not only with De la Sota himself but also with the so-called *escuela sotiana*, the school of disciples whose unambiguous reading of his work ended up straitjacketing his personality. Why has here been this insistent attempt to construct a myth of modern Spanish architecture? Why has it been Alejandro de la Sota, and not one of the other modern masters, who has been wrapped in this almost mystical aura?

2013 is the one hundredth anniversary of Alejandro de la Sota's birth. Like all commemorations, an anniversary is a perfect excuse to recall and reprise the man, his work, his teaching and, perhaps most relevant of all, the currency of his legacy. Any fresh look at the past should be a redemptive look that brings part of that past closer to a present that serves as a sounding board.

1.
Alejandro de la Sota Martínez was born in Pontevedra, Galicia, in 1913, into a well-to-do family. His father, Daniel de la Sota Vecilla, was an engineer from Cantabria and president of the Provincial Council of Pontevedra in the 1920s, and his mother, Teresa Martínez Correa, was from a wealthy Pontevedra family; he grew up in a cultured provincial milieu. In addition to his life-long love of music, he began drawing as a young boy and, inspired by his admiration for the work of Castelao, developed a talent for caricature.

He also seems to have been influenced by his father vocation for construction, however, and after completing his schooling in Pontevedra he enrolled in the Faculty of Mathematics at the University of Santiago de Compostela (by then an essential prerequisite for going on to study architecture). When he arrived in Madrid to begin his higher education, the School of Architecture there was caught up in the uncertain times between the dictatorship of Primo de Rivera and the establishment of the Second Republic. After interrupting his studies to take part in the Spanish Civil War on the Nationalist side, Alejandro de la Sota graduated as an architect in 1941.

In October of that year he started working as an architect with the Instituto Nacional de Colonización (INC), a position he left after a few years to work with other architects of his generation. After a few early commissions for small construction projects in his native Galicia and various interior reform schemes, his first major works combined influences deriving from the vogue for popular architectural styles with timid approaches to modernity. In the mid 1950s, with his career as an architect already on a sure footing, he built several villages for the INC in Andalusia, Catalonia and Extremadura, of note among these being

Alejandro de la Sota en la sierra madrileña en su época de estudiante en Madrid.
Alejandro de la Sota in the Madrid hills during his student years in the city.

Alejandro de la Sota, o la construcción de un mito

Moisés Puente

«El pasado comporta un índice secreto por el cual se remite a la redención. ¿No nos roza, pues, a nosotros mismos un soplo de aire que envolvió a los antecesores? ¿No existe en las voces a que prestamos oído un eco de las ahora enmudecidas?»
—Walter Benjamin, *Sobre el concepto de historia*

Alejandro de la Sota sea probablemente el arquitecto moderno español que más pasiones haya levantando. Su obra es objeto de peregrinaciones de estudiantes y arquitectos en busca de una manera de hacer única, al encuentro de una revelación casi mágica. También sus palabras resuenan como mantras que se repiten incansablemente en las escuelas de arquitectura. No obstante, la construcción de su mito responde a un programa bien trazado y estructurado del que no solo es responsable el propio De la Sota, sino parte de la llamada «escuela sotiana», empeñada en ocasiones en una lectura inequívoca de la obra que acabó encorsetando al personaje. ¿Por qué se ha producido este insistente empeño en la construcción de un mito de la arquitectura moderna española? ¿Por qué ha sido justamente Alejandro de la Sota, y no otros maestros modernos, quien se ha rodeado de esta aura casi mística?

Se han cumplido en 2013 cien años del nacimiento de Alejandro de la Sota. Como toda fecha conmemorativa, los aniversarios sirven de excusa perfecta para recapitular sobre su figura, su obra, su magisterio y, lo que parece más pertinente, sobre la actualidad de su legado. Cualquier mirada nueva al pasado debería ser una mirada redentora que nos acerque parte de dicho pasado a un ahora que sirva como caja de resonancia.

1.
Alejandro de la Sota Martínez nació en Pontevedra en 1913 en el seno de una familia acomodada. Hijo de Daniel de la Sota Vecilla –un ingeniero de origen cántabro que fue presidente de la Diputación de Pontevedra en la década de 1920– y de Teresa Martínez Correa –pontevedresa de una familia pudiente–, su infancia transcurrió en un ambiente provinciano que cultivaba las artes. Además de su afición por la música –afición que le acompañaría a lo largo de toda su vida–, desde niño comenzó a dibujar y, movido por su admiración ante la obra de Castelao, cultivó la caricatura.

Sin embargo, sus pasos fueron guiados quizá por la vocación constructora de su padre y, tras estudiar bachillerato en Pontevedra, se matriculó en la Facultad de Matemáticas de la Universidad de Santiago de Compostela (por entonces un requisitito imprescindible para poder acceder a la Escuela de Arquitectura). A su llegada a Madrid para iniciar sus estudios superiores, la Escuela de Arquitectura vivía tiempos inciertos a caballo entre la dictadura de Primo de Rivera y la instauración de la II República. Después de interrumpir los estudios a causa de la Guerra Civil, en la que participó en el bando nacional, Alejandro de la Sota obtuvo el título de arquitecto en 1941.

En octubre de ese mismo año entró a trabajar como arquitecto en el Instituto Nacional de Colonización (INC), puesto que abandonaría después de unos años para trabajar con otros arquitectos de su generación. Tras algunos primeros pequeños encargos en su Galicia natal y de otros pocos

Poblado del INC de Entrerríos, Badajoz, 1953.
The INC village of Entrerríos, Badajoz, 1953.

village of Esquivel (Seville, 1952-1963) and the satellite town of Fuencarral-B (Madrid, 1955-1956), essentially exercises in the popular style in line with what was being done all over Spain at the time, but with a distinctive emphasis on abstraction. It was also at this time that he tested out other architectural languages, ranging from the expressionism of the since-demolished Arvesu house (Madrid, 1953-1955) to a form of neoplasticism for the Cámara Sindical Agraria de Pontevedra in the Casa de Campo park (Madrid, 1956) and the Italian-influenced exercises of the houses in Zamora (1956-1957).

However, and this is something that has gone unremarked by most of those who have studied his work, from the beginning of his career as an architect De la Sota had a theoretical agenda; an agenda he pursued, in its first stage, by submitting articles to the general and specialist press on a more or less regular basis. In 1950 he published a first illustrated chronicle of the construction of the Feria Nacional del Campo in Madrid, in which he complained about the typical excesses of fairs and expos, 'when all that is pure, intentional, [is] forgotten in favour of all the 'decoration' poured over it'.[1] The following year he published another illustrated article in the same magazine, entitled 'Critique of Architecture'.[2] This was a call for architecture criticism to explore new fields, to move on from its traditional fiefdoms and venture into an engagement with the new, no matter what labels this was called by. In addition to these early texts, it is worth noting his almost Loosian polemic against decoration, 'Modern Decoration in Interiors',[3] and his highly favourable review of a work by his friend Ramón Vázquez Molezún, 'Outdoor Theatre. Homage to Gaudí'; his account of the first Bienal Hispanoamericana de Arte in 1951, and the occasional opinion piece. It was at this time that he took part in the 'Architectural Criticism Sessions'. Moderated by Carlos de Miguel and published in the *Revista Nacional de Arquitectura* between 1954 and 1956, the Sessions brought together leading figures in Spanish architecture — Vázquez Molezún, Luis Moya, Miguel Fisac and Francisco Javier Sáenz de Oíza, among others — and ranged over issues as diverse as the analysis of specific projects and competitions and monograph studies of Brazilian architecture, the landscape or the construction of new villages. A significant aspect of Alejandro de la Sota's writings of this period is the attention he devoted to the relationship between architecture and landscape, beginning in 1952 with the lecture 'Architecture and Landscape', continuing two years later with the essay 'Something about Landscapes and Gardens' and concluding in 1956 with the publication of his first book, *Arquitectura y naturaleza*[6], which includes a lecture as part of the course of Gardening and Landscape at the Architecture School in Madrid. In these texts De la Sota advocated looking at the specific landscapes of each location and treating nature 'in a natural way': 'The landscape is the air we breathe.' At the same time as he was looking at landscape in terms of the history of popular architecture and the mimesis

Alejandro de la Sota de visita al pueblo de Esquivel, Sevilla.
Alejandro de la Sota on a visit to the village of Esquivel, Seville.

Poblado de Absorción Fuencarral B. Madrid, 1955-1956.
Fuencarral B satellite town. Madrid, 1955-1956

1/ De la Sota, Alejandro, 'I Feria Nacional del Campo', *Boletín de Información de la Dirección General de Arquitectura*, No. 16, vol. IV, 1950, pp. 7-11.

2/ De la Sota, Alejandro, 'Crítica de arquitectura', *Boletín de Información de la Dirección General de Arquitectura*, vol. V, first quarter of 1951, pp. 25-28. Reprinted in Puente, Moisés (ed.), *Alejandro de la Sota. Escritos, conversaciones, conferencias*. Editorial Gustavo Gili, Barcelona, 2002, pp. 15-18.

3/ De la Sota, Alejandro, 'La decoración moderna en los interiores', *ABC*, Madrid, 21 October 1951. Reprinted in Puente, Moisés (ed.), op. cit., pp. 19-21.

4/ De la Sota, Alejandro, 'Teatro al aire libre. Homenaje a Gaudí', *Revista Nacional de Arquitectura*, No. 120, Madrid, December 1951, pp. 10-13. Reprinted in Puente, Moisés (ed.), op. cit., pp. 22-23.

5/ De la Sota, Alejandro, 'I Bienal Hispanoamericana', *Boletín de Información de la Dirección General de Arquitectura*, vol. VI, first quarter of 1952, pp. 16-21.

6/ De la Sota, Alejandro, 'La arquitectura y el paisaje', *Cedro*, No. 128, Madrid, August 1952; 'Algo sobre paisajes y jardines', *Cedro*, year 1, No. 4, winter 1954-1955, Madrid, pp. 3-7; and *Arquitectura y naturaleza*, Escuela Técnica Superior de Arquitectura de Madrid, Madrid, 1956. Reprinted in Puente, Moisés (ed.), op. cit., pp. 134-141, 27-29 and 149-155 respectively.

de reformas interiores, sus primeras obras de envergadura combinaban influencias derivadas de la puesta en valor de las arquitecturas populares con tímidas aproximaciones a lo moderno. A mediados de la década de 1950, en pleno arranque de su carrera de arquitecto, construyó varios pueblos para el INC en Andalucía, Cataluña y Extremadura –entre los que destaca el pueblo de Esquivel (Sevilla, 1952-1963)– y el poblado de absorción de Fuencarral B (Madrid, 1955-1956), unos ejercicios de estilo en lo popular muy en la línea de lo que se estaba haciendo en España por aquella época, pero con un especial énfasis en la abstracción. Es también en esa época cuando ensayó ejercicios con diferentes lenguajes, desde el expresionismo de la hoy desaparecida casa Arvesú (Madrid, 1953-1955), pasando por cierto carácter neoplástico del pabellón de la Cámara Sindical Agraria de Pontevedra en la Casa de Campo (Madrid, 1956) hasta los ejercicios a la italiana de las viviendas en Zamora (1956-1957).

Sin embargo, y esto es algo que ha pasado más desapercibido a quienes han hablado sobre él, desde los inicios de su carrera profesional de arquitecto, De la Sota se marcó una agenda teórica que, en su primera etapa, pasó por publicar con cierta asiduidad artículos en prensa general y especializada. En 1950 publicó una primera crónica ilustrada sobre la construcción de la Feria Nacional del Campo de Madrid, en la que se quejaba de los excesos típicos de las ferias y exposiciones, «cuando todo lo puro, intencionado, se había olvidado por tanta 'decoración' como se le echó encima»[1]. Un año más tarde publicó otro artículo ilustrado en la misma revista, «Crítica de arquitectura»[2], un alegato en favor de la búsqueda de nuevos campos de la crítica, para que esta abandone las esferas tradicionales y se adentre en la crítica de lo nuevo, sin que importen las etiquetas con las que puedan denominarse. Además de estos primeros textos, cabe señalar el alegato casi loosiano contra la decoración en «La decoración moderna en los interiores»[3], la elogiosa crítica a una obra de su amigo Ramón Vázquez Molezún «Teatro al aire libre. Homenaje a Gaudí»[4], una crónica acerca de la I Bienal Hispanoamericana de 1951[5] y algún que otro artículo de opinión. Fue entonces cuando participó en las «Sesiones críticas de arquitectura». Dirigidas por Carlos de Miguel y publicadas en la *Revista Nacional de Arquitectura* entre 1954 y 1956, en ellas intervinieron importantes voces de la arquitectura española –Ramón Vázquez Molezún, Luis Moya, Miguel Fisac, Francisco Javier Sáenz de Oíza, entre otros– y trataban temas tan diversos como análisis de determinados proyectos y concursos, o monográficos sobre la arquitectura brasileña, sobre el paisaje o la construcción de pueblos. De esta etapa de escritura cabría destacar la atención que Alejandro de la Sota dedicó a la relación entre la arquitectura y el paisaje, primero en 1952 con la conferencia «La arquitectura y el paisaje», dos años más tarde con el texto «Algo sobre paisajes y jardines», para acabar con la publicación en 1956 de su primer libro, *Arquitectura y naturaleza,*[6]

Casa Arvesú. Madrid, 1953-1955.
The Arvesú house. Madrid, 1953-1955.

Edificio de viviendas y locales comerciales. Zamora, 1956-1957.
Apartment building with commercial premises on the ground floor. Zamora, 1956-1957.

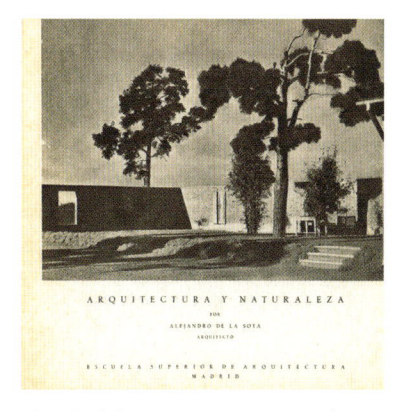

Alejandro de la Sota, *Arquitectura y naturaleza*. Escuela Técnica Superior de Arquitectura de Madrid, 1956.
Alejandro de la Sota, *Arquitectura y naturaleza*. Escuela Técnica Superior de Arquitectura de Madrid, 1956.

1/ De la Sota, Alejandro, «I Feria Nacional del Campo», *Boletín de Información de la Dirección General de Arquitectura*, núm. 16, vol. IV, 1950, pp. 7-11.
2/ De la Sota, Alejandro, «Crítica de arquitectura», *Boletín de Información de la Dirección General de Arquitectura*, vol. V, primer trimestre de 1951, pp. 25-28. Recogido en Puente, Moisés (ed.), *Alejandro de la Sota. Escritos, conversaciones, conferencias*. Editorial Gustavo Gili, Barcelona, 2002, pp. 15-18.
3/ De la Sota, Alejandro, «La decoración moderna en los interiores», *ABC*, Madrid, 21 de octubre de 1951. Recogido en Puente, Moisés (ed.), *op. cit.*, pp. 19-21.
4/ De la Sota, Alejandro, «Teatro al aire libre. Homenaje a Gaudí», *Revista Nacional de Arquitectura*, núm. 120, Madrid, diciembre de 1951, pp. 10-13. Recogido en Puente, Moisés (ed.), *op. cit.*, pp. 22-23.
5/ De la Sota, Alejandro, «I Bienal Hispanoamericana», *Boletín de Información de la Dirección General de Arquitectura*, vol. VI, primer trimestre de 1952, pp. 16-21.
6/ De la Sota, Alejandro, «La arquitectura y el paisaje», *Cedro*, núm. 128, Madrid, agosto de 1952; «Algo sobre paisajes y jardines», *Cedro*, año 1, núm. 4, invierno de 1954-1955, Madrid, pp. 3-7; y *Arquitectura y naturaleza*, Escuela Técnica Superior de Arquitectura de Madrid, Madrid, 1956. Recogido en Puente, Moisés (ed.), *op. cit.*, pp. 134-141, 27-29 y 149-155, respectivamente.

of the peasant's house inserted seamlessly into the landscape, he was also fascinated by Richard Neutra's observation at a lecture in Madrid that the garden should cease to be formalist and penetrate naturally into buildings, and by another lecture, in which Paul Bonatz argued that major engineering works should be aware of the wounds they inflict on the landscape and seek to ensure that such works damage none of the landscape's qualities and instead consciously enhance it: 'There is no anodyne nature or landscape: everything is of profound interest. Architecture can be close to nature, it can clash with it, but it cannot ignore it; if we have important friends or enemies something may be expected of us, but nothing if we live in indolence.'[7]

With a body of built work very much in line with what was being done in the post-war Spain of those years, the publication of his works (which were featured in various issues of the *Revista Nacional de Arquitectura* of the time) and his writings enabled him to position himself on the cultural scene, both in Madrid and nationally, and embark on a defence of the modern that was to become increasingly stalwart. It would seem that at this early stage his texts took the same paths as his built work, evidencing a typical youthful eagerness to try out different themes and the learning experience of his exposure to public debates and invitations to contribute to the leading Spanish magazines of the time. However, though his work still owed much to the legacy of popular architecture, we can sense in his texts a bold championing of modernity and of an ethically committed attitude that would soon thereafter manifest itself in one of the key moments of his career. In 1955, with a promising career ahead of him, Alejandro de la Sota made the decision to stop working for a few years in order to think about what path he ought to take. It was then that he decided 'to opt for a physical as opposed to a chemical architecture, in which no element is mixed with another to produce a third, but [one in which] with the tweezers you can always come up with the whole personality of the element.'[8]

2.
Alejandro de la Sota discovered, among other things, the lightness of American construction, dry assembly, industrialized building and the very lightweight mechanisms for producing shade, and all of it from European architects who had emigrated to the United States: primarily Marcel Breuer, Walter Gropius and Richard Neutra, without forgetting the ubiquitous presence of the American work of Mies van der Rohe. His references ceased to be local: he moved on from craft skills with lime and mortar, the exquisite manual processes and finishing of the heavy, preindustrial 'chemical' architecture, which merely drags after it the accumulated legacy of history. The new goal was to return to the avant-garde spirit of the Modern Movement, to take his place on the international stage and leave behind the sad blandness of the architecture of the Franco regime.

In this new phase he built the TABSA aeronautical workshops (Madrid, 1956-1958), a perfect example of industrial architecture with a superb handling of natural light through the sawtooth roof. Shortly after, in collaboration with José Antonio Corrales and Ramon Vázquez Molezún, he completed the children's summer-camp residence of Miraflores de la Sierra (Madrid, 1957-1959), which is basically a huge inclined roof parallel to the natural slope of the terrain. After the preliminary work of laying down a new artificial floor, the scheme materialized in two separate physical worlds, one cavernous — the base of untreated stone — and the other aerial — the roof resting on slender pillars, independent of the vertical skin — with the whole inserted brilliantly in a landscape that, as announced in previous texts, penetrates the building without the intervention of formalistic devices.

7/ De la Sota, Alejandro, *Arquitectura y naturaleza*, op. cit., p. 155.
8/ De la Sota, Alejandro, lecture given in the Escuela Técnica Superior de Arquitectura de Barcelona in January 1980. Reprinted in Puente, Moisés (ed.), op. cit., pp. 170-186 (171).

que recoge una conferencia impartida en el curso de Jardinería y Paisaje de la Escuela de Arquitectura de Madrid. En estos textos De la Sota abogaba por mirar los paisajes propios de cada lugar, por tratar «con naturalidad» la naturaleza: «El paisaje es el aire que respiramos». Y mientras miraba el paisaje desde la historia de la arquitectura popular, del mimetismo de la casa del campesino insertada perfectamente en el paisaje, quedó también fascinado por las palabras que pronunció Richard Neutra en una conferencia que había impartido en Madrid: el jardín deber dejar de ser formalista para penetrar con naturalidad en los edificios; y también por otra conferencia de Paul Bonatz en la que explicaba cómo las grandes obras de ingeniería deben ser conscientes de las heridas que perpetúan en el paisaje para que este no solo no pierda sus cualidades después de la intervención, sino que conscientemente las realce: «No hay naturaleza ni paisaje anodinos; todo tiene profundo interés. La arquitectura puede acercarse a la naturaleza, puede ponerse enfrente, no puede olvidarla; de tener importantes amigos o enemigos podrá esperarse algo de nosotros; nunca si vivimos con indolencia»[7].

Con una obra construida muy en la línea de lo que se estaba haciendo en la España de posguerra entonces, la publicación de sus obras (que van apareciendo en los diversos números de la *Revista Nacional de Arquitectura* de la época) y de sus textos le sirven para posicionarse en el ambiente cultural madrileño y nacional y embarcarse en una defensa de lo moderno, que más tarde se tornará acérrima. Pareciera que en esta primera etapa sus textos transitaran los mismos caminos que su obra construida, con la típica premura juvenil de ensayo de diversos temas y el aprendizaje que supone exponerse a debates públicos e invitaciones a participar en las revistas nacionales más importantes de la época. Sin embargo, a pesar de que su obra todavía debía mucho a la herencia de lo popular, en sus textos se intuye una apuesta valiente por la modernidad, por una actitud ética y comprometida que, poco después, quedará evidenciada en uno de los momentos clave de su trayectoria profesional. Hacia 1955, en pleno arranque de una prometedora carrera profesional, Alejandro de la Sota dejó de trabajar voluntariamente unos años para pensar qué camino debía tomar. Fue entonces cuando decidió «optar por una arquitectura física en contraposición a una química, en la que ningún elemento se mezcla con otro para producir un tercero, sino que con las pinzas, siempre puedas dar con toda la personalidad del elemento»[8].

2.

Alejandro de la Sota descubrió, entre otras cosas, la ligereza de la construcción americana, el montaje en seco, la construcción industrializada y los ligerísimos dispositivos para dar sombra, todo ello de la mano de los arquitectos europeos emigrados a Estados Unidos (Marcel Breuer, Walter Gropius y Richard Neutra principalmente), sin olvidar la omnipresente presencia de la obra americana de Mies van der Rohe. Las referencias dejaron de ser locales: abandonó la labor artesanal de la cal y el mortero, lo primoroso de la factura manual, la arquitectura «química», pesada y preindustrial, que no hace más que arrastrar añadidos heredados de la historia. El nuevo objetivo es retomar el espíritu de vanguardia del movimiento moderno, saltar al escenario internacional y abandonar la anodina tristeza de la arquitectura del régimen franquista.

En esta nueva andadura, construyó los talleres aeronáuticos TABSA (Madrid, 1956-1958), un perfecto ejemplo de arquitectura industrial con un magnífico

Talleres Aeronáutico TABSA. Barajas, Madrid, 1956-1958.
TABSA aeronautical workshops. Barajas, Madrid, 1956-1958.

Residencia infantil de verano, Miraflores de la Sierra. Madrid, 1957-1958.
Children's summer-camp residence, Miraflores de la Sierra. Madrid, 1957-1958.

7/ De la Sota, Alejandro, *Arquitectura y naturaleza*, op. cit., p. 155.
8/ De la Sota, Alejandro, conferencia impartida en la Escuela Técnica Superior de Arquitectura de Barcelona en enero de 1980. Recogida en Puente, Moisés (ed.), op. cit., pp. 170-186 (171).

However, though he had already established his reputation as a serious architect, it was at this time that he constructed the two buildings — the Civil Governor's Office and Residence in Tarragona and the Maravillas school gymnasium — that would undoubtedly consolidate Alejandro de la Sota as one of the most important figures in the Spanish architecture of the second half of the twentieth century, and also set a standard his later works found it hard to surpass: a standard that may be responsible for creating the De la Sota myth and to some extent straitjacketing the man and his work. Although these two schemes were simultaneously present on his drawing board, they almost seem to be the work of two different architects. In the Civil Governor's Office and Residence in Tarragona (1957-1964) the volumetric displacement of a mixed programme is reminiscent of the spatial exercises we find in Paul Klee or in the Italian rationalism of Giuseppe Terragni in pursuit of a perfect modern type, in a canon that has been perpetuated over the decades in the imaginary of Spanish architects. The ironic play with materials emulated, using craft techniques, what the Spanish construction industry was at that time incapable of producing: the smoothness of stone cladding or cast metal railings (those on the main stair were handmade by a highly skilled craftsman in imitation of industrialized sections). In contrast, and with completely different project processes, the Maravillas school gymnasium (Madrid, 1960-1962) is not interested in being a perfect model of modern orthodoxy, but seeks instead to respond to a very specific situation, though in so doing it uses modern logics: the logical outlining of the problems leads to a clear result, almost the only one possible. The bravado display of technical skill and inventiveness here takes the teachings of modernity to bold extremes yet with no need to construct a prototype.

Meanwhile, in parallel with the construction of these works, he continued to publish short texts in magazines, not now as essays of themes to be explored, but with a conscious sense of speaking from the position of a master, an awareness that his work has reached maturity and an all but indisputable status. At this time he wrote texts on the work of Eduardo Chillida,[9] obituaries of Frank Lloyd Wright and Le Corbusier,[10] and advice to architecture students,[11] and immediately went on to posit the use of technological advances as the only way for architecture to progress. During the 1960s, when he was engaged in building his most uncompromisingly 'hard' works, which rehearsed new formats based on heavy prefabricated elements whose constructional logic seemed to overshadow his own qualities as a designer, De la Sota was definitively constructing his own character from his isolated position, as a researcher of various technologies and an inventor of gadgets, in similar fashion to what his much-admired Jean Prouvé was then doing. The ease with which established almost magical effects with the materials,[12] using them in unexpected situations — the lightness of a seemingly 'heavy' cladding in the Civil Governor's Office and Residence in Tarragona or the housing on calle Prior in Salamanca, or the inverted truss of the Maravillas school gymnasium — consolidated his reputation as an exceptional handler of materials and a skilled designer dedicated not to the application of impeccable systems of composition, as

Gobierno Civil. Tarragona, 1957-1964.
Civil Governor's Office and Residence. Tarragona, 1957-1964.

9/ De la Sota, Alejandro, 'Chillida', *Revista Nacional de Arquitectura*, No. 180, Madrid, December 1956. Reprinted in Puente, Moisés (ed.), op. cit., pp. 34-35.

10/ De la Sota, Alejandro, 'Ha muerto Frank Lloyd Wright', *Arquitectura*, No. 5, Madrid, September 1959; and 'Le Corbusier', written in 1965 and published in *Arquitectura*, Nos. 264-265, Madrid, January/April 1987. Reprinted in Puente, Moisés (ed.), op. cit., pp. 36-37 and p. 43, respectively.

11/ De la Sota, Alejandro, 'Alumnos de arquitectura', *Arquitectura*, No. 9, Madrid, September 1959. Reprinted in Puente, Moisés (ed.), op. cit., pp. 38-41. The text ends with a long quote from the message that Frank Lloyd Wright had given to young architects. See: Wright, Frank Lloyd, 'To the Young Man in Architecture', in *The Future of Architecture*. Horizon Press, New York, 1953, pp. 217-219.

12/ Effects magnificently described by Josep Llinàs in his foreword, 'Nada por aquí, nada por allá…', to the book *Alejandro de la Sota. Arquitecto*. Pronaos, Madrid, 1989, p. 11.

manejo de la luz natural que atraviesa los dientes de sierra. Poco después, y en colaboración con José Antonio Corrales y Ramón Vázquez Molezún, finaliza la residencia infantil de Miraflores de la Sierra (Madrid, 1957-1959), que básicamente consiste en una enorme cubierta inclinada paralela a la pendiente natural del terreno. Tras unos trabajos previos de construcción de un nuevo suelo artificial, se separan dos mundos físicos, el cavernoso de la piedra sin tratar de la base y el aéreo de una cubierta que vuela apoyada en finos pilares y separada del cerramiento vertical, todo ello insertado magistralmente en un paisaje que, como había anunciado en textos anteriores, penetra en el edificio sin mediación de artificios formalistas.

Sin embargo, y a pesar de la ya seria trayectoria como arquitecto que tenía a su espalda, por estas fechas construyó los dos edificios –el Gobierno Civil de Tarragona y el gimnasio del colegio Maravillas– que, sin duda, consolidarían a Alejandro de la Sota como una de las figuras más importantes de la arquitectura española de la segunda mitad del siglo XX, y que, además, marcaron un listón difícil de superar en sus obras posteriores, un listón que quizá sea culpable de la construcción de su propio mito y de cierto encorsetamiento de su figura. A pesar de que ambas compartieron espacio simultáneamente en su tablero de dibujo, casi parecen dos obras salidas de arquitectos distintos. En el Gobierno Civil de Tarragona (1957-1964) la dislocación volumétrica de un programa mixto recuerda a los ejercicios espaciales de la obra de Paul Klee o al racionalismo italiano de Giuseppe Terragni, en la persecución de un tipo moderno perfecto, en un canon que se ha perpetuado a lo largo de décadas en el imaginario de los arquitectos españoles. Los juegos irónicos de materiales emulan mediante técnicas artesanales aquello que la industria de la construcción española no era capaz de producir entonces: la tersura de una piel pétrea o las barandillas de la escalera principal que, construida mediante plegados de un artesano virtuoso, emulan perfiles industrializados. Por otro lado, y con unos procesos de proyecto completamente diferentes, el gimnasio del colegio Maravillas (Madrid, 1960-1962) ya no pretende ser un modelo perfecto de la ortodoxia moderna, sino que responde a una situación muy específica, aunque para ello se utilicen lógicas modernas; el planeamiento lógico de los problemas conduce a un resultado claro, casi el único posible. La audaz exhibición de pericia disciplinar y de capacidad inventiva lleva las enseñanzas de lo moderno a unos extremos audaces sin necesidad de, por ello, construir un prototipo.

Y, paralelamente a la construcción de estas obras, continuó escribiendo algunos breves textos en revistas, pero ya no como ensayos de temas que debe explorar, sino con la conciencia de estar hablando ya desde la posición de maestro, de que su obra ha alcanzado la madurez y una posición difícilmente discutible. Es entonces cuando escribió textos sobre la obra de Eduardo Chillida[9], sendos obituarios sobre Frank Lloyd Wright y Le Corbusier[10], y consejos a los estudiantes de arquitectura[11], para derivar inmediatamente a plantear el uso de los avances tecnológicos

Gimnasio del colegio Maravillas. Madrid, 1960-1962.
Maravillas School Gymnasium. Madrid, 1960-1962.

Viviendas y locales comerciales en las calles Prior y del Prado, Salamanca, 1963-1965.
Apartment building with commercial premises on c/ Prior and c/ del Prado, Salamanca, 1963-1965.

9/ De la Sota, Alejandro, «Chillida», *Revista Nacional de Arquitectura*, núm. 180, Madrid, diciembre de 1956. Recogido en Puente, Moisés (ed.), *op. cit.*, pp. 34-35.
10/ De la Sota, Alejandro, «Ha muerto Frank Lloyd Wright», *Arquitectura*, núm. 5, Madrid, septiembre de 1959; y «Le Corbusier», escrito en 1965 y publicado en *Arquitectura*, núms. 264-265, Madrid, enero/abril de 1987. Recogidos en Puente, Moisés (ed.), *op. cit.*, pp. 36-37 y p. 43, respectivamente.
11/ De la Sota, Alejandro, «Alumnos de arquitectura», *Arquitectura*, núm. 9, Madrid, septiembre de 1959. Recogido en Puente, Moisés (ed.), *op. cit.*, pp. 38-41. El texto acaba con una extensa cita al mensaje que Frank Lloyd Wright había lanzado a los jóvenes arquitectos. Véase: Wright, Frank Lloyd, «To the Young Man in Architecture», en *The Future of Architecture*. Horizon Press, Nueva York, 1953, pp. 217-219 (versión castellana: «Al joven que se dedica a la arquitectura», en *El futuro de la arquitectura*. Poseidón, Buenos Aires, 1957, pp. 167-169).

his master Mies van der Rohe might do, but to a search for almost perverse relationships between the materials and their *mîse en scène*, all informed by the application of a *sui generis* logic that has a great deal to do with all he had learned from popular architecture in the earlier period. Meanwhile, De la Sota continued to publish his works in the most important Spanish magazines: he not only controlled the graphic material to be published, but was also writing some excellent and illuminating reports on the projects and submitting his own photographs (he was a very talented amateur photographer and photographed most of his works).

In the late 1960s, while continuing to champion the technology of prefabrication,[13] he published one of his classic texts, 'The Great and Honourable Orphanhood'.[14] With the brevity which characterizes almost all his writings, he revindicated the legacy of the modern masters, who by then were already retired or dead, and inveighed against the excessive erudition of the new architectural languages and the terrible diversification of petty little efforts with such great results in pettiness and littleness',[15] in a clear reaction against the new currents were entering the School of Architecture in Madrid. It is worth recalling that two of the seminal texts that gave rise to postmodern architecture had appeared just a few years earlier, in 1966: Robert Venturi's *Complexity and Contradiction in Architecture*, and Aldo Rossi's *Architettura della Città*.

3.
In 1970, Alejandro de la Sota presented for the chair in Elements of Composition at the School of Architecture of Madrid with an unorthodox and loosely structured thesis, in which he set out his own way of approaching teaching without relying on academic apparatus: 'Teaching implies a transmission of explicit principles from the teacher to the student; if in the former there is a congruence between work and thought, this transfer comes about naturally.'[16] De la Sota failed to obtain the professorship — the other candidates were prestigious scholars — and his words failed to resonate in a politicized school which favoured teaching that was 'exorbitantly developed, achieving an unbalanced brilliance of this over authentic truth in work and thought'. The Madrid School of Architecture thereby lost one of the great master architects. This setback, coupled with his failure to win a major architectural competition that year — for an unusually advanced office building using glass technologies that had never before been tested in Spain (the Bankunión headquarters, Madrid, 1970) — led De la Sota to shut himself in his studio on calle Bretón de los Herreros, having decided never to set foot in the Madrid School of Architecture or have anything to do with the specialist press and entrench himself in his position with the Post Office: 'One day I stopped working and tried to think freely about what I was doing and what was being done. That same day I began to shed many of the additions that attach themselves to any serious thinking about architecture, sticking to it like limpets, crustaceans. The clean result was attractive and I thought it could also be called Architecture, or perhaps architecture, and I took pleasure in that lower case *a*, since it enabled me to resolve the problems that architecture has always had to resolve: the ordering of the world in

Alejandro de la Sota en la casa Varela. Collado Mediano (Villalba), Madrid, 1964-1968.
Alejandro de la Sota in the Varela house. Collado Mediano (Villalba), Madrid, 1964-1968.

Alejandro de la Sota en su estudio de la calle Bretón de los Herreros, Madrid.
Alejandro de la Sota in his studio on c/ Bretón de los Herreros, Madrid.

13/ See: De la Sota, Alejandro, 'Sentimiento arquitectónico de la prefabricación', *Arquitectura*, No. 111, Madrid, February 1968. Reprinted in Puente, Moisés (ed.), op. cit., pp. 46-47.
14/ De la Sota, Alejandro, 'La grande y honrosa orfandad', *Arquitectura*, No. 129, Madrid, September 1969. Reprinted in Puente, Moisés (ed.), op. cit., pp. 51-52.
15/ Ibid., p. 52. On this subject, see too the text 'Arquitectura posmoderna', n. d. Reprinted in Puente, Moisés (ed.), op. cit., pp. 67-69.
16/ De la Sota, Alejandro, 'Memoria a la cátedra de Elementos de Composición', 1970. Reprinted in Puente, Moisés (ed.), op. cit., pp. 55-62 (56).

como única posibilidad de avance de la arquitectura. Durante la década de 1960, y cuando estaba enfrascado construyendo sus obras más «duras», aquellas que ensayaban con nuevos formatos de prefabricados pesados en los que la lógica constructiva parecía ensombrecer sus propias cualidades como diseñador, De la Sota se construyó definitivamente su propio personaje desde su aislamiento, como investigador de diversas tecnologías, como inventor de artilugios, muy en la línea de lo que podía estar haciendo entonces su admirado Jean Prouvé. La facilidad con la que establecía juegos casi de magia con los materiales[12], haciendo uso de ellos en situaciones imprevistas –la ligereza de un aplacado de apariencia «pesada» en el Gobierno Civil de Tarragona o las viviendas en la calle Prior de Salamanca, o la cercha invertida del gimnasio Maravillas–, consolidó su figura como genial manipulador de materiales, como habilísimo proyectista no dedicado a la aplicación de impecables sistemas compositivos –como podría estar haciendo su maestro Mies van der Rohe–, sino a buscar relaciones casi perversas entre los materiales y su puesta en escena, todo ello pasado por la aplicación de una lógica sui géneris que tiene mucho que ver con todo lo aprendido de la arquitectura popular en su etapa anterior. Y, mientras, seguía publicando sus obras en las revistas españolas más importantes; De la Sota no solo controlaba el material gráfico enviado a las revistas, sino que redactaba él mismo unas excelentes y clarificadoras memorias de los proyectos y publicaba sus propias fotografías (Alejandro de la Sota fue un excelente fotógrafo *amateur* y él mismo fotografió la mayor parte de sus obras).

A finales de la década de 1960, mientras continuaba abogando por la tecnología de la prefabricación[13], publicó uno de sus textos clásicos: «La grande y honrosa orfandad»[14]. Con la brevedad que caracteriza casi todos sus textos, reivindicaba la herencia de los maestros modernos –que por entonces estaban ya inactivos o muertos– y arremetía contra un exceso de erudición de los nuevos lenguajes, contra «la terrible diversificación de esfuerzos pequeños y mezquinos con resultados tan grandes en mezquindad y pequeñez»[15], en una clara reacción contra los nuevos aires que estaban penetrando en la Escuela de Arquitectura de Madrid. Cabe recordar que pocos años antes, en 1966, salieron a la luz dos de los textos clave que dieron paso a la arquitectura posmoderna: *Complejidad y contradicción en arquitectura,* de Robert Venturi, y *La arquitectura de la ciudad,* de Aldo Rossi.

3.
En 1970, Alejandro de la Sota se presentó a la cátedra de Elementos de Composición de la Escuela de Arquitectura de Madrid con una memoria poco ortodoxa, y también poco estructurada, en la que exponía su manera propia de entender la enseñanza sin recurrir a ningún aparataje académico: «La enseñanza supone una transmisión de los principios explicitados desde el profesor al alumno; si en el primero se da una congruencia obra-pensamiento, esta transferencia se realiza de forma natural»[16]. De la Sota perdió la cátedra ante candidatos de gran calado erudito y sus palabras

12/ Juegos magníficamente descritos por Josep Llinàs en su prólogo «Nada por aquí, nada por allá…» del libro: *Alejandro de la Sota. Arquitecto.* Pronaos, Madrid, 1989, p. 11.
13/ Véase: De la Sota, Alejandro, «Sentimiento arquitectónico de la prefabricación», *Arquitectura*, núm. 111, Madrid, febrero de 1968. Recogido en Puente, Moisés (ed.), *op. cit.*, pp. 46-47.
14/ De la Sota, Alejandro, «La grande y honrosa orfandad», *Arquitectura*, núm. 129, Madrid, septiembre de 1969. Recogido en Puente, Moisés (ed.), *op. cit.*, pp. 51-52.
15/ *Ibíd.*, p. 52. En este sentido, véase también el texto «Arquitectura posmoderna», s. f. Recogido en Puente, Moisés (ed.), *op. cit.*, pp. 67-69.
16/ De la Sota, Alejandro, «Memoria a la cátedra de Elementos de Composición», 1970. Recogido en Puente, Moisés (ed.), *op. cit.*, pp. 55-62 (56).

which we lead our lives.'[17] In this way architecture recovered the common sense it had had in contact with the popular vernacular. We can see here a kind of mysticism of the origin of the project, with the only explanation for architecture coming from the resolution of the problems that, briefly, are explained in De la Sota's wonderful project reports.

A few years later, in 1974, Mariano Bayón published an interview entitled 'Conversation with Alejandro de la Sota from his House Arrest',[18] which effectively consolidates his mythic status in Spanish architecture. From his 'house arrest', De la Sota championed a non-architectonic architecture, an architecture far removed from any disciplinary culture, a self-enclosed architecture: 'Many recent theories of linguistic transplants to other fields such as architecture seem to me to be old ideas with new faces and sometimes confuse more than they clarify'.[19] Interestingly, just as the architect was affirming that he would 'write something in a construction journal, for builders',[20] the first published anthology of his work was in preparation. In late 1974 the magazine *Hogar y Arquitectura* published an issue almost entirely devoted to his career (an eighty-page dossier by Miguel Ángel Baldellou);[21] at the same time the magazine *Nueva Forma*, edited by Juan Daniel Fullaondo, devoted a whole issue to his work,[22] and the following year saw the first monograph study, in the small-format collection *Artistas españoles contemporáneos*, also written by Baldellou.[23] This was followed in due course by almost exclusively devoted issues of the magazines of the country's two leading architects' associations: *Arquitectura* in Madrid in 1981, and *Quaderns d'Arquitectura i Urbanisme* in Barcelona the following year.[24] These are probably in equal parts claim a tribute to the master and a revindication of an exponent of modernity who had broken certain constraints (underpinning certain postmodern postulates). The work of Alejandro de la Sota was publicly relaunched with works of exceptional modernity.

It was in the Catalan magazine that he published one of his most important writings, 'For a Logical Architecture', in which he aligned himself with modern positions against the attacks of postmodern revisionism and upheld a logical and still modern way of doing architecture: 'The process for making a logical architecture is good: a problem is set out in its entirety, ordering all of the data, which are made exhaustive by taking into account all of the possible points of view. All of the material possibilities of constructing the result, in which these possibilities have already been included, are studied. A result is obtained: if the path taken is serious and true, the result is architecture.'[25] These words, written in 1982, are a perfect echo of what Mies van der Rohe said in 1955: 'I collect all the facts — all the facts, as much as I can get. I study these facts, and then I act accordingly.'[26]

Portada de la revista *Nueva Forma*, núm. 107, Madrid, diciembre de 1974.
Cover of issue 107 of the magazine *Nueva Forma*, Madrid, December 1974.

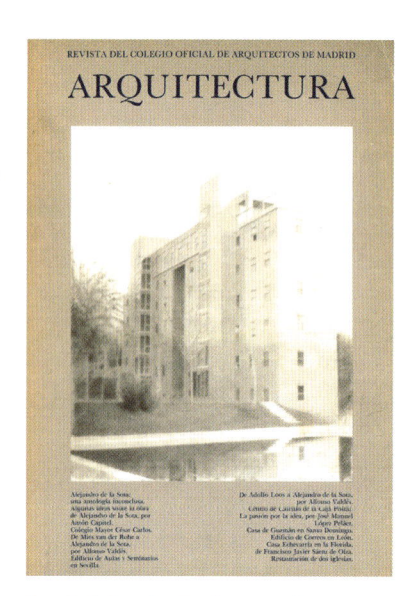

Portada de la revista *Arquitectura*, núm. 233, Madrid, noviembre-diciembre de 1981.
Cover of issue 233 of the magazine *Arquitectura*, Madrid, November-December 1981.

17/ De la Sota, Alejandro, 'Arquitectura y arquitectura', n. d. Reprinted in Puente, Moisés (ed.), op. cit., p. 74.
18/ Bayón, Mariano, 'Conversación con Alejandro de la Sota desde su arresto domiciliario', *Arquitecturas Bis*, No. 1, Barcelona, May 1974, pp. 25-27.
19/ Ibid., p. 26.
20/ Ibid., p. 25.
21/ Baldellou, Miguel Ángel, 'Alejandro de la Sota', *Hogar y Arquitectura*, No. 115, Madrid, November-December 1974, pp. 24-104.
22/ *Nueva Forma*, No. 107, Madrid, December 1974.
23/ Baldellou, Miguel Ángel, *Alejandro de la Sota*, Servicio de Publicaciones del Ministerio de Educación y Ciencia, Madrid, 1975.
24/ *Arquitectura*, No. 233, Madrid, November-December 1981, pp. 17-56; and *Quaderns d'Arquitectura i Urbanisme*, No. 152, Barcelona, May-June 1982, pp. 10-41.
25/ De la Sota, Alejandro, 'Por una arquitectura lógica', *Quaderns d'Arquitectura i Urbanisme*, op. cit., pp. 12-13. Reprinted in Puente, Moisés (ed.), op. cit., p. 70.
26/ 'Conversations with Mies', 1955, in Peter, John, *The Oral History of Modern Architecture: Interviews with the Greatest Architects of the Twentieth Century*, Harry N. Abrams, New York, 1994. Also in: Puente, Moisés (ed.), *Conversations with Mies van der Rohe*, Princeton Architectural Press, New York, 2008, p. 58.

no tuvieron eco en una escuela politizada y que primaba una enseñanza «desorbitadamente desarrollada, llegando a una desequilibrada brillantez de esta respecto a una auténtica verdad en pensamiento-obra»; la Escuela de Madrid se quedó así sin uno de sus grandes maestros de arquitectos. Este revés, unido a haber perdido un importante concurso de arquitectura ese mismo año –un extraordinariamente avanzado edificio de oficinas que utilizaba tecnologías del vidrio que hasta entonces no se habían ensayado en España (sede de Bankunión, Madrid, 1970)–, hizo que De la Sota se encerrara en su estudio de la calle Bretón de los Herreros, decidiera no volver a pisar la Escuela de Madrid, no saber nada de la prensa especializada y atrincherarse en su despacho de funcionario de Correos: «Un buen día dejé de trabajar y procuré pensar libremente en lo que hacía y se hacía. Ese mismo día empezaron a desprenderse tantos añadidos que a cualquier pensamiento serio sobre arquitectura se abrazaban, se pegaban como auténticas lapas, crustáceos. El resultado limpio era atractivo y pensé que también podía llamarse Arquitectura, tal vez arquitectura, y disfruté con esa a minúscula, ya que me bastaba para resolver los problemas que siempre la arquitectura tuvo que resolver: ordenación del mundo en donde desarrollamos nuestra vida»[17]. La arquitectura recobra pues esa razón común que ya había ensayado en su contacto con la arquitectura popular. Aparece una especie de misticismo del origen del proyecto y la única explicación a la arquitectura resultará a partir de la resolución de los problemas que, someramente, se explican en las magníficas memorias de sus proyectos.

Pocos años más tarde, en 1974, Mariano Bayón publicó una entrevista titulada «Conversación con Alejandro de la Sota desde su arresto domiciliario»[18], texto que vendría a consolidar su figura mítica en el panorama de la arquitectura nacional. Desde su «arresto domiciliario», De la Sota abogaba por esa arquitectura no arquitectónica, una arquitectura alejada de toda cultura disciplinar, una arquitectura encerrada en sí misma: «Muchas teorías recientes sobre los trasplantes lingüísticos a otros campos como la arquitectura me parecen asuntos sabidos con caras diferentes y que a veces confunden más que aclaran»[19]. Y, curiosamente, cuando el propio arquitecto sostenía que «escribiré algo en una revista de constructores, para constructores»[20], se estaban preparando las primeras publicaciones antológicas sobre su obra. A finales de 1974 la revista *Hogar y Arquitectura* publicó un número casi enteramente dedicado a su trayectoria (un *dossier* de ochenta páginas firmado por Miguel Ángel Baldellou)[21]; simultáneamente, la revista *Nueva Forma*, dirigida por Juan Daniel Fullaondo, dedicó un número enteramente dedicado a su obra[22], y al año siguiente apareció su primera monografía dentro de la colección de pequeño formato «Artistas españoles contemporáneos», también firmado por el propio Baldellou[23]. A esto le siguieron poco tiempo después dos números parcialmente dedicados de las dos revistas colegiales más importantes del país: en 1981 *Arquitectura* de Madrid y un año más tarde *Quaderns d'Arquitectura i Urbanisme* desde Barcelona.[24] Probablemente a partes iguales homenaje al maestro y reivindicación de una figura de la

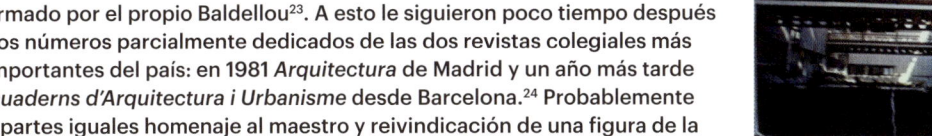

Portada de la revista *Quaderns d'Arquitectura i Urbanisme*, núm. 152, Barcelona, mayo-junio de 1982.
Cover of issue 152 of the magazine *Quaderns d'Arquitectura i Urbanisme*, Barcelona, May-June 1982.

Portada del libro de Miguel Ángel Baldellou, *Alejandro de la Sota*. Servicio de Publicaciones del Ministerio de Educación y Ciencia, Madrid, 1975.
Cover of the book by Miguel Ángel Baldellou, *Alejandro de la Sota*. Servicio de Publicaciones del Ministerio de Educación y Ciencia, Madrid, 1975.

17/ De la Sota, Alejandro, «Arquitectura y arquitectura», s. f. Recogido en Puente, Moisés (ed.), *op. cit.*, p. 74.
18/ Bayón, Mariano, «Conversación con Alejandro de la Sota desde su arresto domiciliario», *Arquitecturas Bis*, núm. 1, Barcelona, mayo de 1974, pp. 25-27.
19/ Ibíd., p. 26.
20/ Ibíd., p. 25.
21/ Baldellou, Miguel Ángel, «Alejandro de la Sota», *Hogar y Arquitectura*, núm. 115, Madrid, noviembre-diciembre de 1974, pp. 24-104.
22/ *Nueva Forma*, núm. 107, Madrid, diciembre de 1974.
23/ Baldellou, Miguel Ángel, *Alejandro de la Sota*, Servicio de Publicaciones del Ministerio de Educación y Ciencia, Madrid, 1975.
24/ *Arquitectura*, núm. 233, Madrid, noviembre-diciembre de 1981, pp. 17-56, y *Quaderns d'Arquitectura i Urbanisme*, núm. 152, Barcelona, mayo-junio de 1982, pp. 10-41.

It was at this time that De la Sota radicalized his modern positions, in an apparently autistic purge radically distant from Spanish architectural culture, contrasting what had been learned from the moderns with a critique of the ideological positions of the ideological throwing into crisis of modernity.

Meanwhile, his work had shifted from using the heavy prefabricated elements of the 1960s — as in the Bahía Bella tourist complex (Mar Menor, Murcia, 1964-1966) or the Varela house (Villalba, Madrid, 1964-1968) — to lightweight sheet metal façades, first used in the Caja Postal data centre in Madrid (1972-1977) and subsequently in the Domínguez house (A Caeira, Pontevedra, 1973-1978) and the Post and Telecommunications building (León, 1981-1984). In this last he placed the sheet metal plates in a horizontal stretcher bond to emulate huge stone blocks, turned in at the windows to form deep interior recesses that create the illusion of thick load-bearing walls. By infusing nobility into a humble material such as Robertson sheeting, by way of perverse games of almost Pop affiliation, Alejandro de la Sota went a step further in his enthusiasm for construction processes using lightweight materials by adding the concept of 'easiness'. If the project instruments are not revealed other than through the resolution of problems, neither are the efforts and the work of the architect or the people who construct his buildings: 'The whole construction is prefabricated and brought readymade from the factory or wherever [...], all easy to assemble. It saves time, it provides quality and imposes forms that may be remote from Architecture.'[27] De la Sota boasted that his buildings could be put up and taken down with a screwdriver, and that on his construction sites 'the workers didn't sweat', and this (almost aristocratic) affirmation of effortless work, of liberation from manual labour, of craft processes (which he had rejected as early as the 1950s), gave the architect's last works something of the character of playful artefacts, light, easy, almost laughter-provoking: 'The emotion of Architecture makes us smile, laugh. Life does not.'[28]

Fachada en obras del centro de cálculo de la Caja Postal de Ahorros. Madrid, 1972-1977.
Façade of the Caja Postal de Ahorros data centre under construction. Madrid, 1972-1977.

4.
Interestingly, and in parallel with the construction of this personality apparently alien to the Spanish architectural scene, Alejandro de la Sota is still today the most widely published and best-published modern Spanish architect. In 1989, he himself brought out the first significant monograph on his work,[29] which included a selection of projects with the original reports and a selection of texts at the end. Since his death in 1996 a succession of anthologies and monograph studies have appeared and a number of doctoral theses have been written about him, and some of them published, further reinforcing the aura with which Alejandro de la Sota was surrounded in life. Immediately after his death, the Swiss magazine *Werk, Bauen + Wohnen* devoted a special issue to his work[30] and a year later the Architectural Association in London put on an exhibition with catalogue dedicated to his work.[31] To this we must add two important publications: the compilation of the complete writings of Alejandro de la Sota in 2002,[32] and the most comprehensive monograph to date in 2009,[33] not

---

27/ De la Sota, Alejandro, project report for the houses in Alcudia, Mallorca, 1983-1984. Published in *Quaderns d'Arquitectura i Urbanisme*, No. 160, Barcelona, January-February 1984, p. 20. Reprinted in Ábalos, Iñaki; Llinàs, Josep, and Puente, Moisés, *Alejandro de la Sota*. Fundación Caja de Arquitectos, Barcelona, 2009, p. 478.
28/ De la Sota, Alejandro, *Alejandro de la Sota. Arquitecto*, op. cit., p. 19.
29/ Ibid.
30/ *Werk, Bauen + Wohnen*, 5, Zurich, May 1997.
31/ Mostafavi, Moshen (ed.), *Alejandro de la Sota. The Architecture of Imperfection*. Architectural Association, London, 1997.
32/ Puente, Moisés (ed.), op. cit.
33/ Ábalos, Iñaki; Llinàs, Josep, and Puente, Moisés, op. cit. This monograph, which includes recent photographs of some of the projects, taken by José Hevia, has essays by each of the authors as well as contributions from Stan Allen, Antón Capitel, José Antonio Corrales, Manuel Gallego, José Manuel López-Peláez, Enric Miralles and Juan Navarro Baldeweg.

modernidad que había quebrantado ciertos límites (que podrían apoyar ciertos postulados posmodernos), la obra de Alejandro de la Sota renace ante el público con obras de una rara modernidad.

Fue en la revista catalana donde publicó uno de sus textos más importantes, «Por una arquitectura lógica», en el que se atrincheraba en las posiciones modernas frente a los ataques del revisionismo posmoderno y donde sostenía una manera lógica y aún moderna de hacer arquitectura: «El procedimiento para hacer una arquitectura lógica es bueno: se plantea un problema en toda su extensión; se ordenan todos los datos, que se hacen exhaustivos teniendo en cuenta todos los posibles puntos de vista existentes. Se estudian todas las posibilidades materiales de construir lo resuelto en lo que ya han entrado estas posibilidades. Un resultado obtenido: si es serio y si es verdad el camino recorrido, el resultado es arquitectura»[25]. Estas palabras escritas en 1982 son un perfecto eco de aquello que Mies van der Rohe dijo en 1955: «Recopilo los hechos, todos los que puedo conseguir, los estudio y después actúo en consonancia»[26].

Proyecto de concurso para la sede de Bankunión. Madrid, 1970.
Competition project for the Bankunión building. Madrid, 1970

Es entonces cuando radicaliza sus posturas modernas y se enclaustra en una depuración aparentemente autista alejada de la cultura arquitectónica española, contraponiendo lo aprendido de los modernos con una crítica sobre las posturas ideológicas de puesta en crisis ideológica de la modernidad.

Y mientras tanto, su obra había pasado de utilizar los prefabricados pesados de la década de 1960 –en obras como el complejo turístico en Bahía Bella (Mar Menor, Murcia, 1964-1966) o la casa Varela (Villalba, Madrid, 1964-1968)– a fachadas ligeras de chapa metálica, empleada por primera vez en el centro de cálculo de la Caja Postal de Madrid (1972-1977) y, años más tarde, en la casa Domínguez (A Caeira, Pontevedra, 1973-1978) y en el edificio de Correos y Telecomunicaciones (León, 1981-1984). En este último colocó en horizontal las planchas de chapa metálica a rompejuntas para emular enormes sillares pétreos que se doblan en las ventanas para formar unos armarios en el interior y dar una profundidad de muro falso de carga. Al insuflar nobleza a un material denostado entonces, la chapa Robertson, mediante juegos perversos de filiación casi pop, Alejandro de la Sota dio un paso más en su entusiasmo por las técnicas de construcción con materiales ligeros sumándole el concepto de «facilidad». Del mismo modo que no se desvelan los instrumentos del proyecto más allá de la resolución de problemas, tampoco lo hacen los esfuerzos de la labor del arquitecto y de quien construye las obras: «Se prefabrica toda la construcción y se lleva hecha desde la fábrica o desde donde sea [...], todo de montaje fácil. Se ahorra tiempo, se consigue calidad y obliga a formas tal vez lejos de la Arquitectura»[27]. De la Sota presumía de que sus edificios podían montarse y desmontarse con un simple destornillador, que en sus obras «los obreros no sudaban», y esta reivindicación del trabajo sin esfuerzo (casi aristocrática), de la liberación de la laboriosidad manual, de lo artesano (que ya había rechazado en la década de 1950), hizo que las últimas obras del arquitecto adquirieran cierto aire de artefactos lúdicos,

Alejandro de la Sota de visita de obras al edificio de Correos y Telecomunicaciones, León.
Alejandro de la Sota on a site visit to the Correos y Telecomunicaciones building, León.

25/ De la Sota, Alejandro, «Por una arquitectura lógica», *Quaderns d'Arquitectura i Urbanisme*, op. cit., pp. 12-13. Recogido en Puente, Moisés (ed.), op. cit., p. 70.
26/ «Conversations with Mies», 1955, en Peter, John, *The Oral History of Modern Architecture: Interviews with the Greatest Architects of the Twentieth Century*, Harry N. Abrams, Nueva York, 1994 (versión castellana en Puente, Moisés [ed.], *Conversaciones con Mies van der Rohe*. Editorial Gustavo Gili, Barcelona, p. 54).
27/ De la Sota, Alejandro, memoria del proyecto de casas en Alcudia, Mallorca, 1983-1984. Publicado en *Quaderns d'Arquitectura i Urbanisme*, núm. 160, Barcelona, enero-febrero de 1984, p. 20. Recogido en Ábalos, Iñaki; Llinàs, Josep y Puente, Moisés, *Alejandro de la Sota*. Fundación Caja de Arquitectos, Barcelona, 2009, p. 478.

forgetting the various individual studies of some of his most important works and series of monographs on particular buildings published by the Fundación Alejandro de la Sota, custodian of his archive.[35]

And yet, though we know more and more about his character and his work — something that would seem to go against his prized aura — Alejandro de la Sota has lost none of his charisma. The mythic figure of the architect with a firm ethical stance in relation to the profession and a logical, direct discourse goes hand in hand with one of the most intense and consistent careers in the recent history of Spanish architecture. Although our circumstances are very different from his, his legacy is still there, ready to be used. Any reading of his work we attempt today will necessarily entail updating him, and perhaps demystifying him, as we embrace and make our own his singular way of making the architecture that, as he argued, should be written with a lower-case *a*.

34/ Baldellou, Miguel Ángel, *Gimnasio Maravillas, Madrid, 1960-1962* (1997); Cortés, Juan Antonio, *Gobierno Civil de Tarragona, 1957-1964* (2006); and Calzada Pérez, Manuel and Pérez Escolano, Víctor, *Pueblo de Esquivel, 1952, 1953-1955* (2009), all published in the collection 'Archivos de Arquitectura, España Siglo XX' by the Colegio de Arquitectos de Almería.

35/ All edited by Teresa Couceiro, director of the Fundación Alejandro de la Sota, those published to date are: *Urbanización y poblado de absorción Fuencarral B* (2006); *Gimnasio del colegio Maravillas* (2007); *Central lechera Clesa* (2007); *Colegio mayor César Carlos* (2008) and *Pabellón polideportivo de Pontevedra* (2009).

ligeros, fáciles, que casi daban risa: «La emoción de la Arquitectura hace sonreír, da risa. La vida, no»[28].

4.
Curiosamente, y en paralelo a la construcción de ese personaje aparentemente apartado del ambiente arquitectónico nacional, Alejandro de la Sota sigue siendo a día de hoy el arquitecto moderno español más extensamente y mejor publicado. En 1989, él mismo se encargaría de publicar su primera monografía de importancia[29], en la que recogía una selección de proyectos con sus memorias originales y una selección de textos al final. Después de su muerte en 1996, han ido apareciendo sucesivas publicaciones antológicas y estudios monográficos, y se han presentado ya numerosas tesis doctorales, algunas de ellas publicadas, que han contribuido aún más a reforzar el aura de la que Alejandro de la Sota se rodeó en vida. Inmediatamente después de su muerte, la revista suiza *Werk, Bauen + Wohnen* dedicó un número especial a su obra[30] y un año después la Architectural Association de Londres publicó un catálogo de una exposición dedicada a su trabajo[31]. A ello deben añadirse dos importantes publicaciones: la recopilación de los escritos completos de Alejandro de la Sota en 2002[32] y la monografía más completa publicada hasta la fecha en 2009[33], sin olvidarse de las diversas publicaciones monográficas de algunas de sus obras más importantes[34] y la publicación de diversas monografías de edificios por parte de la Fundación Alejandro de la Sota, depositaria de su archivo[35].

Y, sin embargo, a pesar de que cada vez se conoce más del personaje y de su obra –cosa que parecería ir en contra de su preciada aura–, Alejandro de la Sota sigue conservando su carisma. A su figura mítica de arquitecto con una firme posición ética ante la profesión y un discurso lógico y directo se le une una de las trayectorias más intensas y coherentes de la historia reciente de la arquitectura española. A pesar de que nuestras circunstancias no son las suyas, su legado continúa estando ahí, listo para hacer uso de él. Cualquier lectura que hagamos hoy de su obra debería pasar obligatoriamente por su actualización, quizá por su desmitificación también, por hacer nuestra su manera tan singular de hacer esa arquitectura que, como él sostenía, debería escribirse con a minúscula.

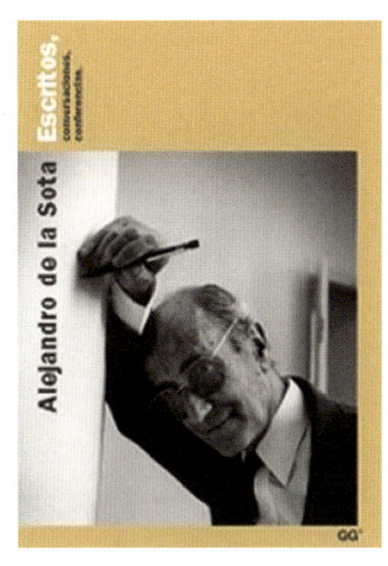

Libro recopilatorio de los escritos de Alejandro de la Sota: Moisés Puente, *Alejandro de la Sota. Escritos, conversaciones, conferencias*. Editorial Gustavo Gili, Barcelona, 2002.
A compilation of the writings of Alejandro de la Sota: Moisés Puente, *Alejandro de la Sota. Escritos, conversaciones, conferencias*. Editorial Gustavo Gili, Barcelona, 2002.

La monografía más completa hasta la fecha sobre la obra de Alejandro de la Sota: Iñaki Ábalos, Josep Llinàs y Moisés Puente, *Alejandro de la Sota*. Fundación Caja de Arquitectos, Barcelona, 2009.
The most comprehensive monograph to date on the work of Alejandro de la Sota: Iñaki Ábalos, Josep Llinàs y Moisés Puente, *Alejandro de la Sota*. Fundación Caja de Arquitectos, Barcelona, 2009.

28/ De la Sota, Alejandro, *Alejandro de la Sota. Arquitecto*, op. cit., p. 19.
29/ Ibíd.
30/ *Werk, Bauen + Wohnen*, 5, Zúrich, mayo de 1997.
31/ Mostafavi, Moshen (ed.), *Alejandro de la Sota. The Architecture of Imperfection*. Architectural Association, Londres, 1997.
32/ Puente, Moisés (ed.), *op. cit.*
33/ Ábalos, Iñaki; Llinàs, Josep y Puente, Moisés, *op. cit*. Esta monografía, que incluía fotografías actualizadas de algunos de los proyectos de José Hevia, contó, además de con textos de los autores, con contribuciones de Stan Allen, Antón Capitel, José Antonio Corrales, Manuel Gallego, José Manuel López-Peláez, Enric Miralles y Juan Navarro Baldeweg.
34/ Baldellou, Miguel Ángel, *Gimnasio Maravillas, Madrid, 1960-1962* (1997); Cortés, Juan Antonio, *Gobierno Civil de Tarragona, 1957-1964* (2006), y Calzada Pérez, Manuel y Pérez Escolano, Víctor, *Pueblo de Esquivel, 1952, 1953-1955* (2009), todos ellos publicados en la colección «Archivos de Arquitectura, España Siglo XX» del Colegio de Arquitectos de Almería.
35/ Editados todos ellos por Teresa Couceiro, directora de la Fundación Alejandro de la Sota, hasta el momento se han publicado: *Urbanización y poblado de absorción Fuencarral B* (2006); *Gimnasio del colegio Maravillas* (2007); *Central lechera Clesa* (2007); *Colegio Mayor César Carlos* (2008) y *Pabellón Polideportivo de Pontevedra* (2009).

Miguel Fisac

1942-1943
Edificio Central del
Consejo Superior
de Investigaciones
Científicas, Madrid
Central building of
the Consejo Superior
de Investigaciones
Científicas, Madrid

1943
Capilla del Espíritu Santo, Madrid
Espíritu Santo Chapel, Madrid

1948
Instituto de Óptica Daza de
Valdés, Madrid
Institute of Optics
Daza de Valdés, Madrid

1942

Alejandro de la Sota

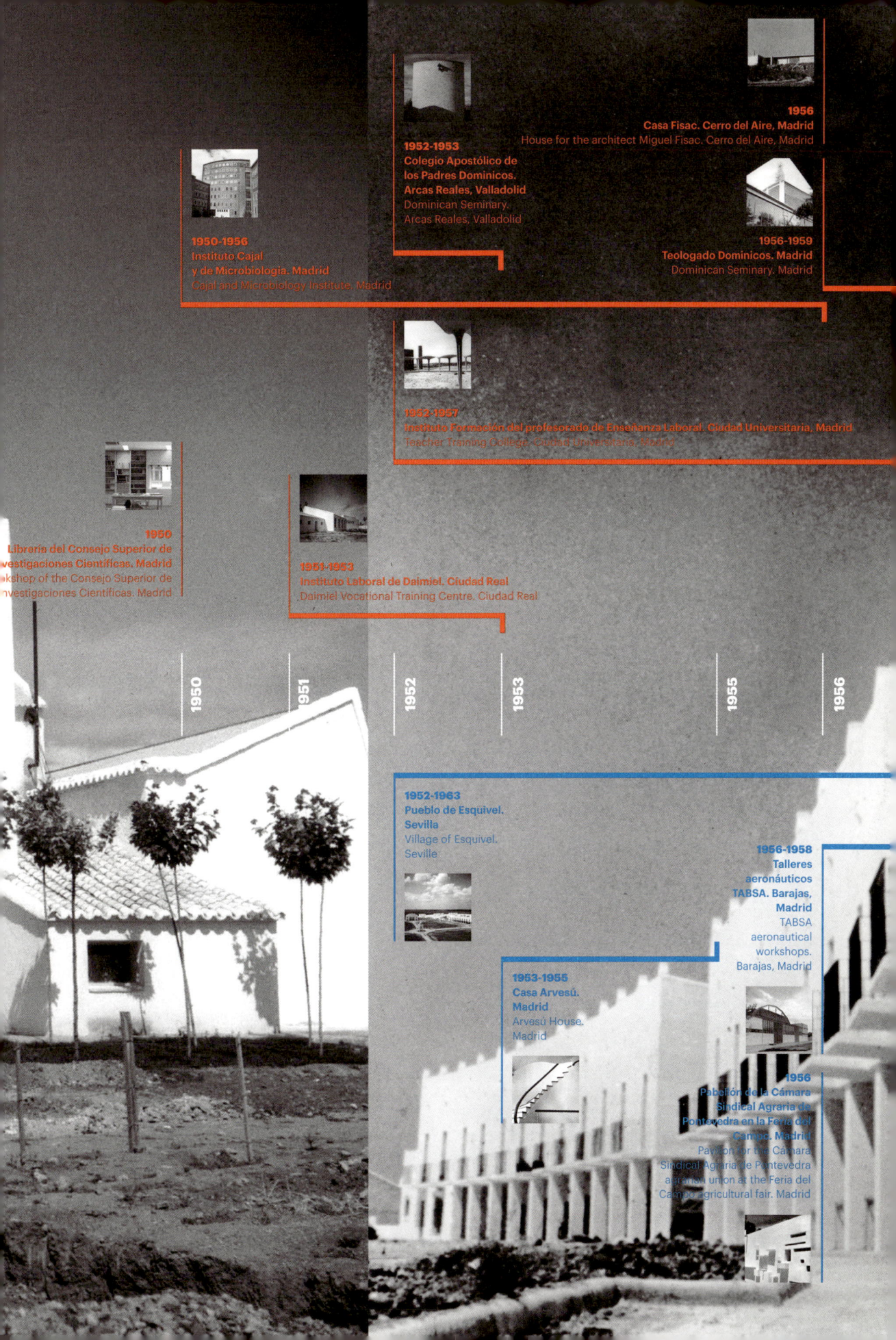

1956
Casa Fisac. Cerro del Aire, Madrid
House for the architect Miguel Fisac. Cerro del Aire, Madrid

1952-1953
Colegio Apostólico de los Padres Dominicos.
Arcas Reales, Valladolid
Dominican Seminary.
Arcas Reales, Valladolid

1956-1959
Teologado Dominicos. Madrid
Dominican Seminary. Madrid

1950-1956
Instituto Cajal y de Microbiología. Madrid
Cajal and Microbiology Institute. Madrid

1952-1957
Instituto Formación del profesorado de Enseñanza Laboral. Ciudad Universitaria, Madrid
Teacher Training College. Ciudad Universitaria, Madrid

1950
Librería del Consejo Superior de Investigaciones Científicas. Madrid
Workshop of the Consejo Superior de Investigaciones Científicas. Madrid

1951-1953
Instituto Laboral de Daimiel. Ciudad Real
Daimiel Vocational Training Centre. Ciudad Real

1950 | 1951 | 1952 | 1953 | 1955 | 1956

1952-1963
Pueblo de Esquivel.
Sevilla
Village of Esquivel.
Seville

1956-1958
Talleres aeronáuticos TABSA. Barajas, Madrid
TABSA aeronautical workshops. Barajas, Madrid

1953-1955
Casa Arvesú.
Madrid
Arvesú House.
Madrid

1956
Pabellón de la Cámara Sindical Agraria de Pontevedra en la Feria del Campo. Madrid
Pavilion for the Cámara Sindical Agraria de Pontevedra agrarian union at the Feria del Campo agricultural fair. Madrid

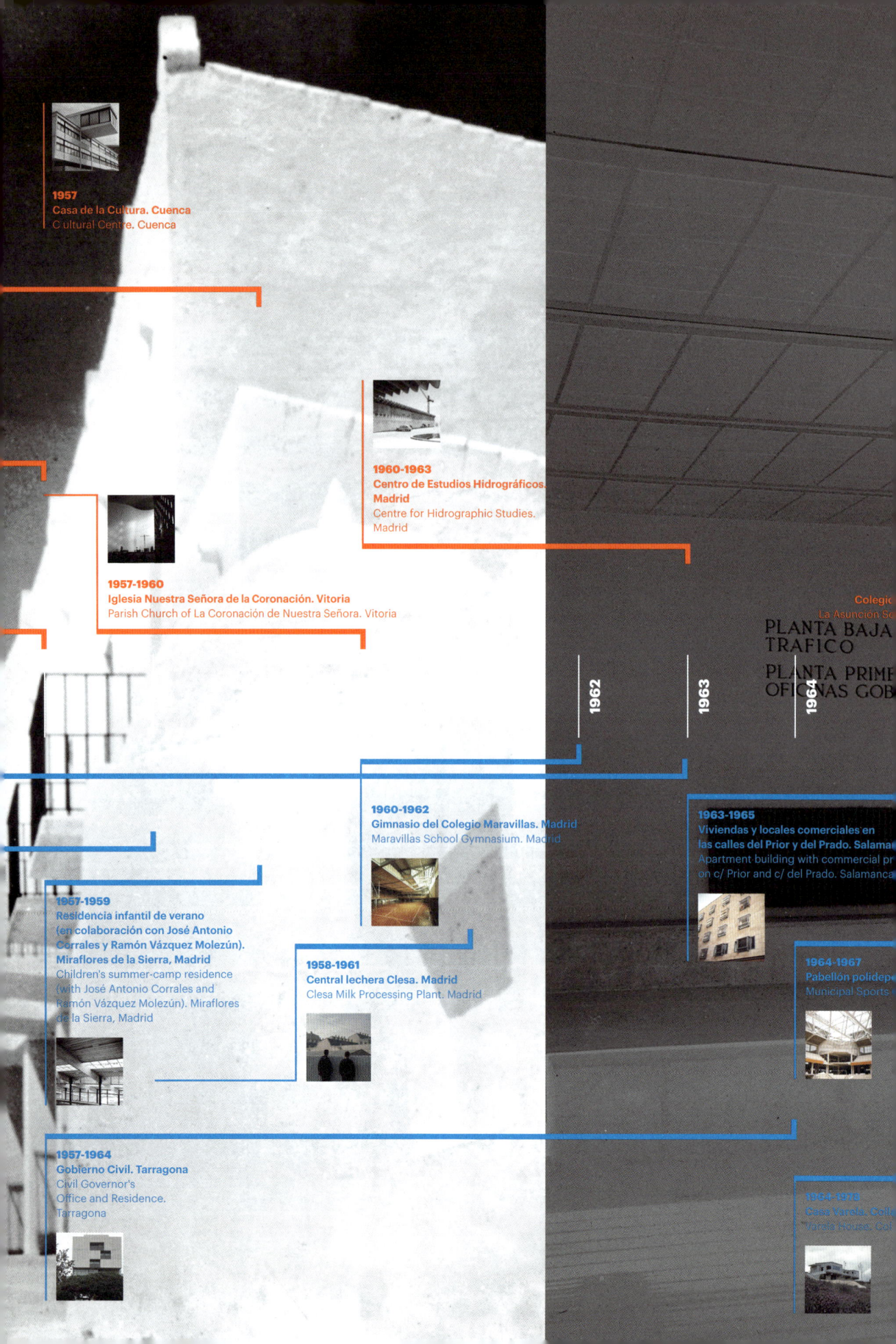

1957
Casa de la Cultura. Cuenca
Cultural Centre. Cuenca

1960-1963
Centro de Estudios Hidrográficos.
Madrid
Centre for Hidrographic Studies.
Madrid

1957-1960
Iglesia Nuestra Señora de la Coronación. Vitoria
Parish Church of La Coronación de Nuestra Señora. Vitoria

Colegio
La Asunción S

1962 1963 1964

1960-1962
Gimnasio del Colegio Maravillas. Madrid
Maravillas School Gymnasium. Madrid

1963-1965
Viviendas y locales comerciales en
las calles del Prior y del Prado. Salama
Apartment building with commercial pr
on c/ Prior and c/ del Prado. Salamanca

1957-1959
Residencia infantil de verano
(en colaboración con José Antonio
Corrales y Ramón Vázquez Molezún).
Miraflores de la Sierra, Madrid
Children's summer-camp residence
(with José Antonio Corrales and
Ramón Vázquez Molezún). Miraflores
de la Sierra, Madrid

1958-1961
Central lechera Clesa. Madrid
Clesa Milk Processing Plant. Madrid

1964-1967
Pabellón polidep
Municipal Sports

1957-1964
Gobierno Civil. Tarragona
Civil Governor's
Office and Residence.
Tarragona

1964-1975
Casa Varela, Colla
Varela House, Col

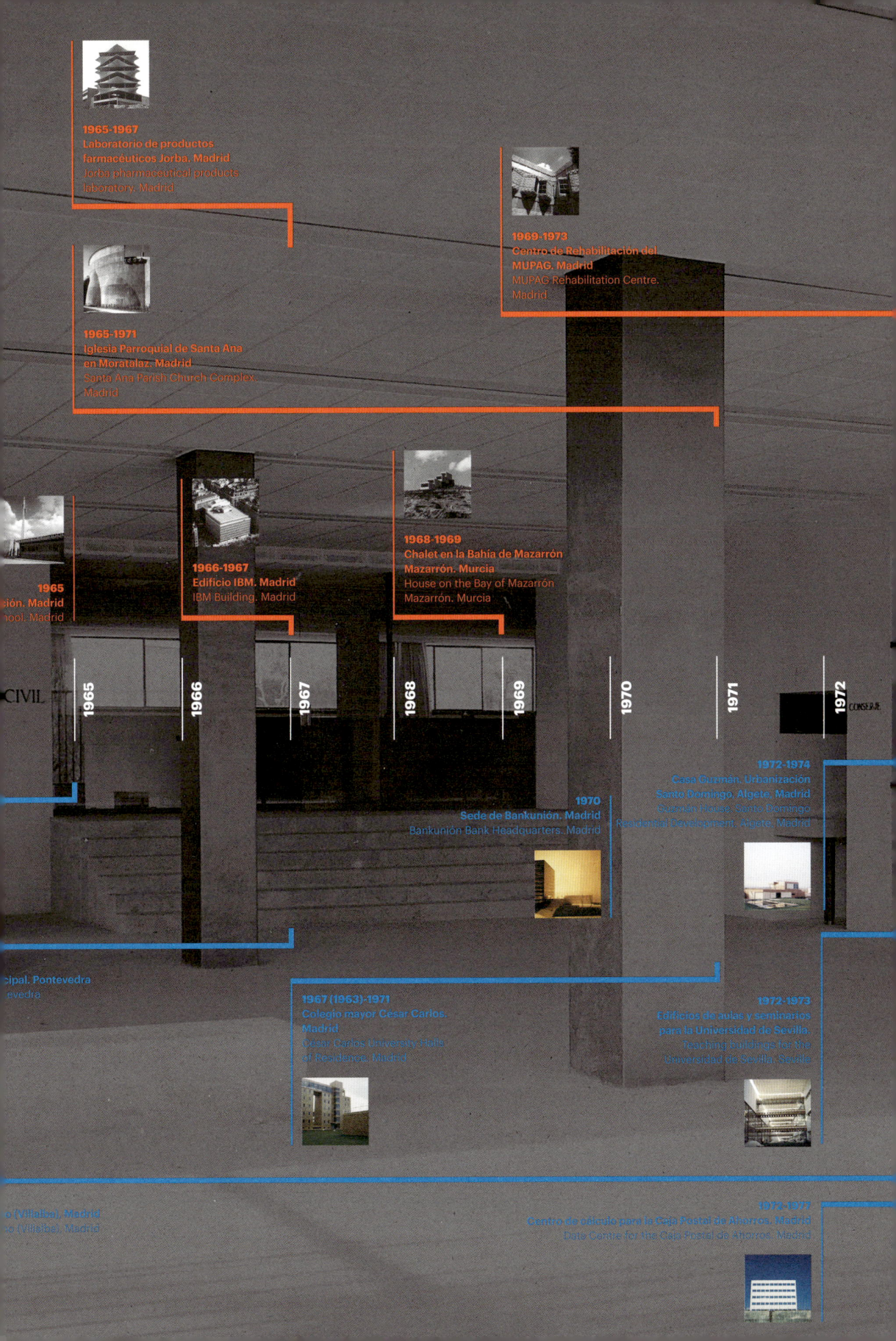

1965-1967
Laboratorio de productos
farmacéuticos Jorba. Madrid
Jorba pharmaceutical products
laboratory. Madrid

1969-1973
Centro de Rehabilitación del
MUPAG. Madrid
MUPAG Rehabilitation Centre.
Madrid

1965-1971
Iglesia Parroquial de Santa Ana
en Moratalaz. Madrid
Santa Ana Parish Church Complex.
Madrid

1966-1967
Edificio IBM. Madrid
IBM Building. Madrid

1968-1969
Chalet en la Bahía de Mazarrón
Mazarrón. Murcia
House on the Bay of Mazarrón
Mazarrón. Murcia

1965 · **1966** · **1967** · **1968** · **1969** · **1970** · **1971** · **1972**

1970
Sede de Bankunión. Madrid
Bankunión Bank Headquarters. Madrid

1972-1974
Casa Guzmán. Urbanización
Santo Domingo. Algete. Madrid
Guzmán House. Santo Domingo
Residential Development. Algete. Madrid

1967 (1963)-1971
Colegio mayor César Carlos.
Madrid
César Carlos University Halls
of Residence. Madrid

1972-1973
Edificios de aulas y seminarios
para la Universidad de Sevilla.
Teaching buildings for the
Universidad de Sevilla. Seville

1972-1977
Centro de cálculo para la Caja Postal de Ahorros. Madrid
Data Centre for the Caja Postal de Ahorros. Madrid

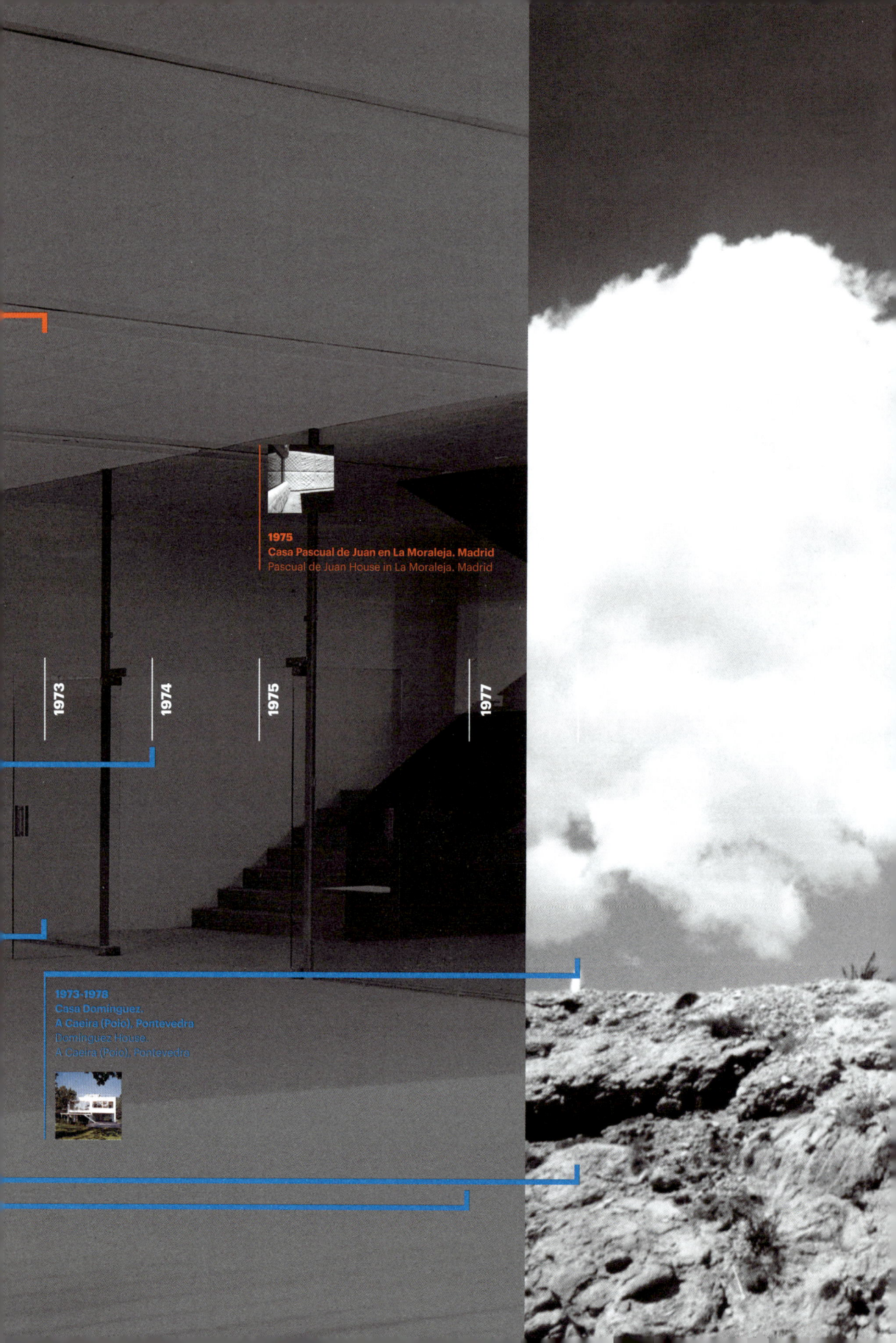

1975
Casa Pascual de Juan en La Moraleja. Madrid
Pascual de Juan House in La Moraleja. Madrid

1973   1974   1975   1977

1973-1978
Casa Domínguez,
A Caeira (Poio), Pontevedra
Domínguez House,
A Caeira (Poio), Pontevedra

1984 1985 1989

1981-1984
Edificio de Correos y
Telecomunicaciones. León
Post and Telecommunications
Building. León

1983-1984
Urbanización junto al mar.
Alcudia, Mallorca
Residential Development
by the Sea. Alcudia, Mallorca

1985-1989
Edificio de Juzgados.
Zaragoza
Law Court Building.
Zaragoza

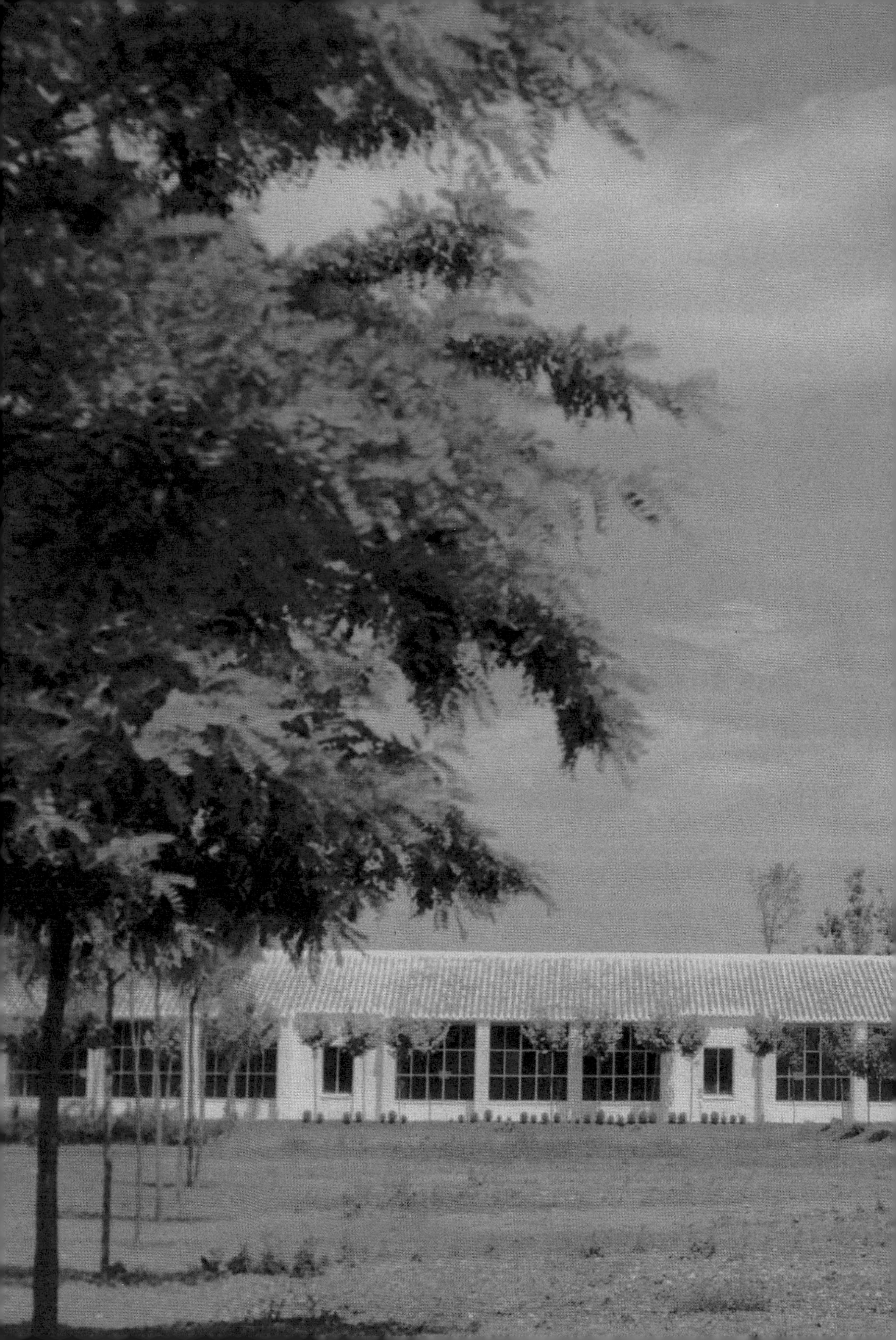

Instituto Laboral de Daimiel
Daimiel Vocational Training Centre

Ciudad Real, 1951-1953
Miguel Fisac

GENERAL CONSIDERATIONS

A project has been drawn up to construct a building to house the various offices, classrooms, laboratories, workshops etc of a vocational training school in Daimiel.

The procedure followed in designing this building differs essentially from those ordinarily used in that it has sought to hierarchize and subordinate to the intrinsically essential properties of the building other motives that are usually regarded as the most important.

This, like all buildings, aims to create a series of spaces or enclosures in which it will be possible to carry out certain human functions. Starting from this basis, each of the functions that has to coexist in this building has been studied independently, with regard to the morphology in plan and elevations — in volume — of the complex, the optimal properties of natural lighting, taking into account the characteristics of the local climate and also the qualities that the artificial lighting should have; the conditions of acoustic insulation and soundproofing for the activities to be carried out in the building, taking into account the acoustic impact that these activities give rise to. Likewise, the qualities in the organs of touch in relation to temperature, humidity, qualities of the material, etcetera. And also, the health qualities of air renewal, etcetera.

PROPOSED PROGRAMME

The proposed programme comprises, as indicated in the corresponding scheme annexed to this report.

Five classrooms with a teacher's office and metal filing cabinets for teaching material.

A drawing classroom.

A fitting workshop, a machine workshop and a chemistry lab, all connected to a storeroom for materials and products.

A main hall that can also be used for screening films.

A library that not only serves the needs of the centre but is also as specialist agricultural library for public use.

An administrative core that includes an office for the director from which most of the building can be seen, for better supervision, and an adjoining secretarial office.

There is also a sports area with covered court, gym, etc.

The possibility of constructing a chapel at a later stage must be envisaged.

Isolated analysis of each element of the programme.

As the schemes in the first annex to this report indicate, an independent study has been made of each of the elements of the programme, establishing the most appropriate area and volume, form, lighting, means of access and other spatial conditions to be met, thus obtaining the characteristics of the classroom element, the workshop element and the drawing classroom element, the chemistry lab, the gym element and the main hall.

With a view to the greater economy of the building, the main hall takes into consideration that it could ordinarily serve as reception and connecting element with the various parts of the building. The necessary orientations of the basic components, classrooms and workshops define here a certain situation of the lateral areas that bound it. The floor area and the volume depending on the number of people it is intended to serve complete the definition of this complex. Given that we also want this facility to serve, as we have said, as the entrance and connecting element, its major axis must be occupied by the access door to the building, and it would therefore be awkward to place the projection booth there, so it is positioned where it does not disturb circulation. This would result in distortion of the films screened from this position. To correct this defect, the wall on which the projection screen is mounted is positioned normally in relation to the bisector formed by the general axis of the hall with the film-projection axis. This not only corrects the effects of the lateral projection, but enhances the view of the screen from all part of the hall, from which there is a good view not only from the area within the projection cone, but also from the area within the cone corresponding to the axis of the hall, and there is also very little distortion of the view from any point close to these.

Its optimum qualities can be grouped in an elastic form that makes possible all of the variations called for by the spatial situation of the site.

Indicated in the overall scheme of elastic grouping of the elements of the programme, attached in the first annex to this report, is the morphology taken in this case by this complex, which has managed to create an open space in the form of a garden for recreational use.

SITE

The available ground is a large plot at the end of a park presenting no significant topographic singularity, in that, in keeping with the characteristics of the region, it is notably flat and horizontal. The composition of this terrain is a surface layer of about 70 or 80 cm of arable soil and below that a not very compact layer of clay loam. The water table of the site is at a depth of approximately 3 m.

CLIMATIC CHARACTERISTICS

The typical climate of the plateau of Castilla La Nueva is extreme and dry, with winter temperatures ranging between 10 and -3° C and summer temperatures reaching 35 to 40° C and even higher; however, as there will be no need to make very intensive use of these premises in the warmer seasons, there will be no need to take these extreme summer characteristics into account in the overall plan. The characteristics of the rainfall patterns are similarly hard to define. Winters are generally not very wet and summer is much as it is in Madrid, although somewhat drier. Regarding the prevailing winds, the North is somewhat more persistent, without being a factor of special importance.

LAYOUT

Following almost literally the overall scheme of the elastic grouping of programme elements, since there are no topographical or climatological reasons justifying special transformation, the building is laid out as a group of classrooms connected by a gallery and an area composed of the drawing room, the fitting workshop and the machine workshop that connects to the above by way of the main hall. A secondary gallery leads to the chemistry lab and a small room for teachers adjacent to the entrance. The director's and the secretary's offices are located at the far end of the main hall, in order to provide these with the features required by the programme. A gym and a south-facing covered court form a wing, which serves to break the cold winds from the north. A suitably shaped space has been left for the chapel to be installed there in due course, and the library is at the end of the classrooms' gallery, in the most external location, accessible to the general public, since as noted above this is intended for general use.

CONSTRUCTION SYSTEM

In the study of the construction elements, account must be taken of those that together with the facilities, form the

CONSIDERACIONES GENERALES

Se proyecta la construcción de un edificio para instalar las distintas dependencias, aulas, laboratorios, talleres, etcétera, de un instituto laboral en Daimiel.

El procedimiento seguido para proyectar este edificio difiere, esencialmente, de los que ordinariamente se emplean, ya que se ha procurado jerarquizar y subordinar a lo propiamente esencial del edificio, otras razones que suelen, por costumbre, tomarse como las más importantes.

Este, como todos los edificios, tiene por objeto crear una serie de ambientes o recintos espaciales en donde sea posible realizar unas determinadas funciones humanas. Partiendo de esta base, se ha estudiado independientemente cada una de las funciones que han de vivirse en este edificio, viendo la morfología en planta y en alzados —en volumen— del recinto; las propiedades óptimas de iluminación natural, teniendo en cuenta las características climáticas locales y, también, las cualidades que ha de tener la luz artificial; las condiciones de aislamiento acústico e insonorización para los trabajos que se han de realizar dentro del edificio, teniendo en cuenta las repercusiones acústicas que estos mismos trabajos originan. Del mismo modo, las cualidades en los órganos del tacto en lo que se refiera a temperatura, humedad, calidades de los materiales, etcétera. Y, también, las cualidades de salubridad de renovación de aire, etcétera.

PROGRAMA PROPUESTO

El programa propuesto comprende, como se indica en el correspondiente esquema anejo a esta memoria, de:

Cinco aulas con un despacho para profesor y archivos de metal de material pedagógico.

Un aula de dibujo.

Un taller de ajuste, otro de máquinas y laboratorio de química, todos ellos relacionados con un almacén de material y productos.

Un salón de actos que pueda utilizarse a la vez como sala de proyección.

Una biblioteca que sirva no solo para necesidades del centro, sino también como biblioteca especial agropecuaria de uso público.

Un núcleo de dirección que comprenda un despacho para el director desde el pueda verse la mayor parte del edificio, para su mejor inspección, y una oficina secretaria aneja.

También una zona para deportes con cobertizo, gimnasio, etcétera.

Se ha de prever la posibilidad de construir, más adelante, una capilla.

ANÁLISIS AISLADO DE CADA UNO LOS ELEMENTOS DEL PROGRAMA

Como indican los esquemas del primer anejo a esta memoria, se hace un estudio independiente de cada uno de los elementos del programa, su superficie y volumen más adecuado, su forma, su iluminación, su forma de acceso y las demás condiciones espaciales que haya de reunir, obteniendo así las características del elemento aula, el elemento taller y el elemento aula de dibujo, el laboratorio de química, el elemento de gimnasio y el salón de actos.

En el salón de actos se tiene en cuenta, con vistas a una mayor economía del edificio, que pudiera ordinariamente servir de elemento de recepción y de enlace con las diferentes piezas del edificio. Las necesarias orientaciones de las piezas básicas, aulas y talleres nos definen en él una determinada situación de las superficies laterales que lo limitan. La superficie en planta y el volumen en función del número de personas para el que ha de servir nos terminan de definir este recinto. Teniendo en cuenta que queremos que este local sirva también, como hemos dicho, de elemento de entrada y enlace, su eje principal ha de estar ocupado por la puerta de acceso al edificio y, en consecuencia, sería molesto situar allí la cabina de proyección, por lo cual se sitúa en un lugar que no perturbe. Esto motivaría una deformación en las proyecciones cinematográficas que se fueran a realizar desde ella. Para corregir ese defecto, el paramento del salón donde se sitúa la pantalla de proyección se coloca de forma que sea normal a la bisectriz que forma el eje general de la sala con el eje de proyección. Con esto no solo se corrigen los efectos de esta proyección lateral, sino que se mejoran todos los puntos de vista del salón, desde el que se consigue una visión correcta, no solo de la zona situada dentro del cono de proyección, sino también de la zona situada en el cono correspondiente al eje del salón, quedando, además, en todos los lugares próximos a ellos, muy poco deformada la visión.

Sus cualidades óptimas se pueden agrupar de una forma elástica que haga posibles todas las variaciones que exija la situación espacial del emplazamiento.

En el esquema general de agrupación elástica de los elementos del programa, que se adjunta en el primer anejo a esta memoria, se indica la morfología que toma en este caso este conjunto en el que se ha procurado conseguir un recinto abierto, a manera de jardín de recreo.

EMPLAZAMIENTO

Se dispone de un amplio solar situado al final de un parque que no presenta ninguna notable singularidad topográfica, ya que, siguiendo las características propias de la región, es sensiblemente plano y horizontal. La construcción de este terreno es una capa superficial de unos 70 u 80 cm de tierra de labor y, después de una marga arcillosa no muy compacta. Aproximadamente a 3 m de profundidad se encuentra la capa freática del terreno.

CARACTERÍSTICAS CLIMATOLÓGICAS

El clima típico de la meseta de Castilla La Nueva es extremo y seco, con temperaturas en invierno que oscilan entre los 10 y -3 °C y, en verano, temperaturas que llegan a los 35 y 40 °C y aún más; no obstante, como en las épocas más calurosas no hay que hacer un uso muy intensivo de estos locales, no será preciso tener en cuenta en el plan general de instalaciones estas características extremas estivales. Los regímenes de lluvias tampoco tienen características demasiado definidas. Los inviernos no son, en general, muy lluviosos y el verano es parecido a Madrid, aunque algo más seco. En cuanto a los vientos reinantes, el Norte es algo más persistente, pero sin que sea factor de verdadera importancia.

DISTRIBUCIÓN

Siguiendo casi literalmente el esquema general de la agrupación elástica de los elementos del programa, ya que no hay ninguna razón ni topográfica ni climatológica que justifique transformación especial, se dispone el edificio en un grupo de aulas unidas por una galería y una zona compuesta por las naves de dibujo, el taller de ajuste, el taller de máquinas que se une a las anteriores por el salón de actos.

means the technician has employed to obtain certain characteristics in these spaces, and of other elements serving as a support for these fundamental characteristics which are of subordinate importance in terms of cost but have a secondary role.

In this second type of structure, use has been made of those elements that satisfy the technical requirements while being both easier to produce and more economical, taking into account the current difficulties with building materials and the shortage of skilled labour in small towns, solutions have been sought using traditional local materials, provided these meet the required conditions. Thus, all of the walls that are also load-bearing are built with adobe, lime-rendered on the exterior. In certain areas where the stretch of wall is very short, as in the buttresses of the classrooms, the walls are of brick. Only in some opaque enclosures where the lower sections have to be diaphanous has lightweight Durisol cement-bonded wood fibre been used. All of the transparent enclosures are constructed with metal profiles of the characteristics noted in the relevant documents, plans and budget. The classrooms are equipped with a system of awnings to graduate light intensity according to the position of the sun and changing weather conditions. Detail plan number 12 gives all the characteristics of this system.

With regard to the roof, wherever possible the elements supporting it are the load-bearing walls of adobe or brickwork, with the roof being constructed in the 'windmill' fashion, and in those areas where it is not possible to use this system, metal forms with the characteristics listed in annex 2 of this report are used. Over the workshop areas and the main hall, and strictly respecting the specific optical conditions necessary there, the roof is saw-tooth with an anti-acoustic and darkening mechanism, incorporating artificial light, ventilation, and so on. The roof itself is made using the vernacular procedure of slats of wood covered with layers of reed (found locally), giving a high degree of insulation, both thermal and acoustic, on top of which the conic-section Arabic tiles are laid with adobe.

The foundation is of poured concrete and the floor slabs of the building are constructed with the strata and insulation layers specified in the corresponding detail plan. The floors are of 50 x 50 cm terrazzo tile in the classrooms, corridors, main hall, etc. There are also floors of cement tile, rubber tiles and stoneware in the places specified in the bill of quantities.

The doors are of pine with the characteristics indicated in the budget.

The artificial lighting is of fluorescent tubes, studied to give an intensity in each case of between 800 and 300 lux according to the needs of each space.

The heating is by means of a hot water system with an average of 240,000 calories and a maximum of 360,000 calories per hour, with radiators in the classrooms, the library, etc, and with air heaters in larger spaces such as the workshops, the drawing classroom and the main hall, and in all those spaces that require more than 5,000 calories per hour, the system not being economical for use in spaces that need a lower output.

The soundproofing, which is indispensable in all these spaces, is achieved in the classrooms by means of plasterboard with vermiculite, and the same procedure, with a greater absorption rate, is used on the rear hall of the main hall, and on the ceiling by means of cork sheeting.

There is no general network of running water and drainage. The scheme proposes the construction of the entire system, which also includes a collection well with a pump to supply the necessary water for the whole of the building's plumbing. The sewage disposal is by means of septic tanks and seepage pits, as detailed in the relevant documents, drawings and bill of quantities.

All other facilities and specifications of plumbing, painting, etc. are minutely details in the documents.

AESTHETIC CONSIDERATIONS

On one hand the environmental factors — the landscape, the light, etc, where the building is to be located — and, on the other, the characteristics of the programme and the materials, in which the most expressive quality has been sought, are the ingredients that are used as plastic means of expression.

The period of execution of the works is estimated at 25 months and material costs amount to 2,885,838 pesetas and 66 cents.

— Miguel Fisac
[Madrid, April 1951.]

Una galería secundaria conduce al laboratorio de química y a una pequeña sala de profesores aneja a la entrada. La dirección y la secretaría se sitúan al fondo del salón de actos para conseguir las características que exige el programa. Un gimnasio y un cobertizo orientado al mediodía forman el ala que sirve para romper los vientos más fríos de dirección Norte. Se deja un espacio que reúne la forma adecuada para poder instalar en su día la capilla, y la biblioteca se sitúa al final de la galería de las aulas y en el lugar más externo, accesible a la población, ya que como se dice anteriormente esta puede ser utilizada públicamente.

SISTEMA CONSTRUCTIVO

Hay que tener en cuenta, en el estudio de los elementos constructivos, aquellos que, juntamente con las instalaciones, forman los medios de que se vale el técnico para conseguir unas determinadas características en estos recintos espaciales y, otros elementos, que son como soporte de estas características fundamentales, de importancia subalterna desde el punto de vista económico pero con una misión secundaria.

En este segundo tipo de estructura se ha recurrido a aquellos elementos que, cumpliendo los requisitos técnicos necesarios, sean de más fácil ejecución y más económicos; teniendo en cuenta las dificultades actuales de materiales de construcción y también la deficiente mano de obra en los pequeños núcleos urbanos, se han buscado las soluciones en los propios materiales locales, siempre que estos reúnan las condiciones necesarias. Así, todas las paredes de aislamientos que hacen a su vez de muro de carga se construyen con tapial de barro encalado al exterior. En algunas zonas en que la longitud del muro es muy pequeña, como en los machos de aulas, el muro se construye de mampostería. Solamente en algunos cerramientos opacos que han de quedar diáfanos en la parte inferior se utilizan materiales ligeros de hormigón de madera Durisol. Todos los cerramientos transparentes se hacen con perfiles metálicos de las características que se indican en los correspondientes documentos, planos y presupuesto. En las aulas se coloca un dispositivo de toldos que gradúa la intensidad luminosa, según la posición del sol y las diferentes condiciones meteorológicas. En el plano detalle número 12 están expresadas todas las características de este sistema.

En cuanto a la cubierta se utiliza en todos los lugares que es posible, como elementos sustentantes, los propios muros de carga de tapial o de mampostería, ordenando la cubierta «a la molinera» y en las zonas donde no es posible utilizar este sistema, se utilizan formas metálicas con las características que se indican en el anejo 2 de esta memoria. Las zonas de los talleres y el salón de actos, y siguiendo estrictamente las condiciones ópticas que les son peculiares y necesarias, la cubierta se hace por dientes de sierra, con un dispositivo anti-acústico y de oscurecimiento. Incorporando la luz artificial, la ventilación, etcétera. La cubierta propiamente dicha se hace por el procedimiento local de correas de madera sobre la que se dispone una capa de carrizo (cañas delgadas existentes en la localidad) de alta calidad aislante, tanto térmica como acústicamente, sobre la que se coloca la teja árabe sentada con barro.

La cimentación se hace con hormigón en masa y las soleras del edificio se construyen con los estratos y aislamientos que se especifican en el correspondiente plano de detalle. Los pavimentos son de loseta de terrazo de 50 x 50 cm en aulas, pasillos, salón de actos, etcétera. Hay también pavimentos de baldosín hidráulico, gres y goma en los lugares que se especifican en las mediciones.

La carpintería en puertas es de madera de pino con las características que también se indican en el presupuesto.

La iluminación artificial es por tubos de luz fluorescente, y se ha estudiado una intensidad en cada caso que oscila entre 800 y 300 luxes, según las necesidades de cada local.

La calefacción se hace mediante una instalación por agua caliente, con una potencia media de 240.000 calorías y máxima de 360.000 calorías hora con radiadores en las aulas, la biblioteca, etcétera, y con aerocalentadores en locales más amplios, como los talleres, el aula de dibujo y el salón de actos. Y todos aquellos locales que necesiten una calefacción superior a 5.000 calorías hora, sistema que no es económico aplicarlo en locales que necesitan una potencia menor.

La insonorización, indispensable en todos estos locales, se hace en las aulas por medio de unas planchas de yeso con termita y este mismo procedimiento, con más índice de absorción, es el que se utiliza en el salón de actos en la pared posterior del local, y en el techo por medio de plancha de corcho.

No existe red general de alcantarillado ni agua. Se propone la construcción de todo el sistema en el que también se incluye un pozo de captación que, con una bomba, suministra el agua necesaria para toda la instalación sanitaria del edificio. La evacuación de las aguas negras se hace por medio de fosas sépticas y pozos absorbentes, como se detalla en los correspondientes documentos de planos y mediciones.

Todas las demás instalaciones y detalles de fontanería, pintura, etcétera, están minuciosamente referidos en los documentos.

CONSIDERACIONES ESTÉTICAS

De una parte los factores de ambiente —el paisaje, la luz, etcétera, en donde ha de estar enclavado el edificio— y, de otra, las características del programa y los materiales en los que se ha procurado conseguir su calidad más expresiva son los ingredientes que se utilizan como medios plásticos de expresión.

El plazo de ejecución de las obras se calcula en 25 meses y el coste material asciende a 2.885.838 pesetas con 66 céntimos.

— Miguel Fisac
[Madrid, abril de 1951.]

Daimiel Vocational Training Centre. Ciudad Real, 1951-1953 — Miguel Fisac

Vista desde el este.
Exterior view from east.

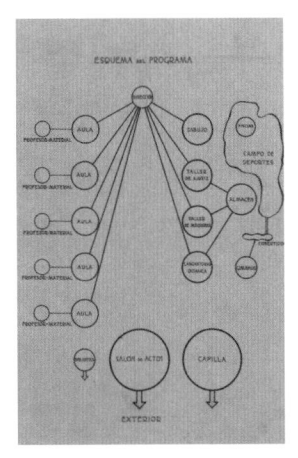

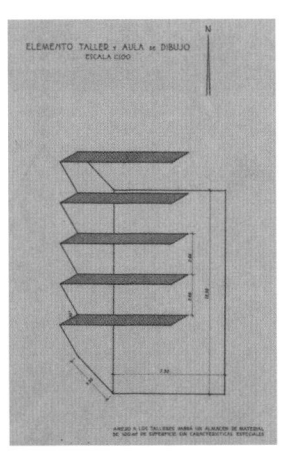

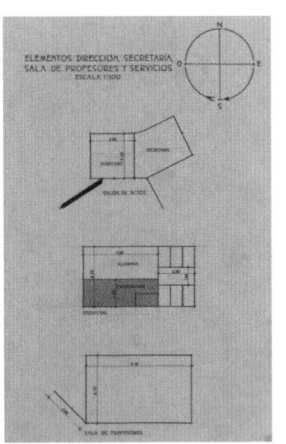

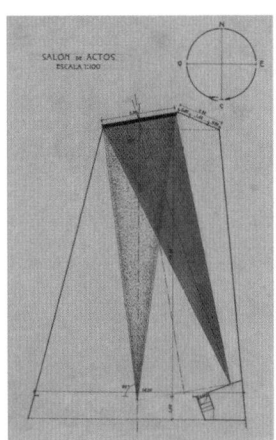

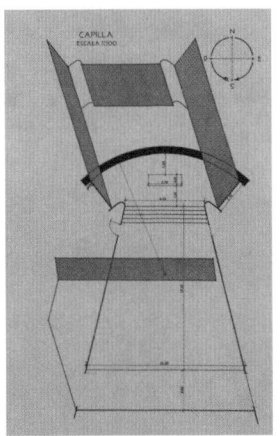

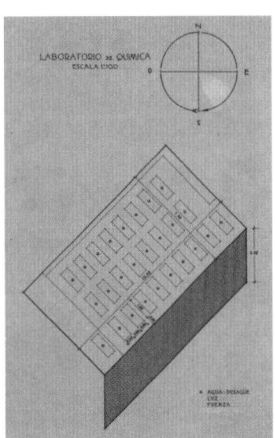

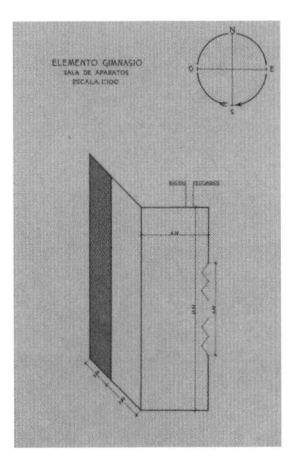

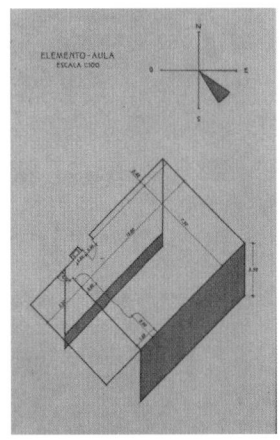

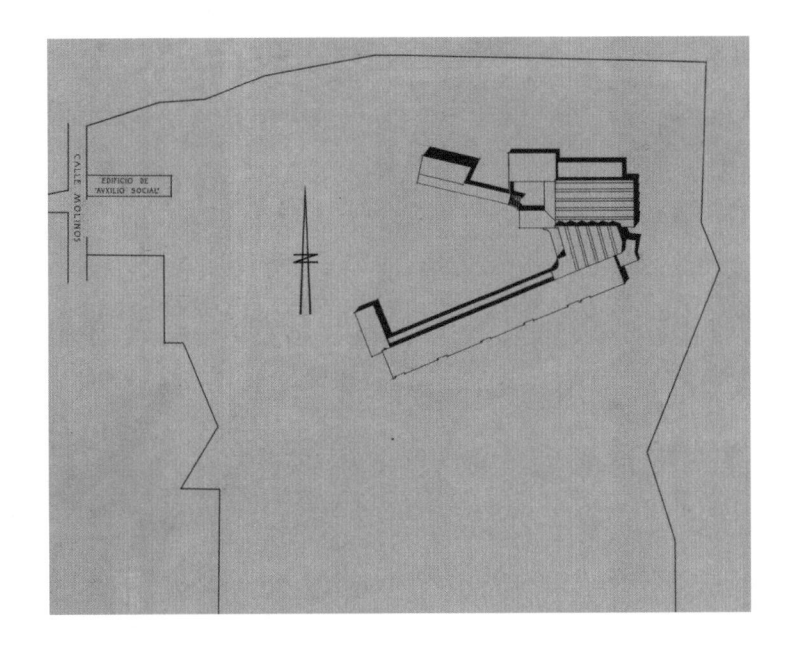

Instituto Laboral de Daimiel. Ciudad Real, 1951-1953

^ **Esquema del programa.**
Schema of the programme.

^ **Esquemas de soleamiento y entradas de luz en distintos espacios.**
Schemes of exposure to sunlight and entry of light in different spaces.

‹ **Plano de situación.**
Location plan.

Daimiel Vocational Training Centre. Ciudad Real, 1951-1953 — Miguel Fisac

‹ **Vista desde el patio interior.**
View from the interior courtyard.

› **Planta de cubiertas.**
Primera propuesta (1950).
Plan of the roofs.
First proposal (1950).

˅ **Secciones transversales hacia la puerta de entrada.**
Transverse sections towards the main door.

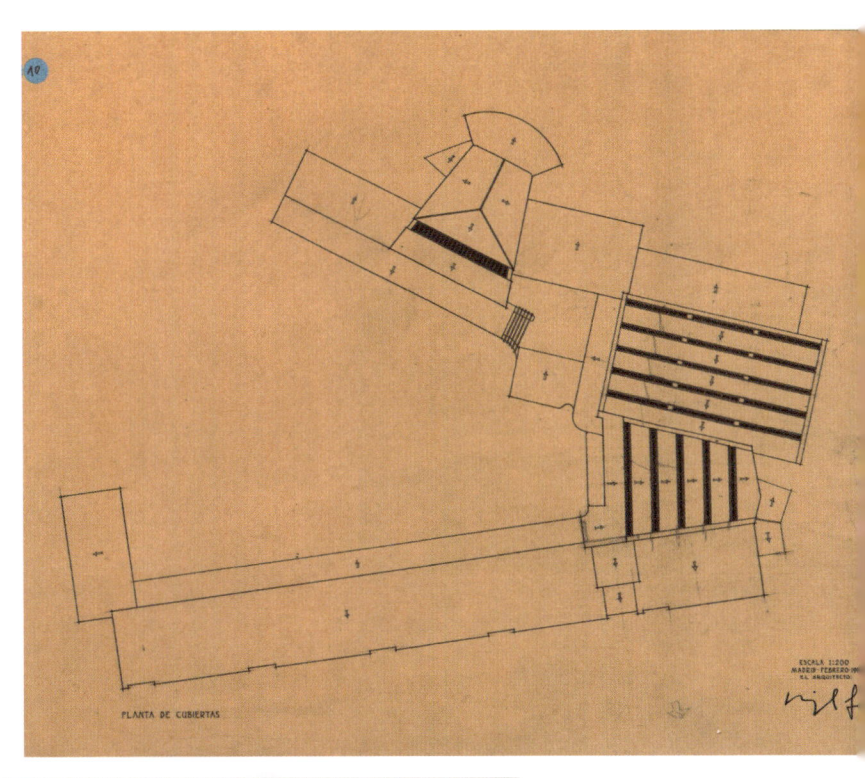

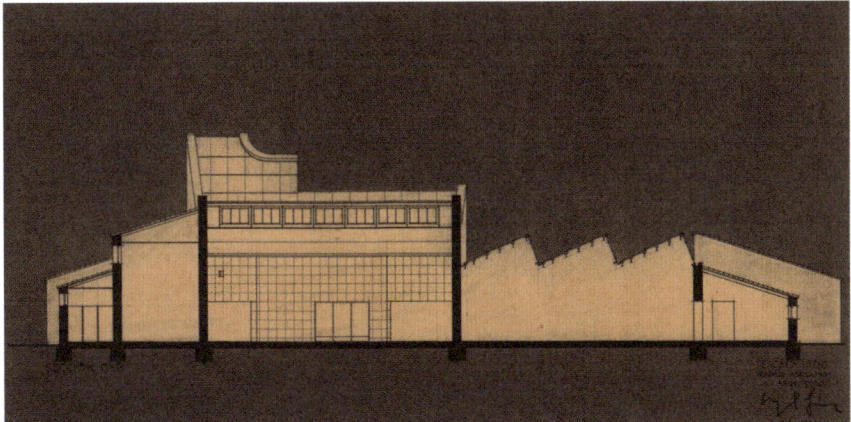

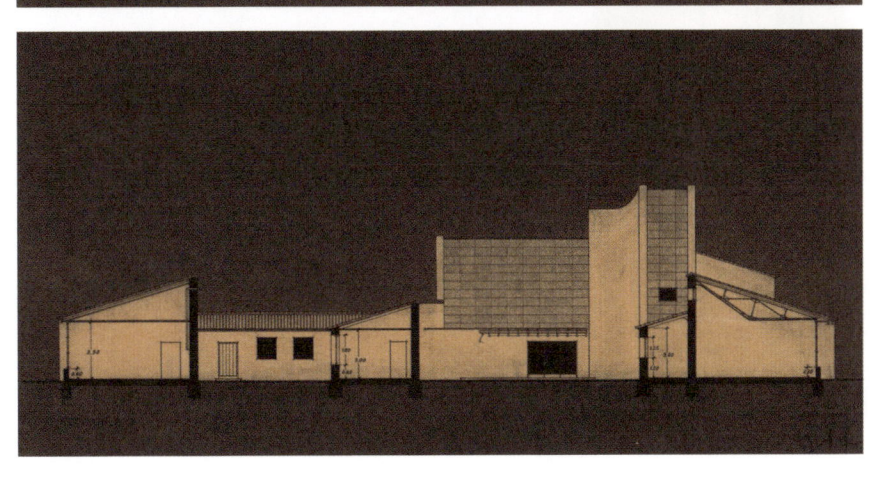

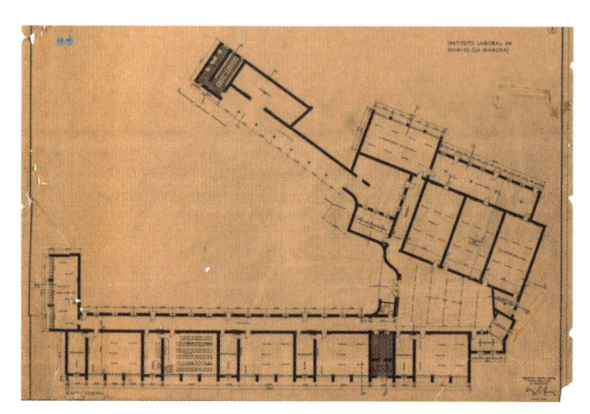

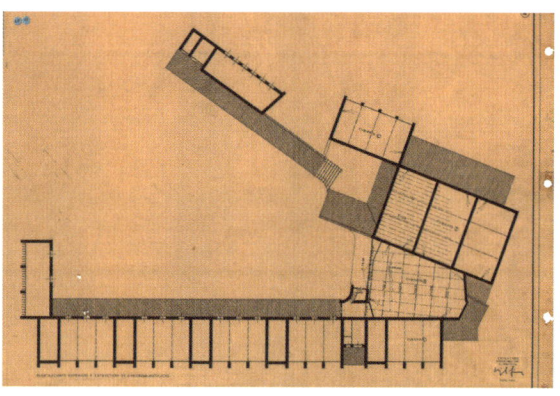

Daimiel Vocational Training Centre. Ciudad Real, 1951-1953　　Miguel Fisac

˄ Vista exterior de la biblioteca y aulas.
Exterior view of the library and classrooms.

‹ Planta general.
General plans.

‹ Planta superior y estructura de cubiertas metálicas.
Plan of the upper floor and structure of the metal roofs.

Alzado Oeste 1ª versión.
West elevation of 1st version.

Secciones de un aula y alzado de la biblioteca.
Sections of a classroom and elevation of the librarys.

Vista exterior de aulas.
Exterior view of the classrooms.

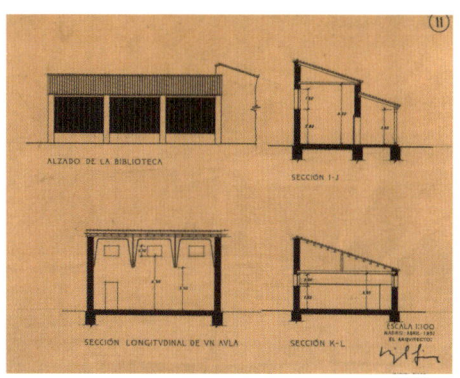

Daimiel Vocational Training Centre. Ciudad Real, 1951-1953 — Miguel Fisac

MINISTERIO DE EDUCACIÓN NACIONAL
EDIFICIO PARA INSTITUTO LABORAL EN DAIMIEL.
CUADRO DE LA MARCHA DE LA OBRA.- ARQUITECTO: MIGUEL FISAC.

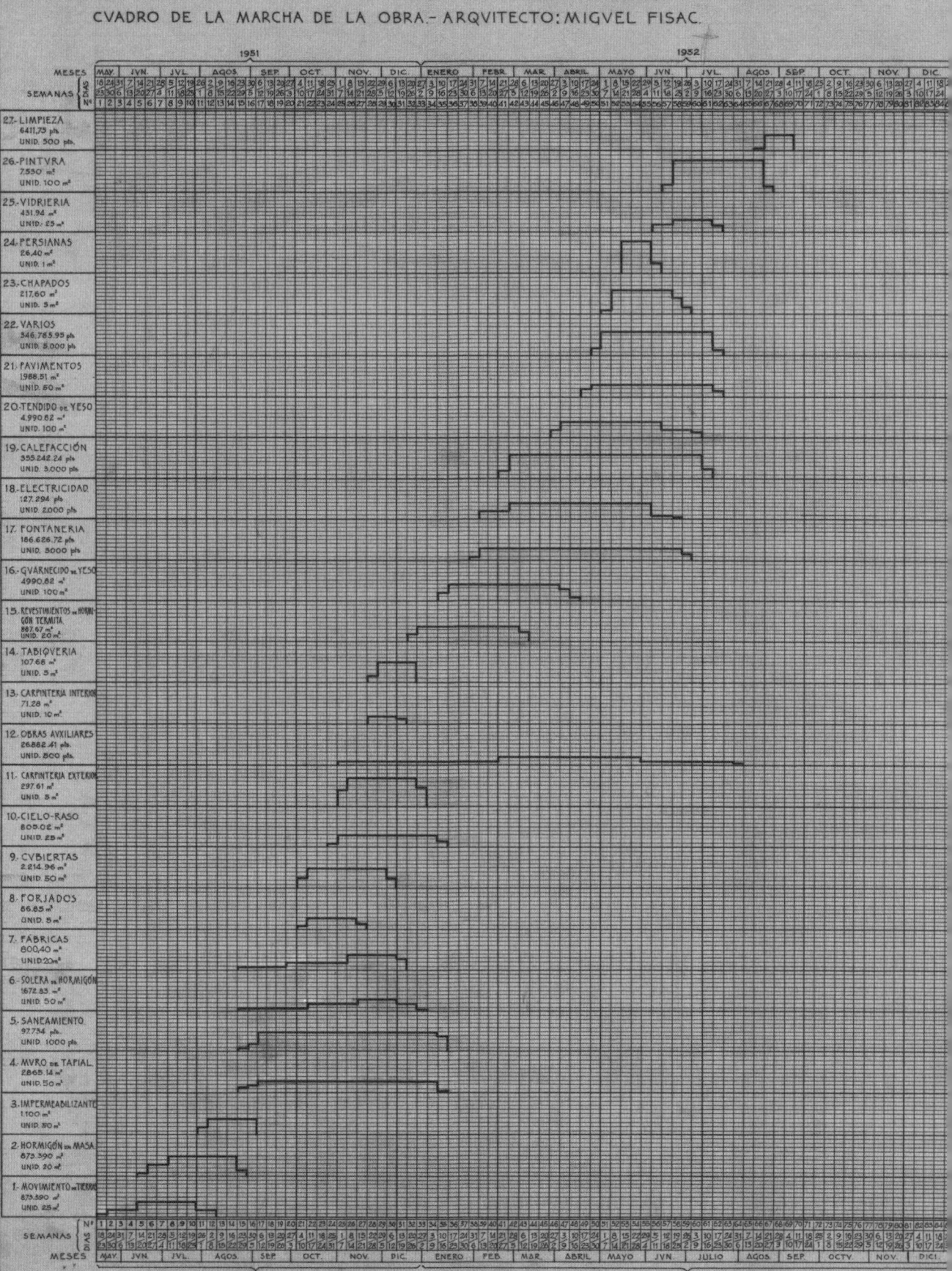

‹ **Cuadro de la marcha de las obras.**
Diagram of progress of work on site.

› **Vista interior del salón de actos.**
Interior view of the main hall.

⌄ **Techo del salón de actos. Planta, sección y detalle.**
Roof of the main hall. Plan, section and detail.

⌄ **Vista interior del distribuidor de aulas.**
Interior view of the classroom corridor.

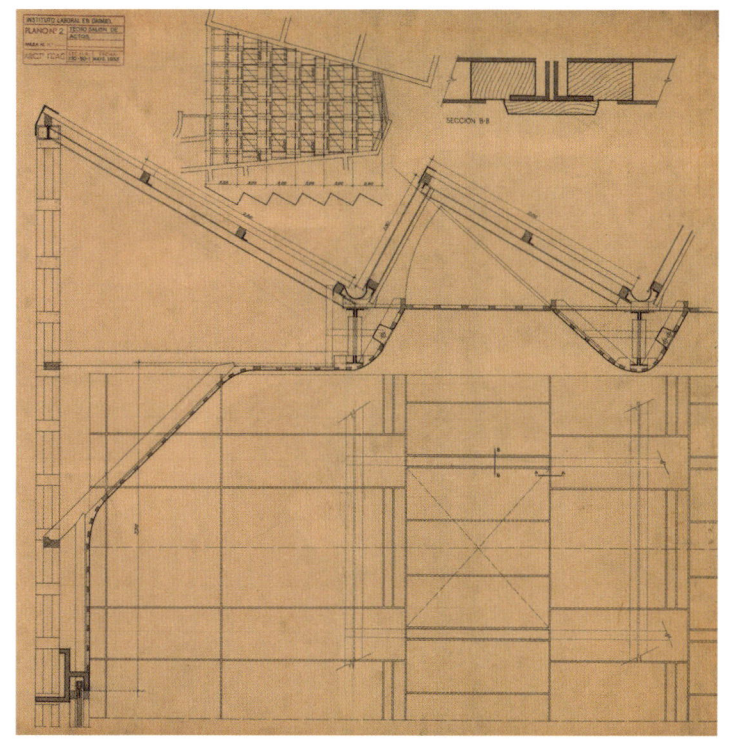

Daimiel Vocational Training Centre. Ciudad Real, 1951-1953

Miguel Fisac

‹ Interior de la zona de talleres.
Interior of the workshop area.

ˇ Exterior de la zona de talleres.
Exterior of the workshop area.

ˇ Detalle de la cubierta de los talleres.
Detail of the roof of the workshop area.

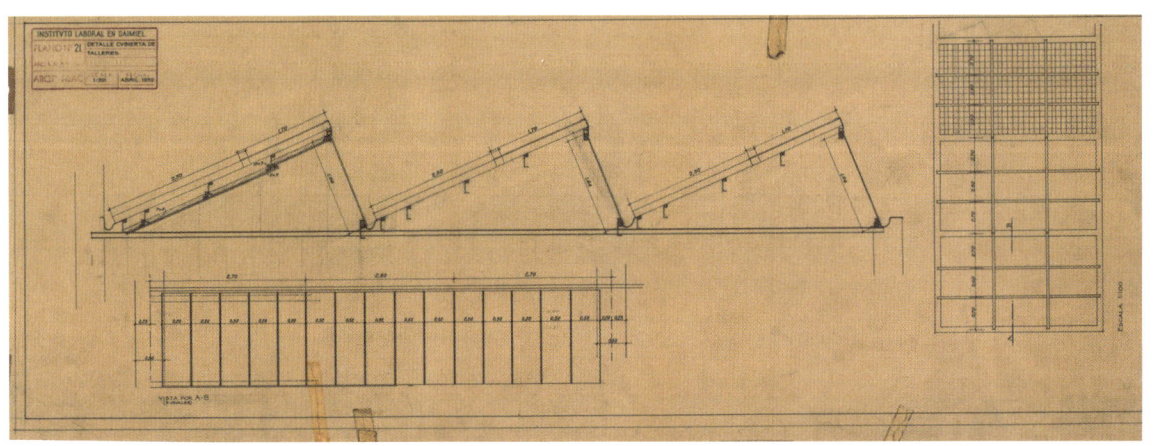

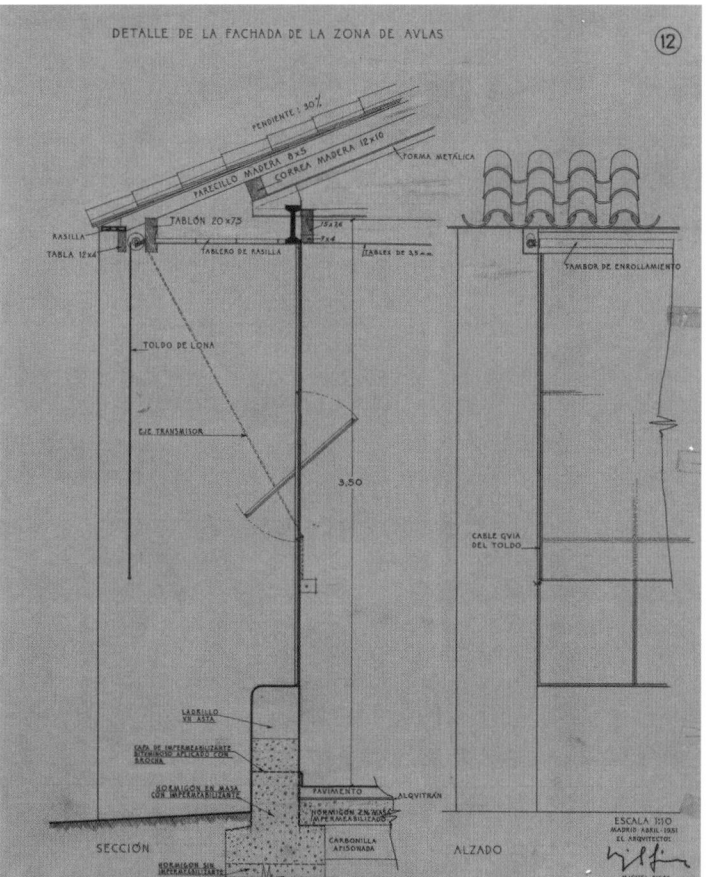

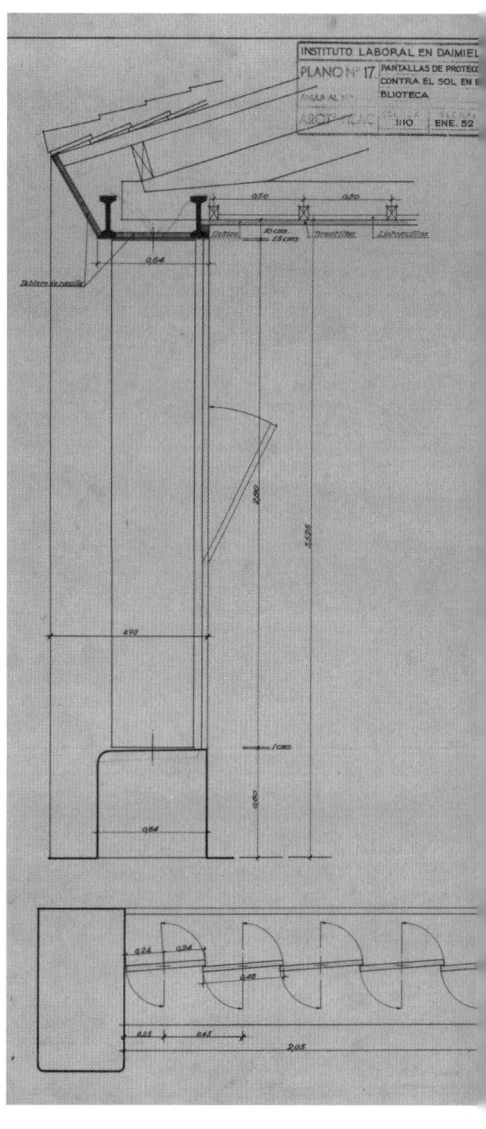

Instituto Laboral de Daimiel. Ciudad Real, 1951-1953

^ **Vista del alzado de las aulas. Detalle de la estructura, el hueco y la cubierta.**
Elevation of the classrooms. Detail of the structure, the void and the roof.

^ **Pantalla de protección contra el sol en la biblioteca.**
Sunscreen in the library.

< **Detalle de la fachada de la zona de aulas.**
Detail of the façade of the classroom area.

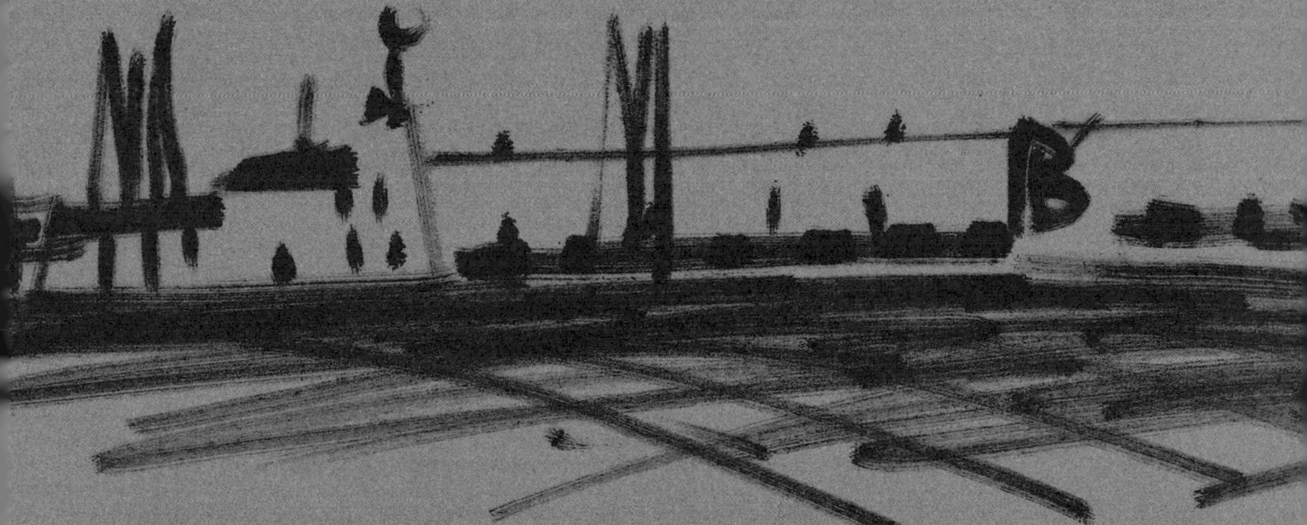

Pueblo de Esquivel
Village of Esquivel

Sevilla, 1952-1963
Alejandro de la Sota

Village of Esquivel. Seville, 1952-1963 — Alejandro de la Sota

A functional scheme was drawn up for the village, the whole village, and this was built to, following the scheme, because no reasons emerged to prevent it or make a departure from or twisting of the premise advisable.

All villages have their most important part, which is usually jealously guarded in their interior. If we do not penetrate inside them, we will not see it. Set at a tangent or from outside the village, this always and everywhere presents its back to us, rather like a rugby scrum, where it is difficult to see the players' heads. In the case of an agricultural village, as we drive past we are unlikely to see anything more than the walls of its stock pens.

And if this is the norm in existing villages, should it be adhered to in villages built now?

If we want to complement the functioning and beauty of the village with another quality — something probably to be borne in mind in state-sponsored works — to do with the relative propaganda that will be expected of it, it becomes clear that all of these villages should strive to show the passer-by all that is best about them.

In line with these considerations, we may come to a new concept of the village in which the aim is precisely to highlight everything that has been noted as best in it: the village square, which, properly developed, will allow the formation of a well-defined exterior façade. In being developed, in opening out, the square drives out from its core the free-standing buildings that were inside it and we thus detach the church and the Town Hall, which are situated, alone, at the most lucid point of the village, in front of this façade formed by the square stretching out.

If, without detriment to the silhouette of the village, all of this is also an important point in projects of this kind, I think there is nothing to prevent us adopting this new layout.

Mention has been made of a functional scheme, which arose from taking into account a number of points, some of them already noted: location, topography, intention, propaganda, conservation, good views and good living, and so on.

The village is by the side of a road of some importance, which means there is a close view of the façade from the road and from two other 'approach' sides, which should be given equal attention, as if they also afforded close views. A fourth façade to the rear, giving onto the fields, with more distant views of the adobe walls arranged in order and symmetry should allow us to see the village above the white strip of these walls, which always contribute to the vertical dominance of the church tower and the mass of its nave, and at the same time to the carefully composed silhouette of Esquivel.

In short, the good layout that Esquivel should be seen to have from the road is ensured, as a point of propaganda.

The truly flat terrain on which the village stands, with no changes in level, indicates the rigorous symmetry with which it asks to be laid out.

In drawing up the scheme, care was given to the conservation of the village, strictly separating pedestrian streets and street for vehicles, the two being connected at just a few points by narrow passages.
Carts destroy villages.

The good life of a village comes from the sense of calm and tranquillity we get from the atmosphere of its streets and squares.

A recent publication speaks of the 'invention' of a Viennese architect, which rigidly advocates the use of separate streets for vehicular traffic and pedestrians as the 'only' solution for being able to live in cities, and this matches the criterion adopted in Esquivel.

Except for those that make up the façade giving onto the road, the houses are arranged in symmetrical narrow streets, typical of Andalusian villages, with planters along their sides, each street ending in a quiet square with a fountain in the middle; the dimensions of these streets and squares should contribute significantly to achieving the human scale that makes a village welcoming. Being exclusively for pedestrians, the paving can be almost domestic; a few benches and trees and one or two other well-placed objects will contribute to the well-being in the public space we seek for Esquivel. People should be happy living in the village.

Other verdant tree-lined 'penetration' streets, with central walkways, benches and low walls in the Andalusian style give access to the 'intimate' streets mentioned above.

Folklore was used wisely, and it would be wrong to suppress it. Now, the architect reserves the pleasure of designing at a later date the little Plaza de la Artesanía crafts square, which will be overwhelmed by a full use of this much-maligned folklore or quaintness as a tribute intimate to the very good qualities it encloses.

Esquivel is envisaged as receiving 100 residents in the first phase, 250 in the second and 400 in the last phase.

The first and second phases — the first isolated, or the two together — are developed in a fan, opening out from the road. The part corresponding to the third phase is planned as a satellite neighbourhood.

Six houses for shopkeepers, the houses for the doctor, the town clerk and the schoolteachers are the complement. The houses planned for the general population are divided into two groups: type A with a single floor and type B with ground floor and first floor. The nomenclature numbers A-2, A-3 and so on and B-3 and B-4 correspond to the number of bedrooms. The number of homes with two, three and four rooms corresponds to the percentage set in the regulations.

We followed the general criteria for the distribution of floors in residential development houses, with a large entrance hall and a living and dining room with partitions walls stopping short of the ceiling, to compartmentalize the rooms forming habitable corners without crowding or making them smaller.

The shopkeepers' houses are of two types, according to size, both with ground floor with a porch, an upper floor and a storeroom in the yard to complete the shop and back shop of the 'establishment'.

The doctor's house also has two floors, with the consulting room on the ground floor and the living quarters above.

As indicated above, the church, the Catholic Action headquarters and the priest's house are free-standing and form a religious nucleus near the road which should stand out in the view of the village which provides as a background the white stripe formed by the development of 'our square'. The nave of the church is boldly designed, with clean white walls that increase its value thanks to an entirely ceramic-tiled façade. In the interior the painting covering the entire chancel provides a marked contrast to the total sobriety of the rest of the interior, entirely whitewashed, with a mud floor. There is a 'touch' of folklore in the crown of the tower. Great care has been taken of the small and very simple cloister, which is inside the set.

The Town Hall, also located in front of the village, has been designed with great simplicity, with a modest presence, as befits the only administrative building in the village, a somewhat candid presence that seeks to imitate that of the mater in charge of its execution, in the absence of the architect. An old-fashioned clock on a metal support, some ceramic cherubs and very little else will show this building to be more important than others.

Se estudió un esquema funcional del pueblo, de todo el pueblo, y se edificó sobre él, tal cual, por no haber encontrado motivos que impidieran hacerlo o aconsejaran un apartamento o retorcimiento de este esquema.

Todos los pueblos tienen su parte importante, que suele ser la plaza que celosamente esconden en su interior. Si no penetramos en ellos, no conseguiremos verla. Pasando tangentes o por fuera del pueblo, este se nos presenta, siempre y por todas partes, de espaldas, algo así como en las melés del rugby, donde es difícil ver las cabezas de los jugadores. Cuando los pueblos son agrícolas, al pasar no hemos de ver nada más que no sean las tapias de sus corrales.

Y si esto sucede en los pueblos que ya existen, ¿debe conservarse en los que ahora hagamos?

Si queremos unir al buen funcionamiento y belleza del pueblo otra cualidad más, tal vez algo interesante en obras de carácter estatal, la relativa propaganda a la que se espera que están obligados, se entiende que todos estos pueblos deben esforzarse en mostrar a quien pasa cerca de ellos todo lo que de mejor tienen.

Siguiendo estos pensamientos, puede llegarse a una nueva concepción de pueblos en la que precisamente se trate de resaltar todo aquello que se ha indicado como mejor en el pueblo, la plaza, que, desarrollada, nos permitirá formar una buena fachada exterior bien definida. Al desarrollarse, al desenroscarse, la plaza echa fuera de su seno edificios exentos que están dentro de ella y de este modo se nos despegan la iglesia y el Ayuntamiento, que se sitúan, solos, en el lugar más lucido de este pueblo, delante de esta fachada que formó la plaza al estirarse.

Si, sin que sufra la silueta del pueblo, todo esto es también un punto importantísimo en esta clase de proyectos, creo que no existe nada en contra para que adoptemos esta nueva disposición.

Se ha hablado de un esquema funcional, que ha nacido al tener en cuenta una serie de puntos, algunos de ellos ya referidos: situación, topografía, intención propagandística, conservación, buen ver y buen vivir, etcétera.

El pueblo se encuentra al margen de una carretera de cierta importancia, lo que significa que tiene una fachada de visión cercana desde la carretera y dos laterales de «aproximación» que deben ser igualmente muy atendidas, como si fueran de visión próxima también. Una cuarta fachada posterior al campo, de visión lejana, resuelta con tapias dispuestas en orden y simetría, debe permitirnos ver el pueblo sobre la franja blanca de dichas tapias. Estas siempre contribuirán al dominio en altura de la torre de la iglesia, así como de la masa de su nave, y a formar, de todos modos, una silueta cuidada de Esquivel.

En fin, está asegurada la buena disposición que debe producirnos Esquivel desde la carretera, un punto de la propaganda.

La superficie auténticamente plana del terreno, sin accidente alguno, donde se asienta el pueblo, nos habla de la simetría rigurosa con la que debe trazarse.

Al hacer el esquema, se cuidó de la conservación del pueblo, separándose rigurosamente las calles de peatones y las de carros; solo las unen unos ligeros escapes, unos estrechos pasos. Los carros destrozan los pueblos.

El buen vivir de un pueblo nace de la sensación de tranquilidad y de sosiego que nos produce el ambiente de sus calles y plazas.

En una publicación reciente se habla del «invento» de un arquitecto vienés en el que se propugna rígidamente el empleo de las calles de circulación rodada y de peatones como la «única» solución para poder vivir en las ciudades, y esta coincide con el criterio adoptado en Esquivel.

Excepto aquellas que forman la fachada a la carretera, las viviendas se disponen en calles simétricas de poca anchura, como las buenas de Andalucía, con jardineras a sus lados y que acaban todas en recogidas plazoletas con una fuente en el centro; las dimensiones de estas calles y plazas deben contribuir de manera potente a conseguir esa escala humana que hace que los pueblos sean acogedores. Por ser de uso exclusivo para los peatones, la pavimentación puede ser casi casera; unos bancos, unos árboles y cuatro cosas más bien colocadas contribuirán al bienestar callejero que buscamos para Esquivel. Hay que vivir a gusto en el pueblo.

Otras calles de «penetración», arboladas, verdes, con paseos centrales, bancos y tapias recortadas al uso andaluz, dan acceso a las calles «íntimas» anteriormente citadas.

Se usó el folclore con tino, y no sería acertado suprimirlo. Ahora bien, el arquitecto se reserva proyectar más adelante la pequeña Plaza de la Artesanía o de los Oficios, donde, abrumándola, sí hará un uso total de este tan maltratado folclore o tipismo como un homenaje íntimo a lo muy bueno que en él encierra.

Se proyecta Esquivel para 100 colonos en su primera fase, 250 en la segunda y 400 en su última etapa.

Las etapas primera y segunda aislada la primera, o ambas juntas, se desarrollan en abanico, cerrándose hacia la carretera. La parte correspondiente a la tercera fase se proyecta a modo de barrio satélite.

Seis viviendas para comerciantes, las viviendas del médico, del secretario del Ayuntamiento y del maestro y la maestra forman el complemento. Se proyectan las viviendas para colonos divididas en dos grupos: las A de planta baja y las B de planta y piso. Los números de las nomenclaturas A-2, A-3, etcétera, y B-3 y B-4 corresponden al número de dormitorios. El número de viviendas de dos, tres y cuatro habitaciones corresponde justamente al porcentaje fijado por las normas.

Se siguió el criterio general para la distribución de plantas en viviendas de colonos de construir un amplio zaguán y una sala de estar/comedor con divisiones de tabiques que, sin llegar al techo, compartimentan estas habitaciones formando rincones vivideros, sin agobiarlas o empequeñecerlas.

Las viviendas de los comerciantes tienen dos tipos, según su tamaño, ambos con planta baja —con soportal o porche—, piso, un almacén en el corral que complete la tienda y la trastienda del «establecimiento».

La vivienda del médico consta también de dos plantas, una consulta en la planta baja y vivienda en la alta.

Como se ha indicado, la iglesia, la sede de Acción Católica y la casa del párroco son exentas y forman un conjunto o núcleo religioso cercano a la carretera que debe lucir en la visión del pueblo al tener como fondo la franja blanca que forma «nuestra plaza» desarrollada. La nave de la iglesia se proyecta con valentía, con limpias paredes blancas de cal que aumentan su valor gracias a una fachada principal de cerámica en toda su extensión. En su interior, se valorizará una pintura que cubre todo el presbiterio por su gran contraste con la sobriedad total del resto del interior, todo él de cal y de piso de barro. En la

Village of Esquivel. Seville, 1952–1963 — Alejandro de la Sota

The school is set at a little distance from the olive grove, under mature trees already grown and away from the to-and-fro of the village; it is designed to be lively and cheerful, with flowers in the classrooms.

A half-outdoor tavern and a summer cinema will provide the people of Esquivel with recreation.

A small pavilion at the entrance to the village with a coloured dome and the sign reading Esquivel, the logo of the Instituto Nacional de Colonización (INC) and a few well-placed plants will create the desired visual effect from the road. The sign and the logo could be lit up with a fluorescent tube.

— Alejandro de la Sota
[Ten typed pages with handwritten notes, undated.]

torre hay un «toque» de folclore en su remate. Se cuidó mucho el pequeño claustro, simplísimo, que hay en el interior del conjunto.

El Ayuntamiento, situado también delante del pueblo, se proyectó con gran sencillez, solo con un ligero empaque, como corresponde al único edificio administrativo que existe en el pueblo, un empaque un tanto candoroso, queriendo imitar al que probablemente usará el maestro encargado de su ejecución, en ausencia total de arquitecto. Un reloj de los viejos sobre un soporte de hierro y unos angelotes cerámicos y pocas cosas más valorarán este edificio respecto al resto.

La escuela se apartó al olivar cercano para situarla bajo unos árboles ya crecidos y fuera del trajín del pueblo; se proyectó movida y alegre, con flores en sus aulas.

Una taberna medio al aire libre y un cine de verano serán lugares de esparcimiento de los vecinos de Esquivel.

Un pequeño templete en la entrada misma del pueblo con una cúpula de colores y el letrero de Esquivel, el anagrama del Instituto Nacional de Colonización (INC) y unas plantas bien situadas será motivo de efecto escenográfico desde la carretera. Incluso el letrero y el anagrama pueden iluminarse con un tubo fluorescente.

— Alejandro de la Sota
[Diez páginas mecanografiadas con notas manuscritas, sin fecha.]

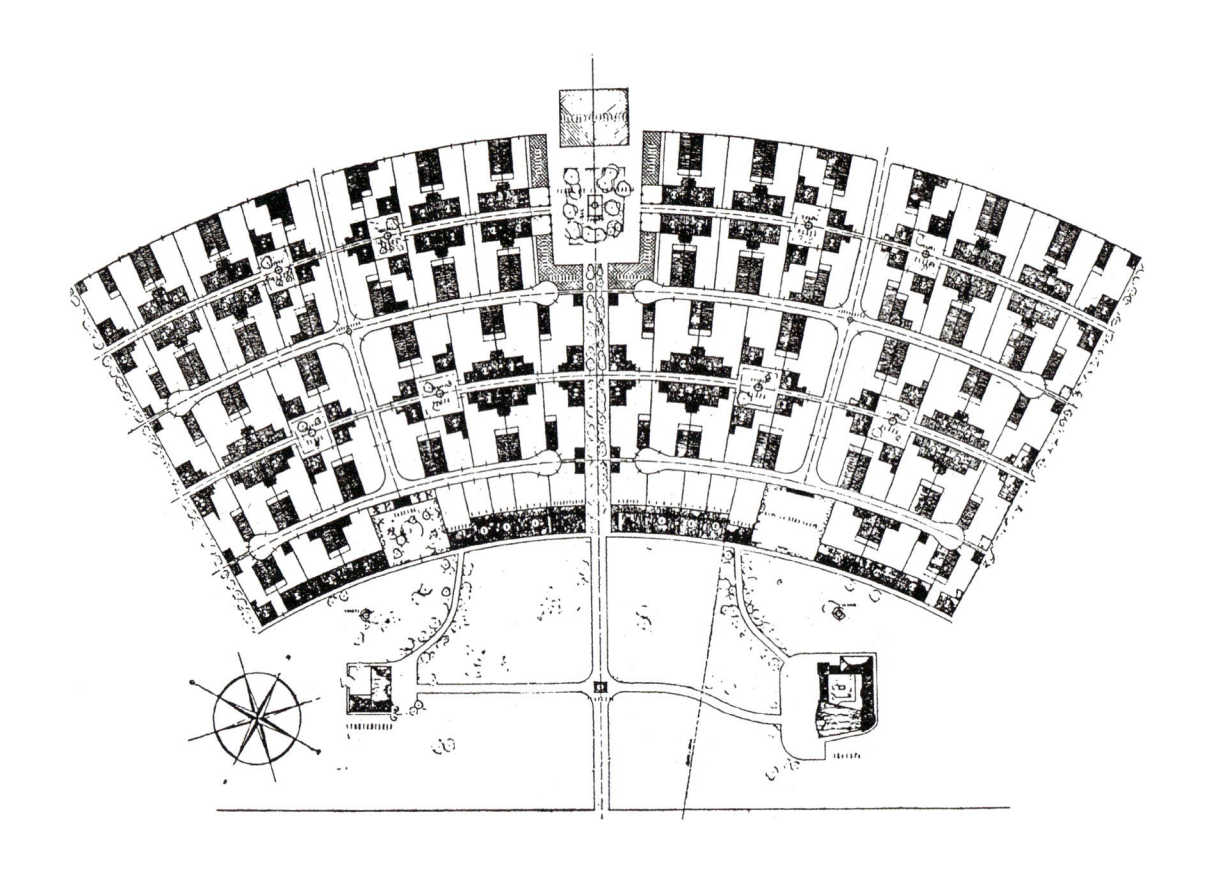

Village of Esquivel. Seville, 1952-1963 — Alejandro de la Sota

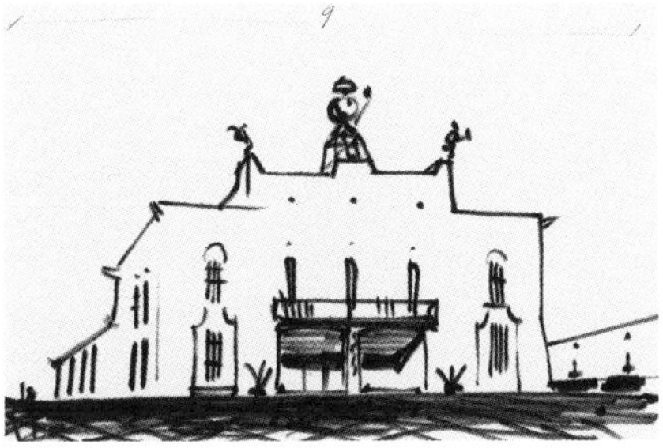
9

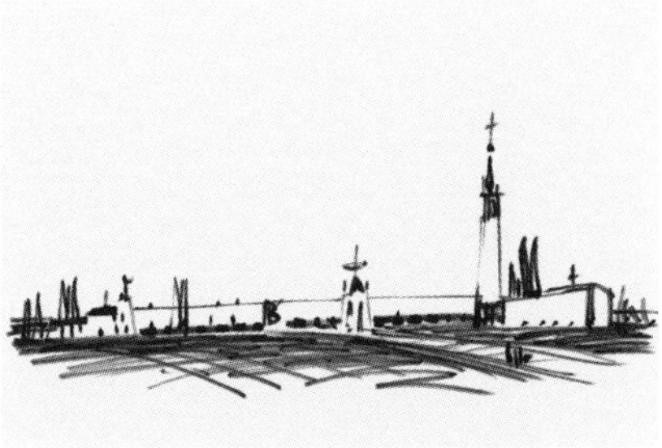

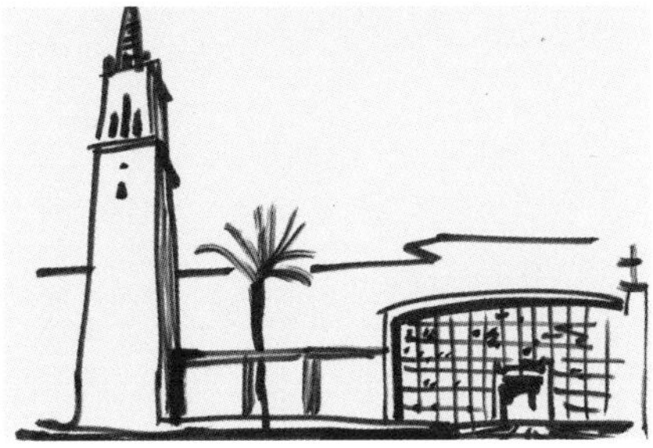

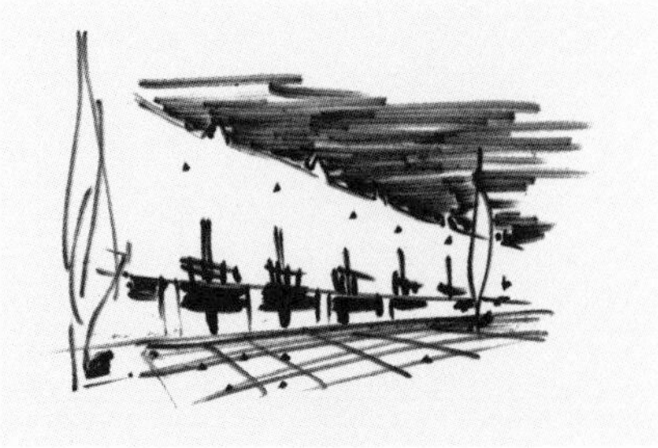

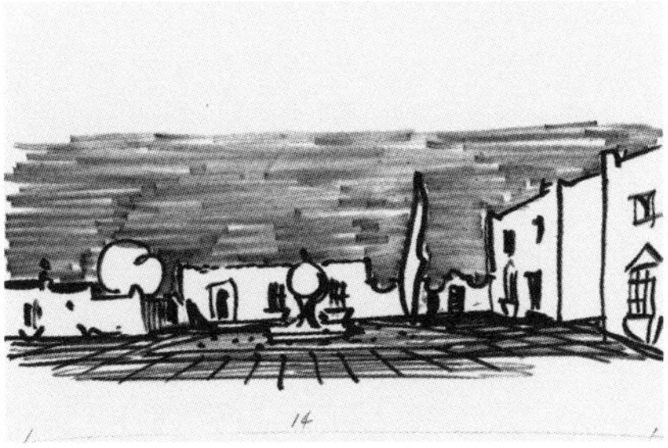
14

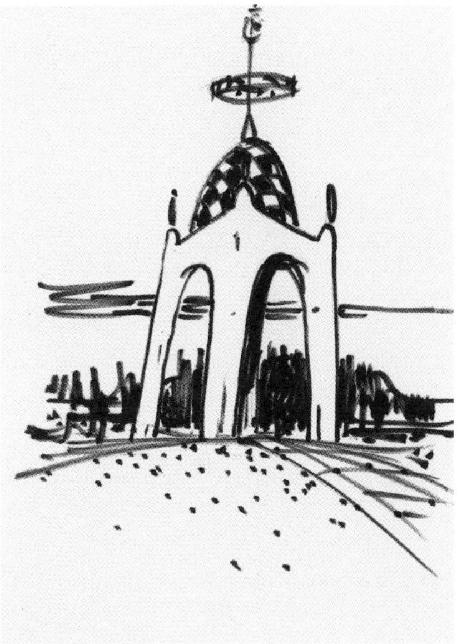

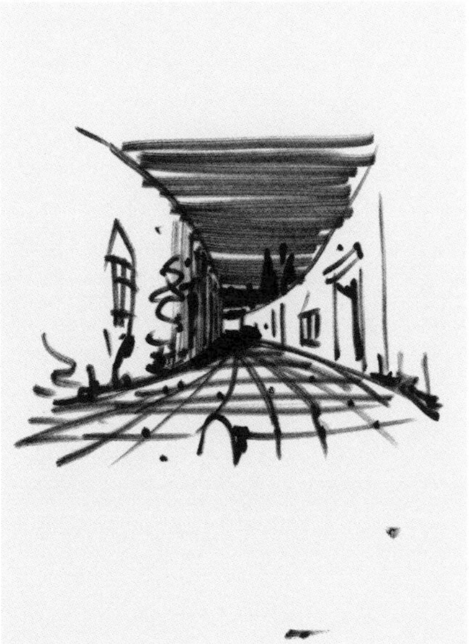

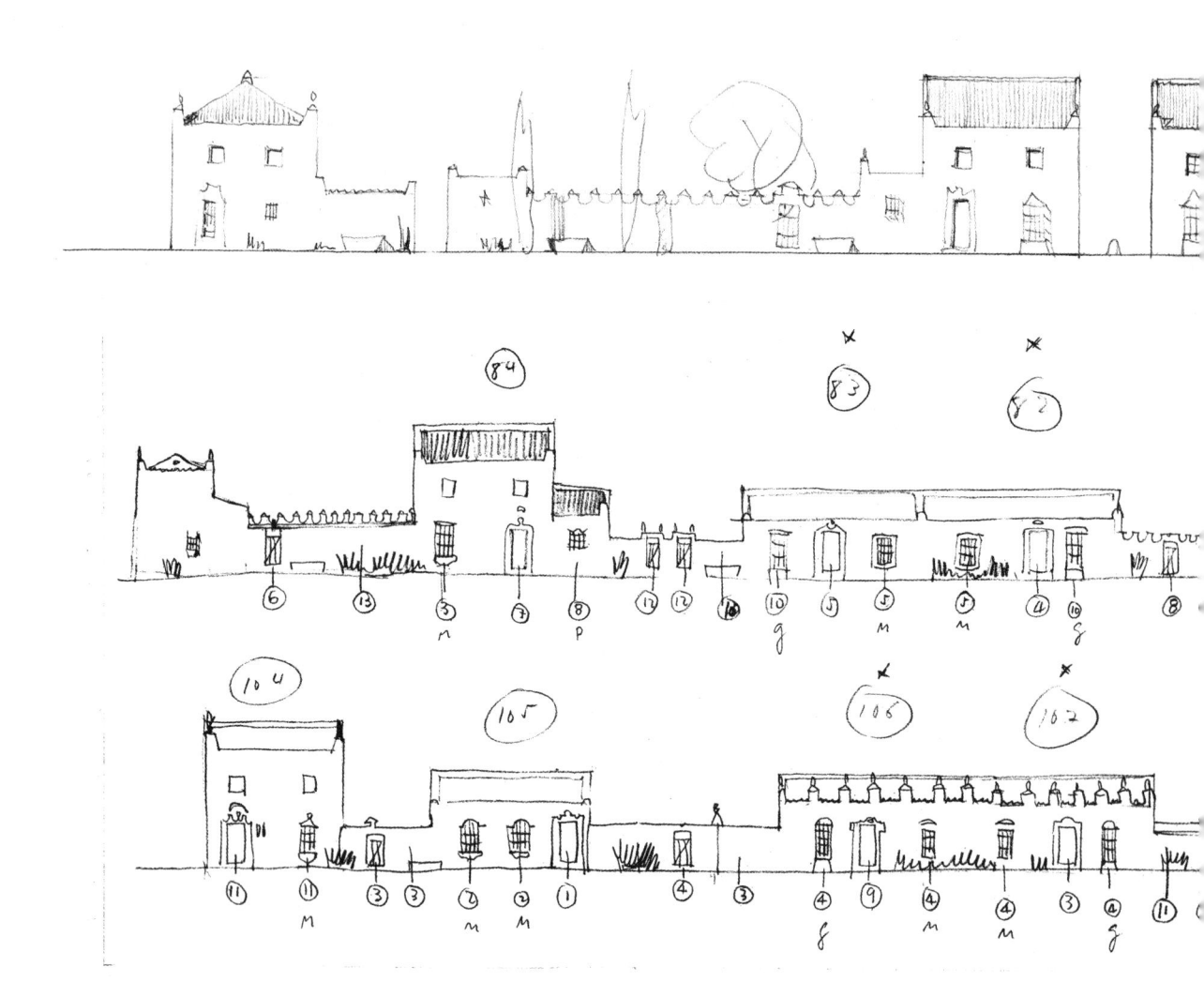

Village of Esquivel. Seville, 1952-1963   Alejandro de la Sota

Pueblo de Esquivel. Sevilla, 1952-1963

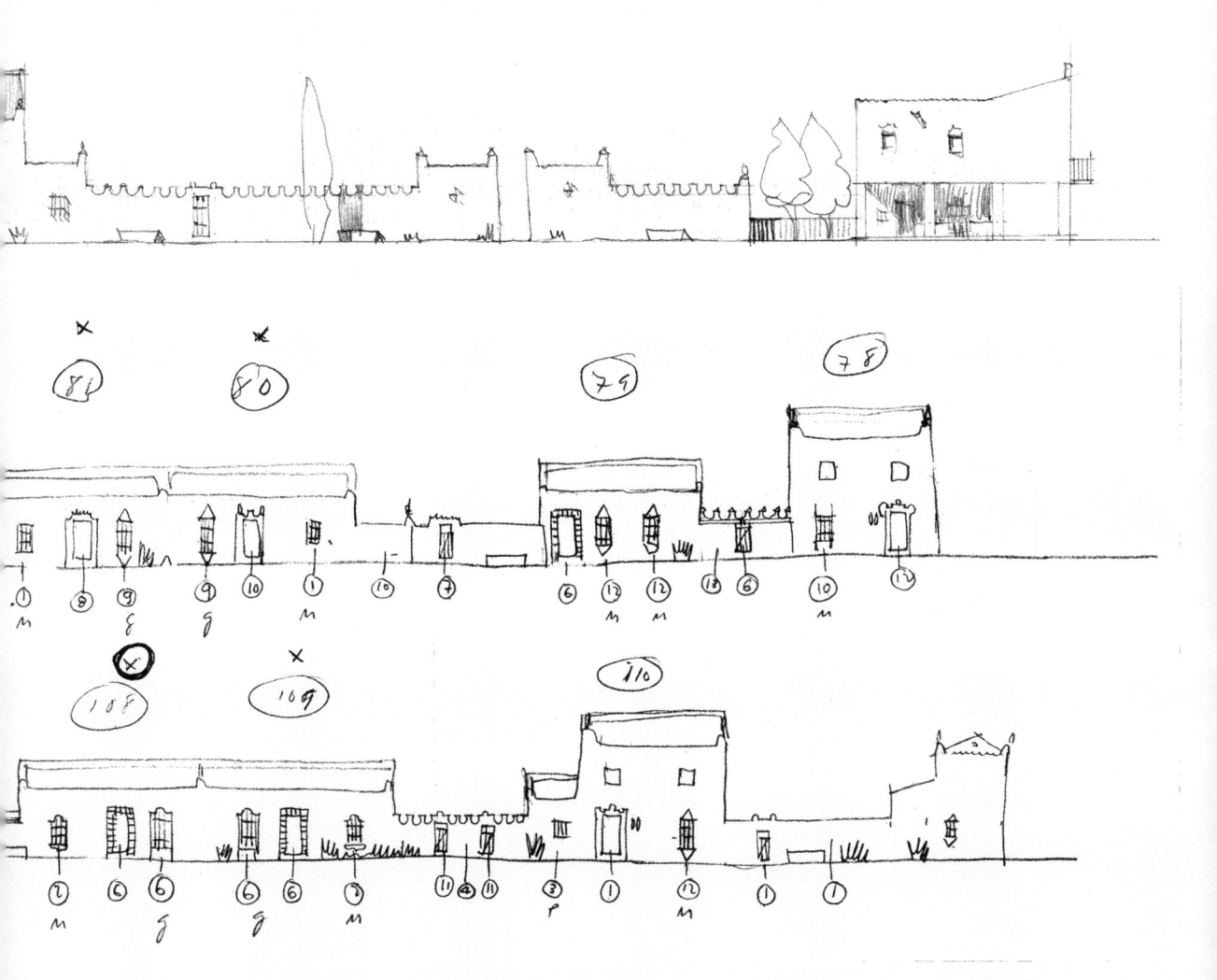

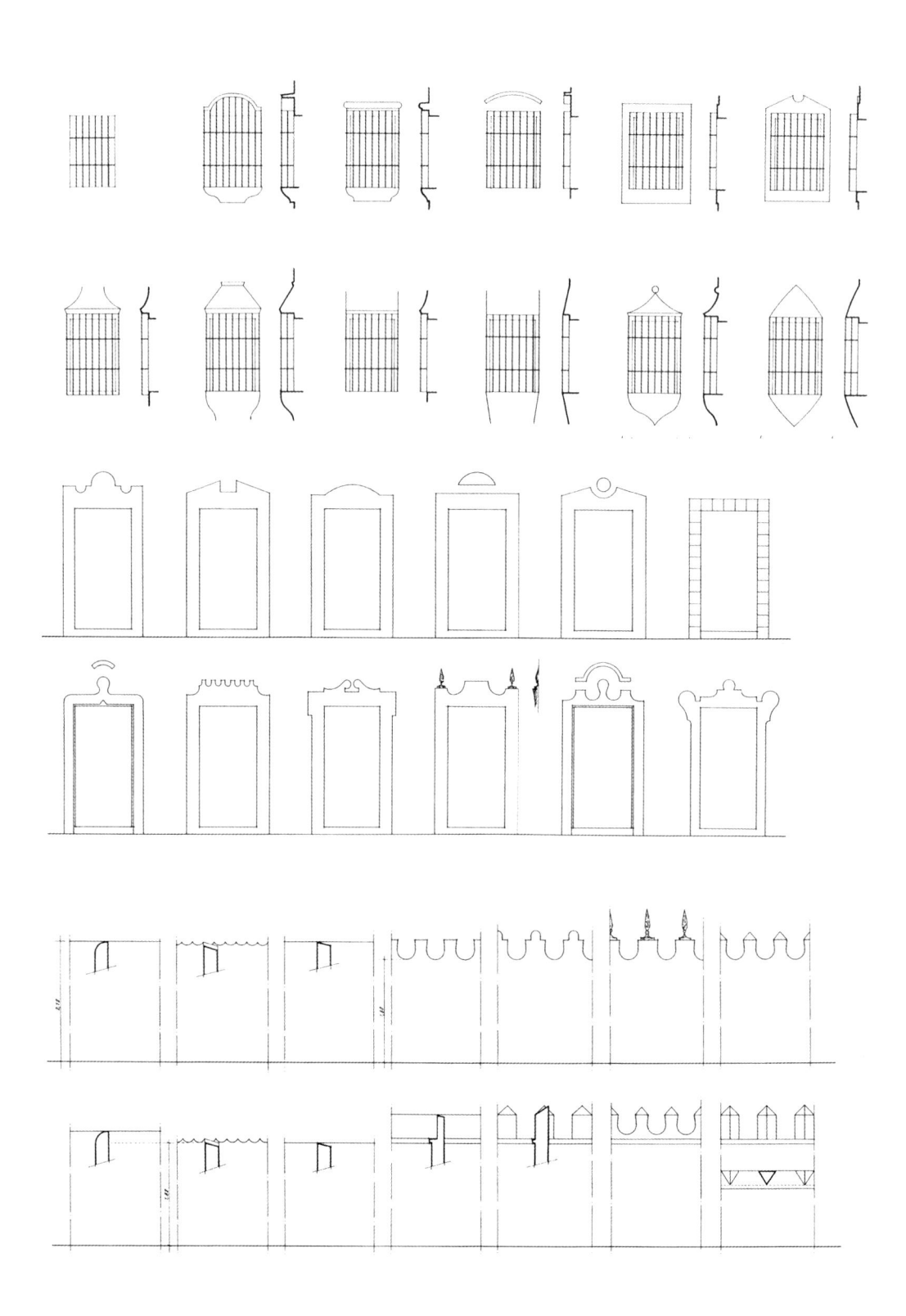

Village of Esquivel. Seville, 1952-1963 — Alejandro de la Sota

Pueblo de Esquivel. Sevilla, 1952-1963

Village of Esquivel. Seville, 1952-1963 — Alejandro de la Sota

Pueblo de Esquivel. Sevilla, 1952-1963

Village of Esquivel. Seville, 1952-1963 — Alejandro de la Sota

Pueblo de Esquivel. Sevilla, 1952-1963

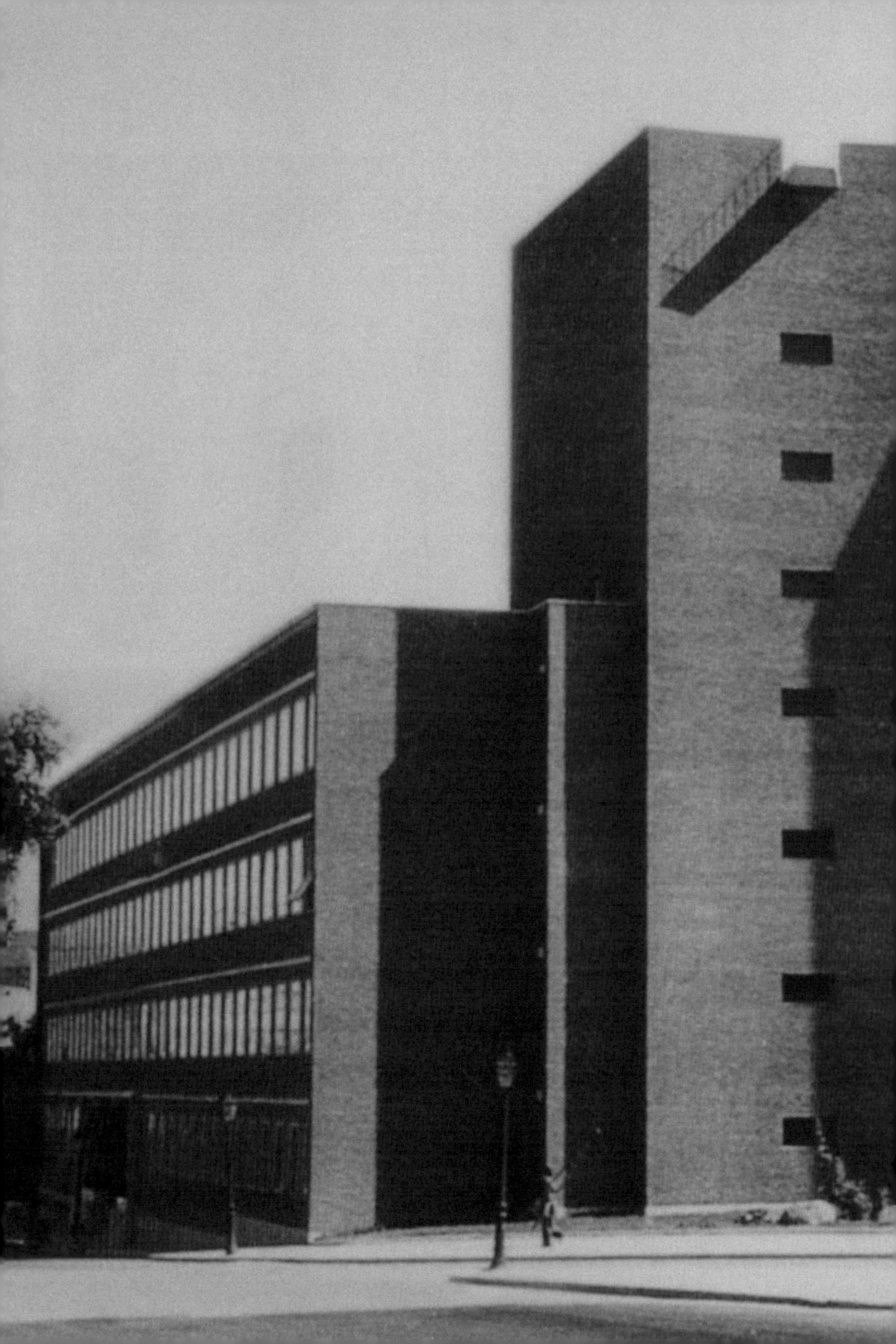

Instituto Cajal y de Microbiología
Cajal and Microbiology Institute

Madrid, 1950-1956
Miguel Fisac

On a place near the campus of the Consejo Superior de Investigaciones Científicas (CSIC), but outside of its precincts, on the corner of calle Velázquez and calle Joaquín Costa, the institute wanted to build a microbiology facility, and in 1949 commissioned a project from Miguel Fisac, who had worked on other projects for the CSIC. The first thing Fisac did was to travel around Europe that same year in order to study in depth similar typologies in other countries, but behind this understandable technical interest there was an interest in looking closely at the work of modern architects and in exploring creative approaches that went beyond an already successfully tried and tested classicism and a dissatisfaction with his own previous works for the CSIC. For this trip he was awarded a study grant of eight thousand pesetas, with which he toured Europe almost as far as the North Pole, accompanied by his friend and colleague from Barcelona José Antonio Balcells. France, Switzerland, Germany, Holland, Denmark and Sweden provided Fisac with significant experience on the architecture of laboratories, but above all it brought him into contact with the architecture of Gunnar Asplund, whose extension to the City Hall in Gothenburg was a real revelation of how to go about making an architecture in consonance with its time and circumstances. In light of this experience Fisac conceived a building with a V-shaped plan corresponding to the alignments of the two streets, whose vertex is cut by a body of greater height with a concave curve to the exterior leaving a large landscaped courtyard open to the south. The two longitudinal wings house the laboratories, while the curved tower accommodates the experimental animals, thus establishing a clear separation into three blocks, each of which functions independently but is linked to the others on some floors. The pronounced symmetry of this floor plan, which extends even to the positioning of the stairs and the open porches on the ground floor that communicate the streets with the central courtyard, is subtly nuanced by the treatment given to the concave façade — in some ways the principal and most visible façade — and instead of emphasize the central axis, leads the eye to two elements fixed on the smoothness of the clean bowl of mute brick: a cantilevered pulpit which breaks the line of the cornice on the left side, and a sculptural fountain of white stone and bronze attached to the base on the right side. These two diagonal inclusions, and the ingenuity in exploiting the presence of a staircase in the centre to place the few openings in that façade in a checkerboard pattern, create diagonal tensions of great magnetism while maintaining a perfect balance. The pulpit as a presence that is thrust forward and the sculptural figure that pushes the base of the building inward further suggest a pivoting movement whose kinetic vigour opposes the dense and mute eight-storey adobe tower, and embody one of the architect's at this time, which led him to declare that 'there is no art without tension or beauty without balance'. Both the visible skin of this central volume and the folds that give indirect light to the far ends of the corridors of the two blocks of laboratories, like the gable ends of these blocks, are of solid brick, rough, earthy and laid with deep recessed joints, while all of the faces of the profusely fenestrated lateral blocks and the inner side of the tower are of a type of hollow brick designed by Fisac himself.

This patented invention, the first in a long series of investigations that Miguel Fisac carried out in search of a language that was coherent with the new construction techniques, developed out of reflection on the condition of the façade when it no longer has a solid structural function because it hangs from a load-bearing structural skeleton. He saw that it made no sense to use heavy solid brick to provide the necessary insulation, but at the same time did not want to abandon the use of clay as a safer, cheaper and more durable material than prefabricated panels of metal, plastic or wood. This led him to design a hollow brick with an inclined outer face and a drip, to be laid with each course overlapping the one below. This would ensure rainproofing and create an 'interesting' plastic presence, revealing the lightweight nature of these façades, somewhat reminiscent of Scandinavian clapboard constructions. Insulation is achieved by a cavity wall filled with mineral wool and cladding tiles on the inside of the wall. Set between these two layers are the white-painted wood-frame windows; unusually, these are pivoting and consist of two panes of glass with the venetian blind in the space between them. These Scandinavian-style vertical openings are set flush with the façade surface to accentuate the sense of lightness that expresses their true nature, in contrast to the openings sunk in the thick walls of the tower. In much the same way as the 'work unit' principle manifested by the windows of the Instituto de Óptica, in this centre the windows constitute a module that facilitates the flexible distribution of the laboratory floors.

The work is of note in producing one of the most beautiful corners of Madrid, with a plasticity that is at once potent and charming, and which hides behind its apparent simplicity a great deal of skill in the handling of the essential elements of architecture, and achieves with a minimum of resources a sense of serenity and mystery. As in many other works by this architect, there is a significant attention to the role of the artist in architecture, made evident here by the biomorphic fountain in the form of a human figure pushing against the wall with the water sliding down between its fingers, made by the sculptor Carlos Ferreira to an idea proposed by the architect, and by the stone fountain in the patio with its little cast aluminium mice by Susana Polack, a recognition of our debt to the victims of scientific progress and a reference to the mice Fisac drew while imprisoned during the Spanish Civil War. The details of the stairs detached from their well, the porticoes on steps leading down to the two streets, with their V-shaped pillars clad with white Colmenar stone and exposed beams, the stone socles protecting the bottoms of the hollow brick walls, the landscaping of the patio, lost for years and now recovered, and many other details make this stand out as one of Miguel Fisac's finest works, and should have earned it more careful treatment in the recent restoration it has undergone to convert it into the offices of the Secretaría del Mar, because although the brickwork has been recovered, the silhouette of the tower has been egregiously altered with the siting of services on its roof, and the original quality of the interiors has largely been lost.

— Vicente Patón-Alberto Tellería [2010.]

Instituto Cajal y de Microbiología. Madrid, 1950-1956

En un lugar próximo al campus del Consejo Superior de Investigaciones Científicas (CSIC), pero fuera del recinto, en la esquina que forman las calles de Velázquez y de Joaquín Costa, este organismo quiso levantar un instituto de microbiología. Para lo cual encargó en 1949 el proyecto a Miguel Fisac, que ya había trabajado en otros proyectos del CSIC. La primera labor que Fisac hizo al respecto fue la de recorrerse Europa ese mismo año para poder estudiar a fondo las tipologías similares de otros países, pero detrás de este explicable interés técnico había otra inquietud por contemplar de cerca la obra de los arquitectos modernos y por explorar modos creativos que fueran más allá de un clasicismo ya experimentado con tanto éxito como insatisfacción en las obras anteriores del Consejo. Para este viaje consiguió una beca de ocho mil pesetas con la que recorrió Europa hasta casi el polo Norte, en compañía de su amigo y compañero barcelonés José Antonio Balcells. Francia, Suiza, Alemania, Holanda, Dinamarca y Suecia suministraron a Fisac una importante experiencia sobre la arquitectura de laboratorios, pero especialmente le pusieron en contacto con la arquitectura de Günnar Asplund, cuya obra de ampliación del Ayuntamiento de Gotemburgo supuso un auténtico descubrimiento sobre lo que podía ser el camino para hacer una arquitectura consecuente con su tiempo y circunstancia. Tras esta experiencia Fisac concibe un edificio con planta en V ajustado a las alineaciones de las dos calles, que corta su vértice mediante un cuerpo de mayor altura y curvatura cóncava hacia el exterior dejando un gran patio ajardinado y abierto hacia el mediodía. Las dos alas longitudinales alojan los laboratorios, en tanto que el torreón curvo contiene las dependencias para los animales de experimentación, de forma que se establece una clara separación en tres bloques edificados que funcionan de modo independiente aunque enlazados en algunas de las plantas. La fuerte simetría de esta planta, que alcanza incluso a la disposición de las escaleras y de los pórticos abiertos en planta baja que comunican las calles con el patio central, está sutilmente matizada por el tratamiento que se da a la fachada cóncava –en cierto modo la principal y más visible– y que en lugar de enfatizar el eje central, dirige la atención del espectador hacia dos elementos clavados en la tersura del limpio y mudo cuenco de ladrillo: un púlpito en voladizo que rompe la línea de cornisa en el lado izquierdo, y una fuente escultórica de piedra blanca y bronce que se adosa a la base en el lado derecho. Estas dos inclusiones en diagonal y el ingenio de aprovechar la presencia de una escalera en el centro para colocar los escuetos huecos de esa fachada en damero crean tensiones diagonales de gran magnetismo a la vez que un perfecto equilibrio. El púlpito como presencia que se arroja hacia adelante y la figura escultórica que empuja el zócalo del edificio hacia dentro sugieren además un movimiento de giro que contrapone su vigor cinético al denso y mudo torreón de ocho pisos de arcilla, y responden a una preocupación de este arquitecto en ese momento, que le lleva a proclamar que «no hay arte sin tensión ni belleza sin equilibrio». Tanto la piel visible de este volumen central y los pliegues que dan luz indirecta a los finales de los pasillos de los dos bloques de laboratorios, como los testeros de esos bloques, están construidos en ladrillo macizo áspero, terroso y aparejado con profunda llaga, en tanto que todas las caras profusamente fenestradas de los bloques laterales y el lado interior del torreón se cierran con un tipo de ladrillo hueco diseñado por el propio Fisac.

Este invento es la primera patente de una larga serie de indagaciones que hace Miguel Fisac en la búsqueda de un lenguaje coherente con las nuevas técnicas constructivas, y nace de la reflexión acerca de las fachadas cuando ya han perdido su sentido estructural y masivo al colgarse de una osamenta estructural portante. Ve carente de sentido el emplear el pesado ladrillo macizo para asegurar el necesario aislamiento, pero por otro lado no quiere renunciar al uso de la arcilla como material más duradero, seguro y económico que las planchas prefabricadas de metal, plástico o madera. Estudia entonces un ladrillo hueco con la cara exterior inclinada y rematada con un goterón que produce el solape de cada hilada con la inferior. De ese modo se garantiza la estanqueidad ante la lluvia y se consigue una presencia plástica «interesante», que acusa la naturaleza ligera de tales lienzos y recuerda en cierto modo al entablado de las construcciones nórdicas en madera. El aislamiento se consigue mediante una cámara rellena de aislante y un doblado interior del muro con rasilla. Entre ambas capas se insertan las ventanas de madera pintadas de blanco que tienen la peculiaridad de ser basculantes y formadas por dos vidrios que alojan entre ambos una cámara que contiene la persiana graduable. Estos huecos de formato vertical e inspiración nórdica se enrasan con la superficie de la fachada para acentuar la sensación de levedad que expresa su auténtica naturaleza, en contraposición con los huecos hundidos en los macizos muros del torreón. De forma parecida al planteamiento de «unidades de trabajo» que establecían las ventanas en el Instituto de Óptica, en este centro se convierten en el módulo que permite distribuciones flexibles de las plantas de los laboratorios.

La obra tiene la cualidad de producir una de las más bellas esquinas de Madrid, con una plasticidad a la vez potente y amable, que esconde tras su aparente sencillez una gran sabiduría en el manejo de los elementos propios y necesarios de la arquitectura, y que consigue con recursos mínimos una sensación de serenidad y cierto misterio. Como en tantas otras obras de este autor hay una importante atención al papel de los artistas en la arquitectura, que aquí se evidencia en la fuente biomórfica con una figura humana que se apoya en el muro y entre cuyos dedos resbala el agua, realizada por el escultor Carlos Ferreira según idea propuesta por el arquitecto, o en la fuente de piedras del patio que mostraba unos pequeños ratones de fundición de aluminio de Susana Polack, en homenaje a la deuda con estas víctimas de los avances científicos y en recuerdo a los que dibujó Fisac en su encierro durante la Guerra Civil. Los detalles de las escaleras despegadas de su caja mural, los pórticos sobre escalinatas hacia las dos calles, con los pilares en «V» revestidos de finas lajas de piedra blanca de Colmenar y las vigas vistas, los zócalos de piedra que protegen las partes inferiores del ladrillo hueco, la jardinería paisajista del patio, perdida durante años y ahora recuperada, y tantos otros detalles, destacan a esta obra como una de las más refinadas que realizó Miguel Fisac, y que habría merecido un mayor cuidado en la reciente restauración que ha sufrido al convertirse en sede de la Secretaría del Mar, pues si bien se han recuperado las fábricas de ladrillo, se ha alterado erróneamente la silueta de la torre con instalaciones situadas en su azotea, y se ha perdido en buena parte la calidad original de los espacios interiores.

— Vicente Patón-Alberto Tellería
[2010.]

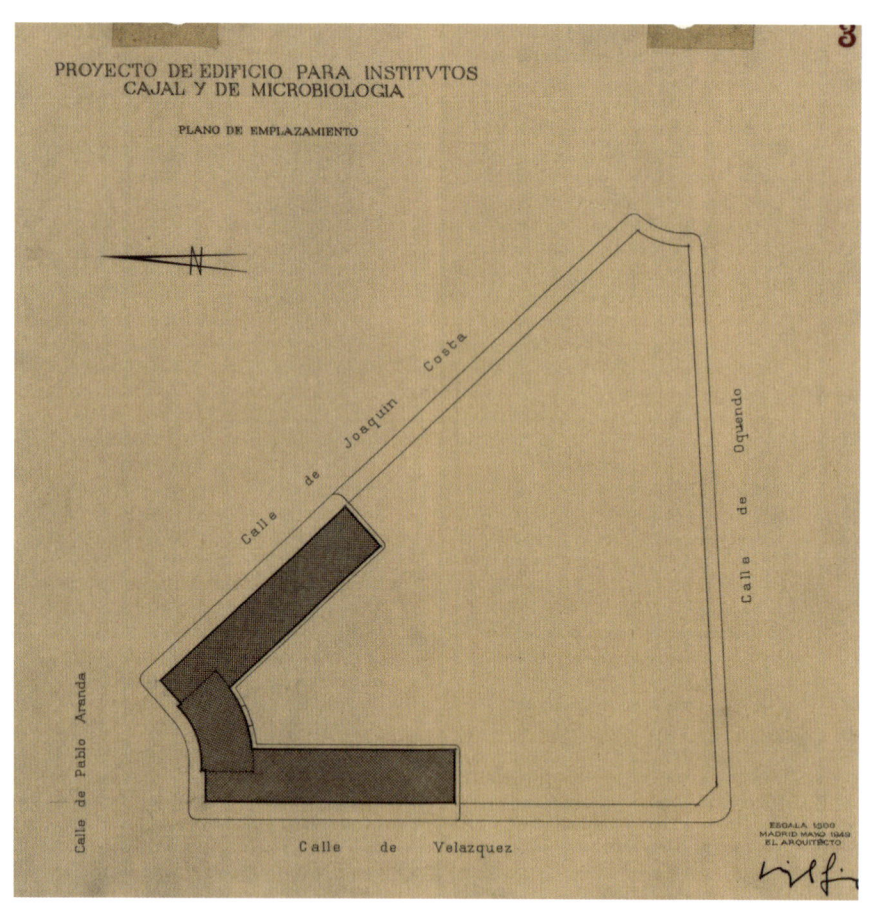

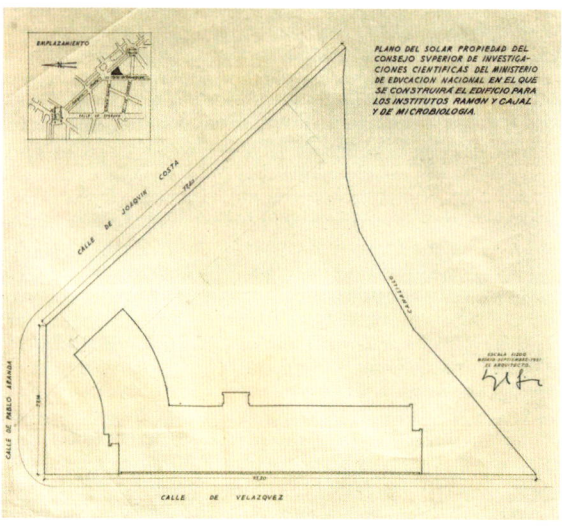

Cajal and Microbiology Institute. Madrid, 1950-1956 — Miguel Fisac

˄ **Plano de emplazamiento.**
Site plan.

› **Plano del solar propiedad del CSIC.**
Plan of the plot belonging to the CSIC.

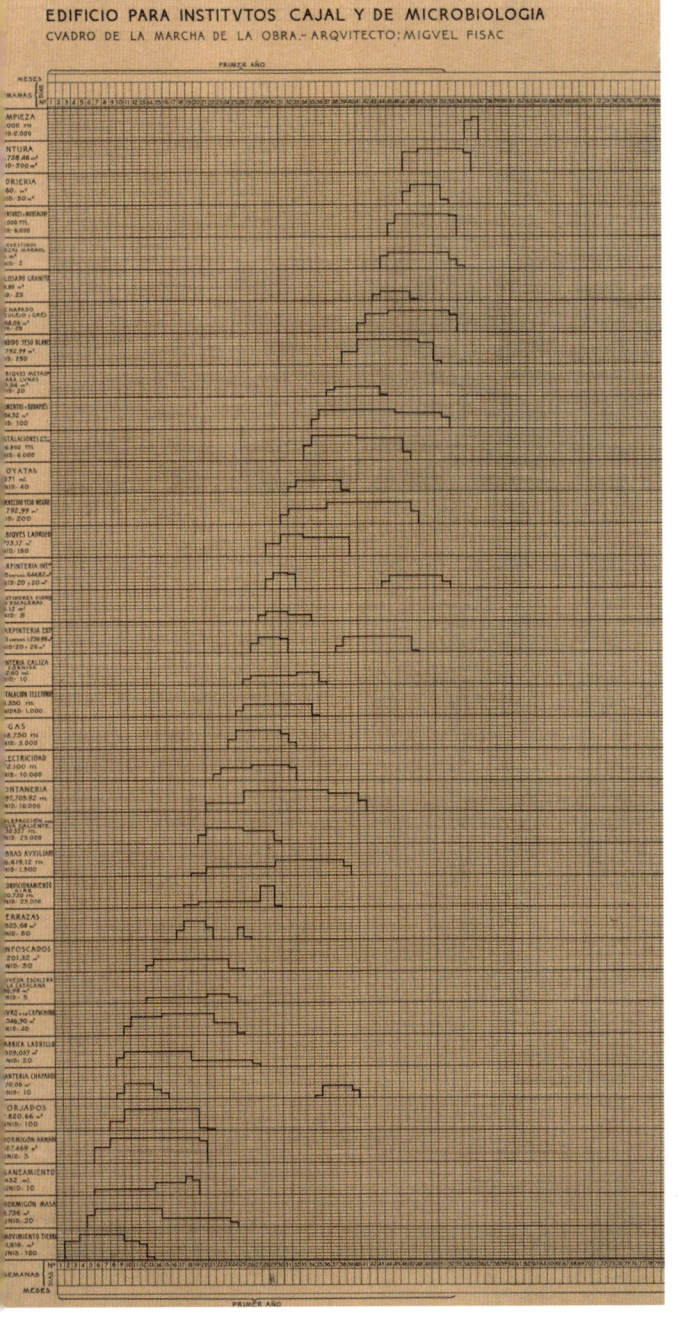

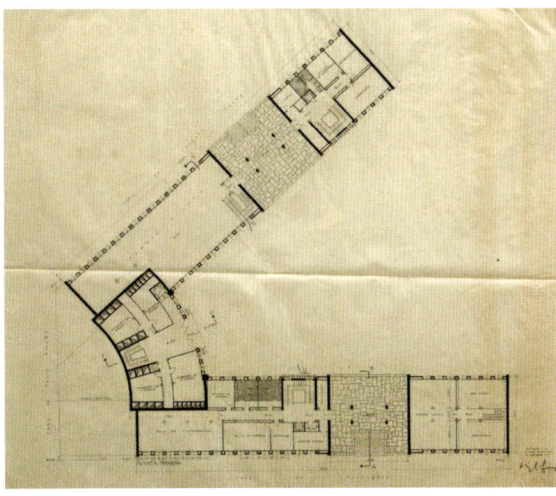

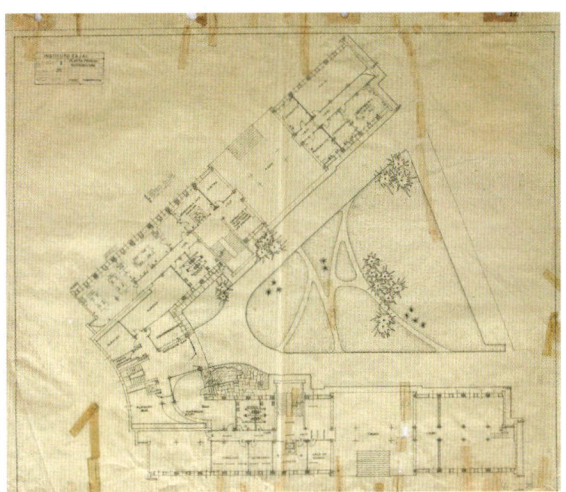

Instituto Cajal y de Microbiología. Madrid, 1950-1956

^ **Proyecto previo.
Planta primera.**
Previous Project. First floor plan.

^ **Planta primera definitiva.
Distribución.**
Definitive first floor plan.
Distribution.

< **Cuadro de la marcha de obra.**
Diagram of progress of work on site.

Cajal and Microbiology Institute. Madrid, 1950-1956 — Miguel Fisac

‹ Fachada a la calle de Velázquez.
Façade on c/ de Velázquez.

ᵛ Alzado interior volumen a Joaquín Costa y sección transversal de la torre.
Interior elevation of the volume on c/ Joaquín Costa and transverse section of the tower.

ᵛ Alzado a la calle de Velázquez.
Elevation on c/ de Velázquez.

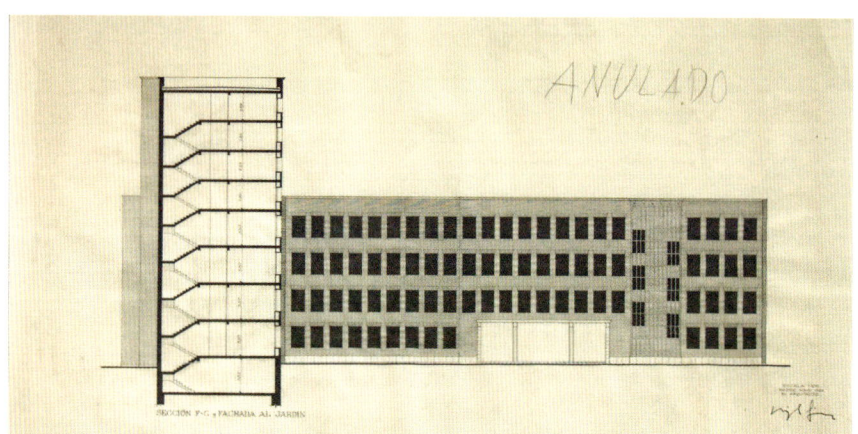

› **Alzado de obra, dibujo sobre papel de croquis, de la torre chaflán.**
Elevation of the work: drawing on sketch paper of the chamfered tower.

⌄ **Alzado de la torre chaflán.**
Elevation of the chamfered tower.

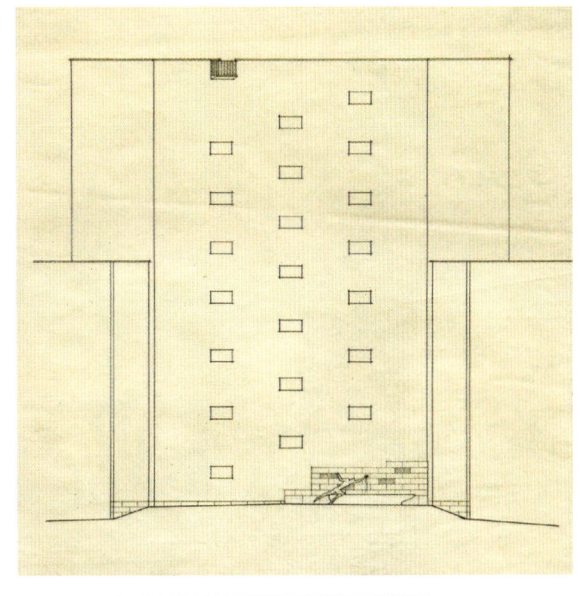

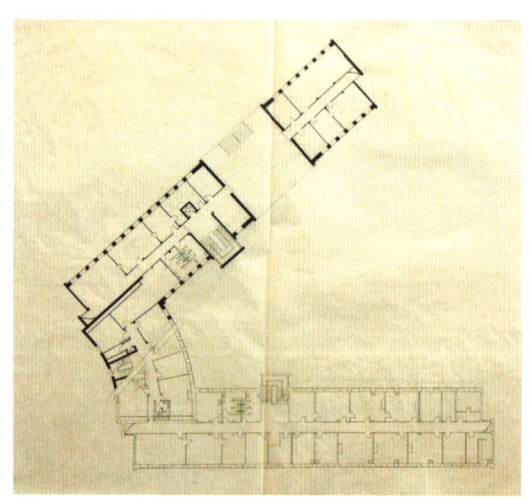

˄ **Entrada a la calle de Joaquín Costa.**
Entrance on c/ Joaquín Costa.

˂ **Plano de obra en papel de croquis.**
Plan of the work on sketch paper.

˂ **Plantas 5ª, 6ª, 7ª, 8ª (Torre).**
Floors 5, 6, 7, 8 (Tower).

› Estructura techo plantas 2ª, 3ª, 4ª y Torre 5ª, 6ª, 7ª, 8ª.
Roof structure floors 2, 3, 4 and Tower 5, 6, 7, 8.

˅ Proyecto de viga Vierendel.
Scheme for Vierendeel truss.

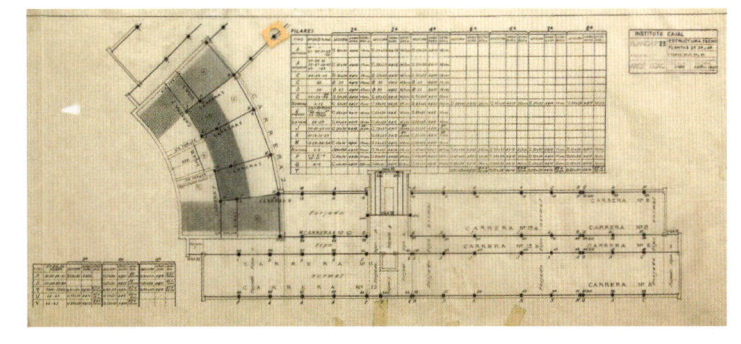

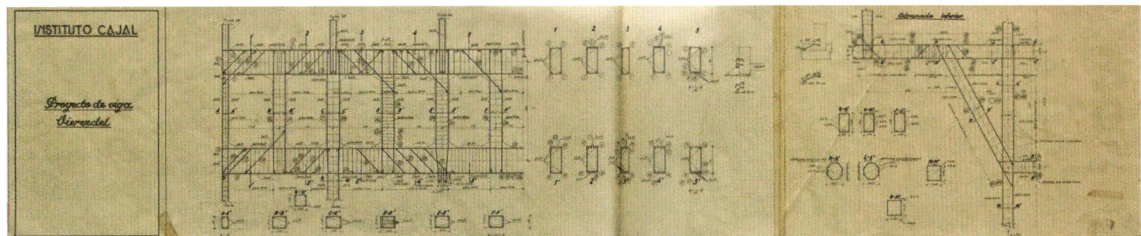

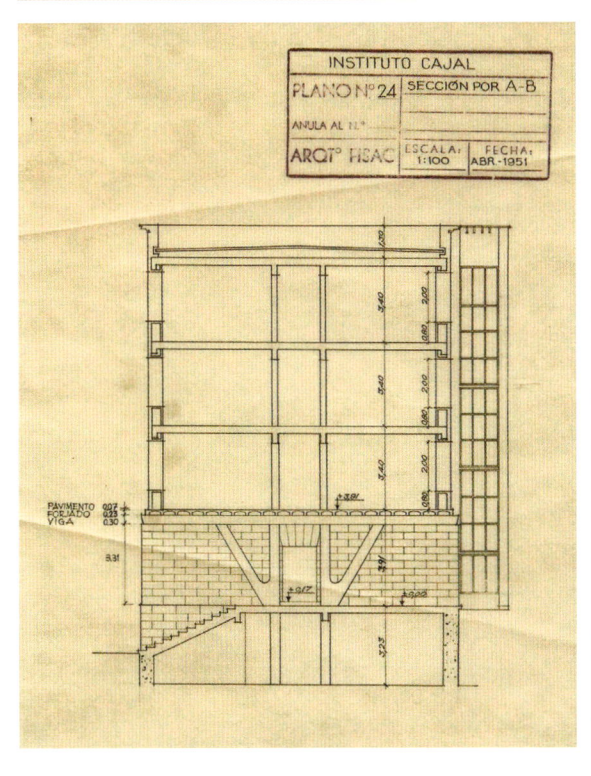

˄ Sección entrada calle de Joaquín Costa.
Section c/ Joaquín Costa street entrance.

› Escalera principal.
Main stairs.

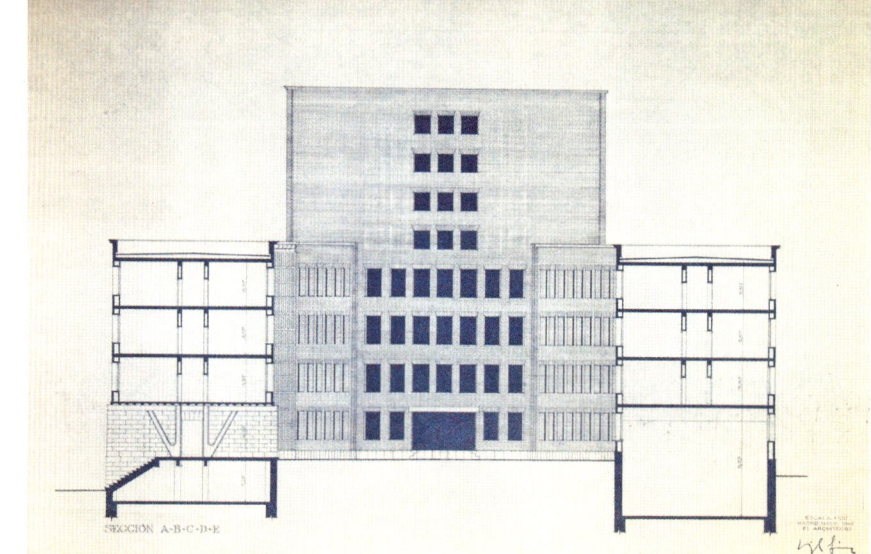

Cajal and Microbiology Institute. Madrid, 1950-1956 — Miguel Fisac

^ Fachada interior de la torre.
Interior façade of the tower.

› Alzado interior de la torre y sección transversal de los volúmenes de la calle de Joaquín Costa y de Velázquez.
Interior elevation of the tower and transversal section of the volumes on c/ Joaquín Costa and c/ Velázquez.

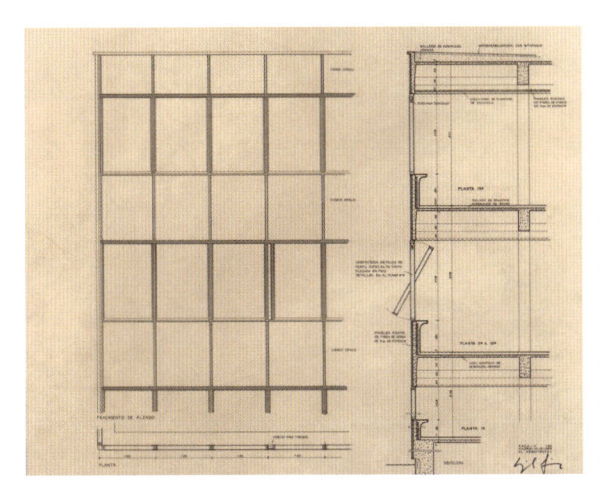

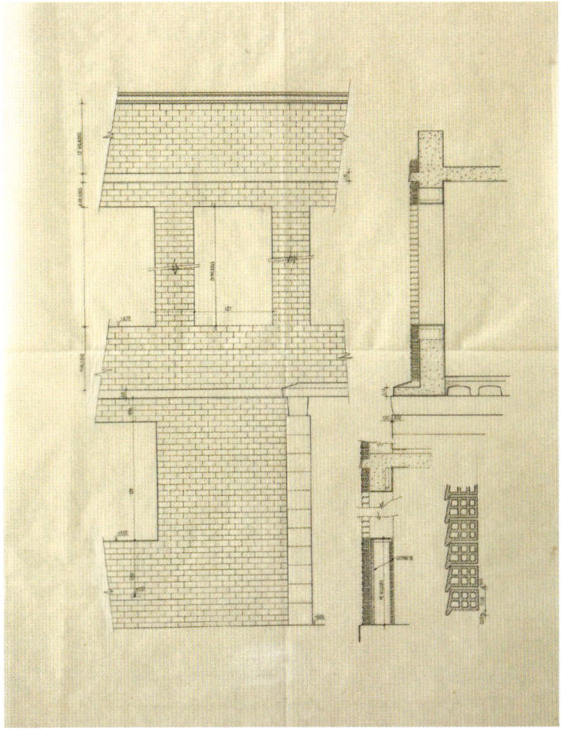

^ Sección de ventana basculante, de madera de pino con doble acristalamiento.
Pro Section of pivoting double-glazed pine-frame window.

^ Detalle de obra: aparejo de ladrillo.
Construction detail: brick course.

› Imagen de ventana basculante, de doble vidrio con persiana entre ellos.
The pivoting double-glazed window with blind in the cavity.

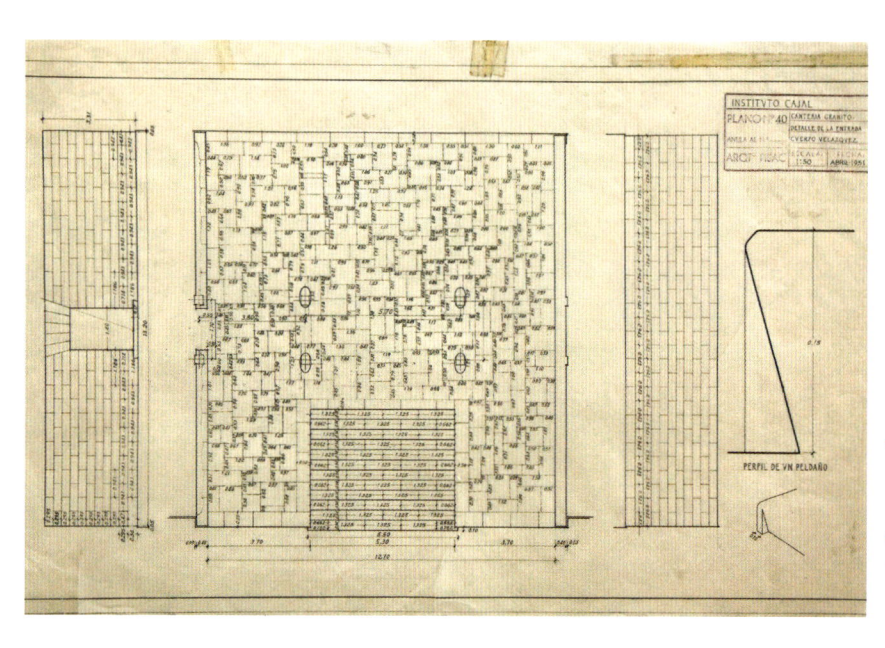

^ **Labra de peldaño de granito.**
Granite step slab.

< **Cantería de granito en la entrada cuerpo Velázquez.**
Granite masonry at the entrance to the Velázquez volume.

˅ **Aparejo de ladrillo y zócalo de granito, cuerpo Velázquez.**
Brickwork and granite socle, Velázquez volume.

˅ **Alzado a la calle de Velázquez.**
Elevation on c/ Velázquez.

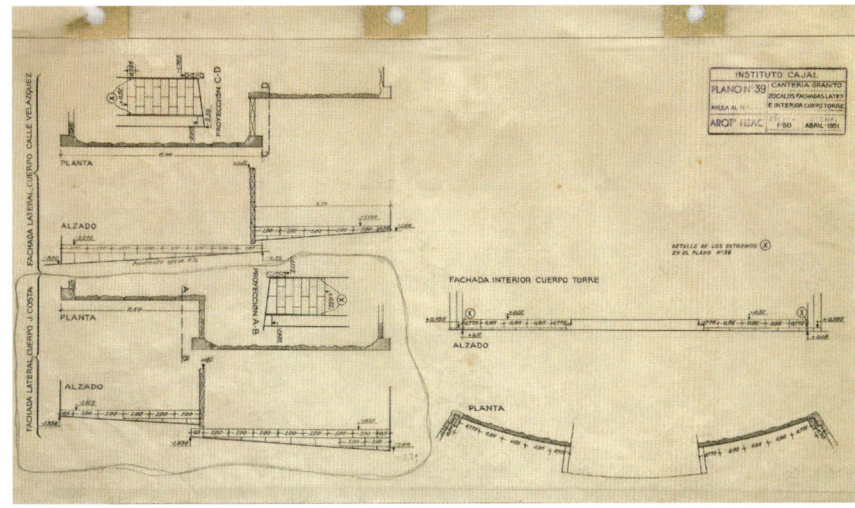

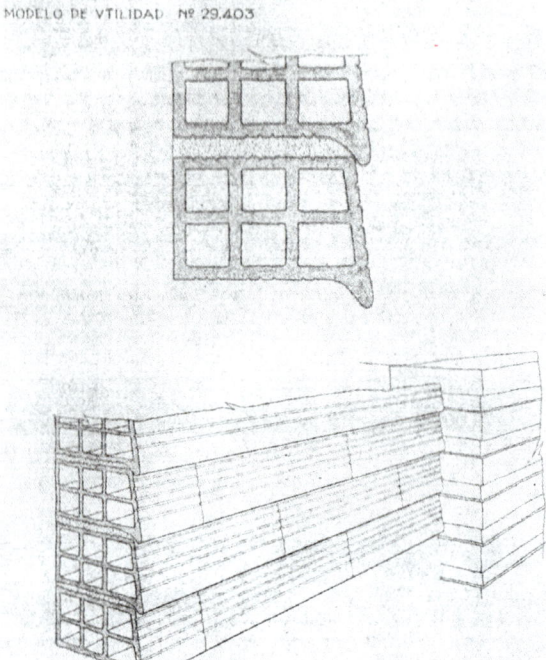

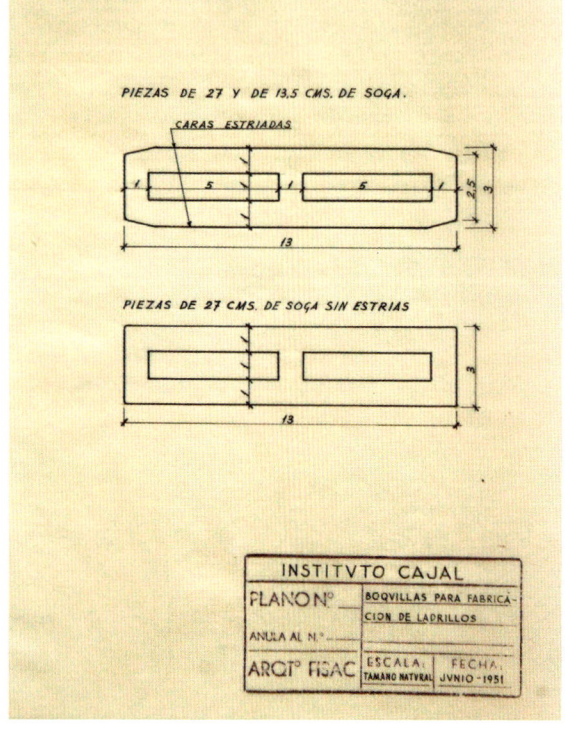

Cajal and Microbiology Institute. Madrid, 1950-1956 — Miguel Fisac

∧ **Aparejo de ladrillo hueco especial.**
Courses of the special hollow brick.

∧ **Patente ladrillo hueco especial.**
Special patent hollow brick.

‹ **Boquillas para fabricación de ladrillos.**
Nozzles for making bricks.

Instituto Cajal y de Microbiología. Madrid, 1950-1956

‹ **Ladrillo hueco doble especial.**
Special double hollow brick.

˅ **Jardín del bar y fuente de los ratones.**
Garden of the café-bar and fountain with aluminium mice.

˅ **Puertas en los pórticos. Aluminio estrusionado con piezas de roble sin tratar.**
Doors in the porticoes. Extruded aluminium with inserts of untreated oak.

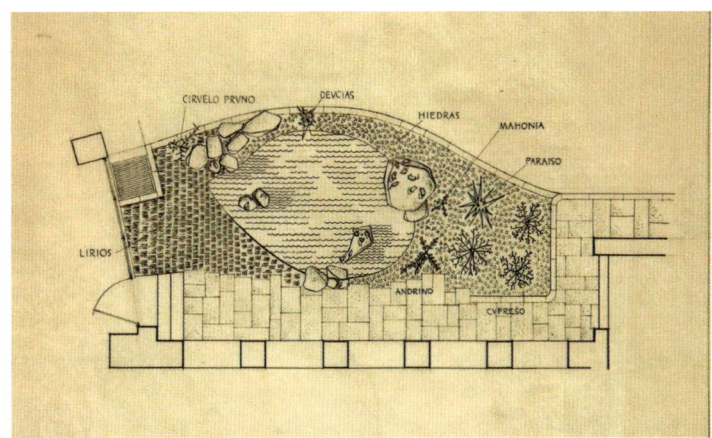

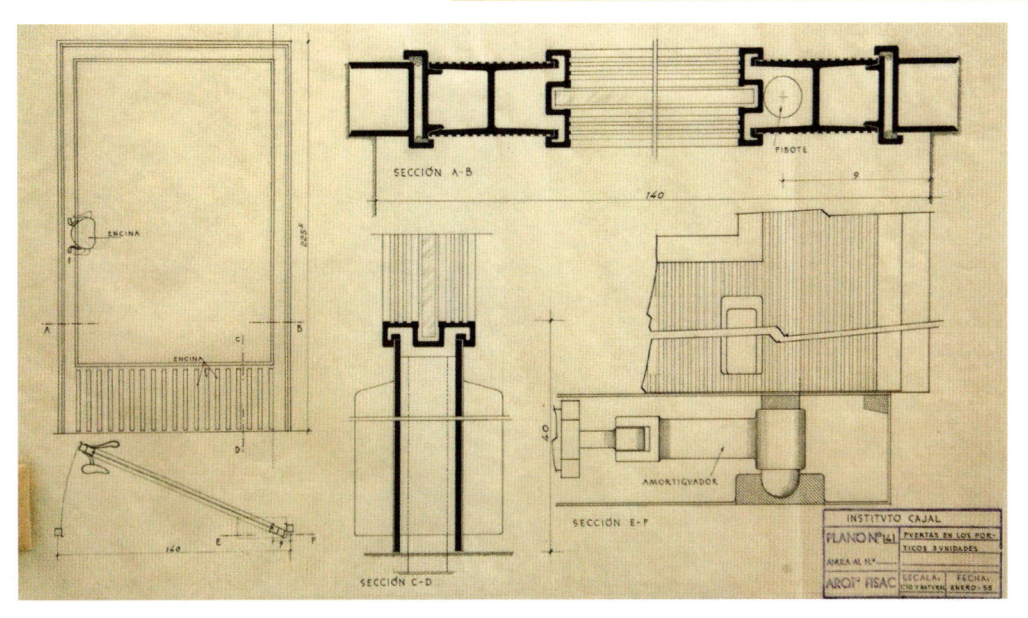

Gobierno Civil
Civil Governor's Office and Residence

Tarragona, 1957-1964
Alejandro de la Sota

Civil Governor's Office and Residence. Tarragona, 1957-1964 — Alejandro de la Sota

It was felt that a new sector of an old town should be given atmosphere that would identify it as being of today. Respect for the old should be manifested in its conservation when its quality merits this, and not seen as an obligation to repeat it.

The existing urban layout is respected in terms of the greater limitation given by its alignments, while dispensing with the shape of the plot that these determine due to a distaste for wedge-shaped floor and a preference for those derived from the grid. In this case, Tarragona is favoured by the agreement of the alignments of the Civil Governor's Office and Residence and the School of Work. The curvature of the main façade was dispensed with as not favouring the project, while conserving the curvature of the square in the position of the pillars on the façade.

The programmes of official buildings in Spain impose difficult compositions; there is a high proportion of residential space in relation to the volume occupied by offices, and these mixtures make it necessary to unify the external aspects of volumes devoted to radically opposite ends. This was even more difficult in the Civil Governor's Office in Tarragona, where the programme and the municipal planning regulations made it necessary to situate on the main façade a large number of apartments (all except those for the concierge and the driver) by requiring a height of 20 metres for the first bay.

With these impositions, the overall composition was resolved fundamentally by cutting the building in two — horizontally — at the height of the floor with the receptions suite, which, with a terrace in front of it, clearly evidences this cut, with the Civil Governor's Office below and the residential space above.

SEMI-BASEMENT LEVEL

Guardroom, archive, general storeroom, boiler room, concierge's and driver's apartments, room available for unspecified uses, garage (in the middle).

GROUND FLOOR

Large vestibule, guardroom; set apart: Provincial Town Planning Commission, large room available for unspecified uses, toilets, switchboard and telephone booths, information desk, etc.

FIRST FLOOR

Civil Governor's Office.

SECOND FLOOR

Receptions suite and bar.

THIRD FLOOR

Suite for guests of honour.

FOURTH FLOOR

Civil Governor's Residence.

FIFTH AND SIXTH FLOORS

Civil Governor's Office and Residence.

SEMI-BASEMENT FLOOR

Guardroom for armed police, communicating directly with the first floor; two different ceiling heights, one for the duty guards and the other for the double-bunk dormitory and the bathroom. The dormitory gives onto the double-height guardroom, with direct ventilation and light from the exterior, with the toilets being ventilated independently through a vent. General archive, with direct access to the upper floors and a documents lift serving the different floors. General storeroom, close to the aforementioned access, with good communication with the exterior, with movement monitored from the concierge's quarters. Boiler room, with coal cellar under the garage, with a hopper to supply coal and gasoil; external ventilation and chimney in a series of separate ducts. Garage, above the coal cellar and below the toilets on the ground floor (see right side elevation and section). The garage is accessed from the exterior via a ramp and is on a level giving it easy communication with the interior of the building and the driver's apartment. Utility meters, close to the stairs and the exterior. Concierge's and driver's apartments, symmetrical and the same size, with direct access from the exterior at the back of the building. Basic programme and distribution: kitchen/dining room, three bedrooms, bathroom, pantry and wardrobes. Archive, storeroom, boiler room and apartments ventilate directly to the exterior, with windows opening onto the sunken area within the plot boundary. An additional room, designed to be available for unspecified uses or as an extension to the general archive, communicates directly with the corresponding space on the first floor.

GROUND FLOOR

Porch, large wide entrance hall occupying two longitudinal bays, in direct communication with the vertical access and the hall to the rear, another bay as a quiet area, including the large undesignated room, suitable for a variety of possible uses, such as a police station (a part of the Civil Government building in a number of provincial capitals), in which case it would be appropriate to add the 'possible' available room on the semi-basement floor to accommodate the cells, toilets, archive and so on. This available space on the ground floor could also be used for the distribution of food baskets, Christmas toys and clothes, as an office for subscriptions or Red Cross flag day and so on, as these functions are often performed by the Civil Governor's Office, usually without having a specific room for them, which makes them more difficult and tends to disrupt the normal running of the Civil Governor's Office; the available space is close to the exterior and also has the possibility of independent access. Guardroom for armed police. Specially designed on two non-coinciding floors of the building: upstairs, the superintendent's office, with ample views of the exterior; on the semi-basement floor, with direct access to the entrance hall, the guardroom, dormitory and bathroom, as described above. Thanks to its position near the entrance and the apartments, this armed police guardroom controls the main points of entry to the building. The Provincial Planning Commission is on the ground floor, raised up a little at the end of the entrance hall. The primary reason that influenced this placement is the Commission's tenuous relationship to the Civil Governor's Office, requiring it to be in closer contact with the exterior, a contact that is expected to be even greater with the implementation of the Real Estate Law; doors and counters are envisaged in the annex vestibule in due course to increase this contact. The offices and other facilities stipulated in the programme for the Provincial Planning Commission have been amply interpreted. It is worth noting the form of the office windows, with a high ribbon window for in-depth lighting and a normal window for exterior views; this system provides good light, the right amount of exterior visibility and plenty of wall for maps and plans; these are the most favoured types of window opening for technical offices. General men's and women's toilets with direct ventilation to the exterior and a separate toilet for the technical staff. Switchboard with two separate booths, both in view of the switchboard to facilitate calls, claims and so on. Thanks to its location, a small room for a concierge also serves as an information desk and point of sale for stamps and forms, and so on. The accesses will be described below.

FIRST FLOOR

The Civil Governor's Office proper. Area for the Civil Governor and the general secretariat or general offices. The Civil Governor's area with official office, private

Se cree que debe ambientarse como de hoy un sector nuevo de una vieja población. El respeto a lo viejo debe traducirse en su conservación cuando su calidad lo aconseje; no debe entenderse como obligación de repetirlo.

Se respeta el trazado urbano en cuanto a la mayor limitación que dan sus alineaciones; se prescinde de la forma del solar que ellas determinan, por no gustar de plantas en forma de cuña; se prefiere aquellas derivadas de la cuadrícula. En este caso, Tarragona favorece para el acuerdo de alineaciones del Gobierno Civil y de la Escuela de Trabajo. Se prescinde de la curvatura en la fachada principal por considerar que no favorece al proyecto, aunque se conserva la curvatura de la plaza en la situación de los pilares de la fachada a la misma.

Los programas de edificios oficiales en España fuerzan a composiciones difíciles; es grande la proporción de viviendas en relación con el volumen destinado a oficinas y representación oficiales; fuerzan estas mezclas a la unificación de aspectos exteriores de unos volúmenes dedicados a tan opuestos fines. Más difícil en el Gobierno Civil de Tarragona, donde, por programa y ordenanzas municipales, se ha obligado a situar en la fachada principal un número crecido de viviendas (todas excepto las del conserje y la del chófer) al obligar a la altura de 20 m en primera crujía.

Con estas imposiciones, la composición general se resuelve fundamentalmente cortando en dos en altura el bloque del edificio, por la planta del salón de recepciones que, con una terraza anterior, hace patente y claro este corte; abajo el Gobierno Civil, encima las viviendas.

PLANTA DE SEMISÓTANOS

Guardia, archivo, almacén general, calefacción, viviendas del conserje y del chófer, posible local disponible y garaje (a caballo).

PLANTA BAJA

Gran vestíbulo, guardia; con independencia: Comisión Provincial de Urbanismo, amplio local disponible, aseos, centralita y cabinas, información, etcétera.

PLANTA PRIMERA

Gobierno Civil propiamente dicho.

PLANTA SEGUNDA

Recepciones y bar.

PLANTA TERCERA

Departamento de huéspedes de honor.

PLANTA CUARTA

Vivienda para el Sr. Secretario.

PLANTA QUINTA Y SEXTA

Vivienda del Excmo. Sr. Gobernador Civil.

PLANTA DE SEMISÓTANOS

Retén de policía armada, en inmediata comunicación con la primera planta; dos alturas de techo, una que corresponde al cuerpo de guardia y otra al departamento de literas dobles y al cuarto de aseo. El departamento de literas abierto al cuerpo de guardia que, con doble altura, tiene luz y ventilación directa con el exterior; el aseo ventila por una chimenea independiente. Archivo general, con inmediato acceso a las plantas superiores y montapapeles directo a lugar común de las mismas. Almacén general, próximo al acceso citado y fácil comunicación con el exterior, comunicación vigilada y controlada desde la vivienda del conserje. Calefacción, con carbonera bajo el garaje desde el cual, y por tolva, se provee de carbón o gasoil; ventilación exterior y chimenea de humos en una serie de conductos independientes. Garaje, a caballo de la carbonera y bajo aseos de la planta baja (véase alzado lateral derecho y sección). Se accede al garaje desde el exterior a través de una rampa y, por su nivel, tiene fácil comunicación con el interior del edificio y la vivienda del chófer. Contadores, próximos a la escalera y al exterior. Viviendas del conserje y del chófer, simétricas e iguales y con inmediato acceso desde el exterior por la parte posterior del edificio. Programa y distribución elementales: cocina comedor, tres dormitorios, aseo, despensa y armarios. El archivo, el almacén, la calefacción y las viviendas se ventilan directamente al exterior por ventanas que dan al patio inglés, dentro del solar señalado. Se proyecta un posible local disponible en comunicación directa con el correspondiente de la primera planta o como ampliación del archivo general.

PLANTA BAJA

Porche, gran vestíbulo de acceso, amplio, en dos crujías longitudinales, en comunicación directa con los accesos verticales y el vestíbulo del fondo, otra a modo de remanso donde se sitúa el amplio local disponible; se cree muy conveniente este gran local para destinarse a varios usos. Primero, a una posible comisaría de policía que, en capitales de provincia, se agrega con frecuencia al edificio del Gobierno Civil, en cuyo caso sería conveniente agregarle el «posible» disponible de la planta de semisótanos para situar en ella el calabozo, el aseo, el archivo, etcétera. Puede destinarse igualmente este local disponible de planta baja para utilizarse en caso de reparto de canastillas, juguetes de reyes, ropas, oficina central para suscripciones, fiesta de la banderita, etcétera, ya que todos estos cometidos son atendidos con frecuencia desde el Gobierno Civil y generalmente sin local para ello, lo que dificulta su natural desenvolvimiento y molesta en la marcha normal del Gobierno Civil; de aquí su proximidad al exterior y también la posibilidad de tener acceso independiente. Retén de policía armada. Se proyecta en forma especial ya que se hace en dos plantas no coincidentes con las del edificio: en alto, elevado, el despacho del jefe, con amplias vistas al exterior del edificio; en semisótano, y con inmediato y fácil acceso al vestíbulo, el cuerpo de guardia, dormitorio y aseo, tal como antes se ha descrito. Por su situación cerca de la entrada y de las viviendas, este retén de policía armada vigila las únicas entradas importantes proyectadas. La Comisión Provincial de Urbanismo se sitúa en la planta baja, un poco elevada y al fondo del vestíbulo. La primera razón que ha influido en esta colocación es la poca relación que la une al Gobierno Civil, lo que obliga a ponerla en mayor contacto con el exterior, un contacto que se cree que llegará a ser muy grande una vez la aplicación de la Ley del suelo; se prevén puertas, mostradores o ventanillas al vestíbulo anejo para, en su día, aumentar este contacto. Consta de los despachos y dependencias pedidas en el programa, tratados con amplitud. Se hace notar la forma de los huecos de los despachos, con ventana alta corrida para iluminación en profundidad y otra normal para las vistas al exterior; permite este sistema la buena iluminación, suficiente y medida visibilidad afuera y gran cantidad de muro para colocación de planos; es el tipo de huecos más favorable para despacho técnico. Aseos generales para señoras y caballeros con ventilación directa al exterior y aseo particular de

Civil Governor's Office and Residence. Tarragona, 1957-1964
Alejandro de la Sota

office and personal secretary's office, with its annexes of archive and visitors' room; at the front, a private lobby for this whole area. We studied the whole with its mix of relationships and communications. The official office is situated at the key point in the building, with a very wide projecting balcony; the T-shaped plan of this office divides it into two distinct areas, one for private meetings and the other for commissions involving several people. The nucleus comprising the official office and the private office with its small lobby and toilet has direct access from the exterior of the building and from the Civil Governor's residence, with a private staircase and lift to the residential part of the building. The project also designed the complex of official office, visitors' room, lobby and private secretary's office to facilitate movement of visitors. Another complex is the set of boardrooms and committee rooms, with its own spacious entrance hall with cloakroom and toilet: thanks to their situation and construction, these rooms can be opened up when required to form a single unit. The Civil Governor can reach any of them to chair a committee or a board meeting without having to go out to a public place outside of the building.

General secretariat or official offices of the Civil Government. The core consists of: official office of the Secretary General, comprising office and archive, visitors' room and separate toilet. Another core: clerical departments and sections with register, licensing and materials store, and the third core of offices for unspecified issues. There was no doubt about the location of the Secretary General's office within the building; given the need for it to be near the offices of the Civil Governor, it had to be close to it, on the same floor. Attached to this office is not his core (described above) but the clerical department, in view of the need for close and constant contact between administrative staff and the Secretary General. While the degree of contact some of these departments have with the public may have weighed in favour of its being situated on the ground floor, being further away from the Secretary General's office would occasion more disadvantages than benefits. Weighty arguments prompted the chosen solution, given that the first floor with its ease of access from the exterior does not involve any distancing from or disruption to the functioning of the building. However, after careful study, it became very clear that there was a strong case for breaking this close connection with the office and that some department (perhaps register or fines) could occupy the available ground-floor room, which could also be put to this use. The commitment here is to what those assessments indicated: the solution as presented.

The toilets on this floor are situated near the back stairs and designed direct overhead light and ventilation; the telephone booth is next to them.

SECOND FLOOR

Occupied by the receptions suite and bar. The receptions suite has been designed on a separate, isolated floor, in view of the possibility of holding a reception at times when it would not appropriate to interfere with the normal running of the rest of the building. The elongated space has longitudinal lighting and ventilation at ceiling height along the full length of the façade wall and a wide opening onto the terrace at one end, which can also be incorporated into the suite as an additional reception space. The bar is an 'added extra' to the programme, in that a café or bar is a valuable addition to such an important building; it will be open at normal hours every day, together with its terrace. When a reception is being held it can be an extension to the receptions suite or kept totally separate if necessary. Completing this floor are a cloakroom and men's and women's toilets, a small kitchenette and a pantry serving the bar, which will be supplied from the goods lift.

THIRD FLOOR

A suite for guests of honour occupies the whole of this floor, in line with the established programme, which it was considered appropriate to complement with a service bedroom and bathroom. In addition to the main access, the design has included a more discreet door leading to the staircase and lift serving the residential part of the building.

FOURTH FLOOR

The Secretary General's residence, with the required programme liberally interpreted, and particular given attention to the separation and linking of the three key zones of reception and living area, bedrooms and service. Separate access for the occupants and the service staff, with their respective terraces on the south and north façades.

FIFTH AND SIXTH FLOORS

The Civil Governor's residence. In keeping with the requirements of the programme, this is on two floors. On the lower floor is the spacious reception and living area (lobby, living and dining rooms) and a master or guest bedroom with dressing room and en-suite bathroom (toilet, bidet, washbasin and bath); the rest of the floor corresponds to the service area (hall, ironing room, two bedrooms, bathroom, kitchen, office, pantry, laundry room and terrace). There is a toilet in the lobby, ventilated by a separate duct, and the staircase to the floor above. The sixth and top floor has four large bedrooms, two of them with their own dressing room and bathroom and the other two with a shared bathroom. They all have access to the large terrace for private use.

The layout of the bedrooms on the west façade was prompted by the climatic advantages of this orientation, as Tarragona benefits from the cool breeze from the hills behind the city during the late afternoon in summer.

A single access was designed to serve the official part of building. This was felt to be more than appropriate and sufficient, and is set on the axis of the main façade, under the porch, in a hierarchical position. Access to the residential floors is in the right side façade, as indicated above, both accesses are controlled from the armed police guardroom. The service access to the apartments and the semi-basements, in the rear façade, is supervised from the concierge's quarters. Vertical communications for the whole building are by way of a main staircase and lift near the main entrance; the staircase has a gentle rise and a somewhat original course from the first floor up in order to ensure the tranquillity of the space in front of the lift. A second staircase to the rear communicates the floors devoted to official activity (semi-basements, ground and first). Vertical communication between the residential floors is provided by the staircase and lift and the goods lift, stairs and services described above, which can also be used as more discreet connections between the official floors.

It seems unnecessary to talk about the circulation schemes, in that the clarity of the floor plans and the development of the programme, and the foregoing description of the various floors, this point is clear enough.

Structure of metal or concrete pillars and concrete floor slabs. The pillars or vertical supports are laid out on a square grid measuring 6 x 6 m, as a suitable module for buildings of this kind. Stairs of reinforced concrete.

Enclosing cavity walls clad with whitish or greyish limestone or sandstone; the cavity contributing to the thermal insulation

la oficina técnica. Centralita con dos cabinas independientes, pero con vista a aquella para facilitar conferencias, reclamaciones, etcétera. Por su situación, un pequeño cuarto de conserjería sirve igualmente para información, venta de sellos móviles, pólizas, etcétera. Se hablará de los accesos en un punto aparte.

PLANTA PRIMERA

Gobierno Civil propiamente dicho. Zona correspondiente al Excmo. Sr. Gobernador Civil y a la secretaría general o de oficinas generales. Zona del Excmo. Sr. Gobernador con bloque de despacho oficial, despacho particular de trabajo y del secretario particular, este con sus anexos de oficina con archivo y zona de visitas; delante, un vestíbulo particular de toda esta zona. Se estudió el conjunto con su amalgama de relaciones y comunicaciones. El despacho oficial se sitúa en el lugar clave del edificio, con balcón terraza muy amplio volado al exterior; tiene este despacho forma de T que lo divide en dos zonas definidas para poder recibir en intimidad o bien a comisiones de varias personas. El núcleo que forma este despacho oficial y el particular con el pequeño vestíbulo y aseo tiene acceso directo con el exterior del edificio y con la vivienda particular del Excmo. Sr. Gobernador; es decir, con escalera y ascensor particulares para las viviendas. Se estudió asimismo el conjunto de despacho oficial, visitas, vestíbulo y despacho del secretario particular de forma que permita facilidad de movimiento en cuanto a visitas se refiere. Otro conjunto es el de las salas de juntas y de comisiones estudiadas con amplio vestíbulo independiente con guardarropas y aseo propios, salas que, por su situación y construcción, pueden unirse en determinados momentos formando una sola unidad. El Excmo. Sr. Gobernador puede llegar a cualquiera de ellas, para presidencia de comisiones o juntas, sin verse obligado a salir a lugares de público exteriores de este recinto.

Zona de secretaría general o de oficinas oficiales del Gobierno Civil. Lo forman el núcleo: despacho oficial del Sr. Secretario, con oficina y archivo, sala de visitas y aseo propio. Otro núcleo: departamentos de negociados con registro, habilitación y depósito de material, y el tercer núcleo de despachos para asuntos indeterminados. La situación del despacho del Sr. Secretario general dentro del edificio no admite duda, dada la obligación de situarlo próximo a las dependencias del Excmo. Sr. Gobernador; debe situarse en la misma planta y próximo. Arrastra este despacho consigo no ya su núcleo (antes citado), sino el departamento de negociados, ya que es obligada la relación próxima y constante de sus funcionarios con el secretario general. Si el contacto grande de alguno de estos departamentos con el público podría tal vez aconsejar haber situado dicho departamento en la planta baja, su alejamiento del despacho del Sr. Secretario general produce mayores molestias que las ventajas de aquella situación. Valiosos asesoramientos movieron a esta solución, ya que, por otro lado, la primera planta y su muy fácil acceso desde el exterior no suponen alejamiento ni trastorno alguno al edificio en funciones. No obstante, y con un estudio detenido, se viese muy clara la conveniencia de romper esta unión de despacho y algún negociado (tal vez registro o multas), podrían situarse en el local disponible de planta baja, que también puede destinarse para esto. Se aboga aquí por lo que los citados asesoramientos indicaron, por la solución presentada.

Los aseos de esta planta se sitúan próximos a la escalera posterior y se proyectan con luz y ventilación cenital directa; la cabina telefónica anexa a ellos.

PLANTA SEGUNDA

Ocupada por el salón de recepciones y el bar. Se proyecta el salón de recepciones en planta independiente y aislada, pues se piensa en la posibilidad de la celebración de un acto en ella en momentos en que no fuera oportuno interferir con la vida normal del resto del edificio. De proporción alargada y con iluminación y ventilación longitudinal a lo largo del muro de fachada a la altura del techo y en su totalidad con salida amplia a terraza por uno de sus testeros; la terraza puede igualmente incorporarse a este salón para utilizarlo en recepciones. El bar es un «añadido» al programa, pues una cafetería o bar es muy conveniente en un edificio de esta importancia; funcionará normal y diariamente, así como la terraza que se le agrega. En días de recepciones formará unidad con el salón de fiestas o se aislará totalmente si fuera necesario. Completa esta planta un guardarropas y aseos de señoras y caballeros; una pequeña cocinilla y un *office* darán servicio al bar que recibirá el abastecimiento por el montacargas de las viviendas.

PLANTA TERCERA

Departamento para huésped de honor, ocupa la totalidad de esta planta con arreglo al programa dado, al que, por creerlo conveniente, se le agregó una habitación para el servicio con aseo. Además del acceso principal, se añade, como solución, la salida más discreta e íntima de la escalera y del ascensor de las viviendas.

PLANTA CUARTA

Vivienda del Sr. Secretario general, con el programa dado, tratada con amplitud y cuidando la separación y enlace de las tres zonas fundamentales de recibo y estancia, dormir y servicio. Entradas independientes de señores y de servicio y terrazas de señores al Sur y de servicio al Norte.

PLANTA QUINTA Y SEXTA

Vivienda del Excmo. Sr. Gobernador. De acuerdo con el programa dado, se desarrolla en dos plantas. En la más baja se sitúa la amplia zona de estar y recibo (vestíbulo, salones y comedor), un dormitorio principal o de invitados con cuarto de vestir y aseo privado (inodoro bidé y baño lavabo); el resto de la planta corresponde a la zona de servicio (vestíbulo, cuarto de la plancha, dos dormitorios, aseo, cocina, *office*, despensa, lavadero y terraza). Un aseo en el vestíbulo, con ventilación por chimenea completa, con la escalera de acceso a la planta superior. En la sexta y última planta se proyectan cuatro amplios dormitorios, dos de ellos con cuarto de vestir y baño independiente y los dos restantes con baño común. Todos ellos tienen salida a la amplísima terraza de uso particular de esta vivienda.

La disposición de los dormitorios en la fachada Oeste se ha adoptado por la bondad de esta orientación, pues en Tarragona se aprovecha la brisa fresca de la sierra durante la caída de la tarde en verano.

Solamente se proyecta un único acceso a todo el edificio oficial propiamente dicho. Se cree más que conveniente y suficiente; corresponde al eje de la fachada principal, bajo el porche, una situación jerárquica. El acceso a las viviendas se sitúa en el alzado lateral derecho; ya se ha indicado anteriormente la comunidad de ambos respecto a la vigilancia desde el retén de policía armada. Queda solamente el acceso de servicio de viviendas y de semisótanos, vigilado por la vivienda del conserje y situado en fachada posterior. Como comunicaciones verticales, se dota al edificio de una escalera y un ascensor principales, próximos a la entrada también principal del edificio;

of the building. Metal window and door systems in the main lobby; terrace railings of stainless steel. In the interior, marble and terrazzo floors. It is desirable to provide the building with air conditioning.

The project has striven, as indicated at the beginning, to overcome the great difficulty of composing a harmonious, hierarchical and noble block in which administrative offices and official reception spaces and residential apartments were all required to enter into the composition within the same façades. It is felt that this harmonious whole has been achieved through the treatment of the voids, the spans and the terraces of the residential floors, which without losing any efficiency in terms of light and air resolve this problem in plastic terms by giving these apartments a look far removed from that of a tenement, which otherwise they would necessarily acquire. The terraces of the main façade, belonging to the residential floors, have been shifted to break the clearly defined axis they would otherwise have strongly marked; this break is handled in such a way that the introduction of other elements such as coats of arms, a flag, a bench and so on into the composition, this is not lost and the façade possesses this balance; it could, however, be said to be dynamic and potential, not static, with less intention and emotion; this is felt to be of some value in the composition. On the side façades, too, there is an innovative handling of the openings, which have been treated freely in terms of axes and heights, making yet another stand against this slavery or tyranny of the windows in a building's composition. Rather than believing that the nobility of the building has been broken or lost, there is a sense of its having clearly gained in sobriety.

It was not considered appropriate to carry out the previous study of pavements and parking bays until the complete study of relationship and very direct contact with Tarragona City Council.

— Alejandro de la Sota
[Report of the draft project submitted to the competition. Ten typed sheets, dated January 1957 in Madrid. Published in part in *Revista Nacional de Arquitectura*, No. 185, Madrid, May 1957, pp. 1, 4-5.]

la escalera es de fácil desarrollo y trazado un tanto original a partir de la primera planta para dejar el rellano del ascensor a modo de remanso tranquilo. Una segunda escalera al fondo comunica las plantas de movimiento oficial (semisótanos, baja y primera) entre sí. La comunicación vertical de las viviendas la componen la escalera, un ascensor y un montacargas, escalera y servicios que ya se ha comentado que también podrán ser utilizados como salidas más discretas de las plantas oficiales.

No se cree necesario hablar de circulaciones, ya que, dada la claridad de plantas y el desarrollo del programa y con lo anteriormente escrito al describir las distintas plantas, se entiende que este punto está lo suficientemente aclarado.

Estructura de pies derechos metálicos o de hormigón y forjados de losas de hormigón. Los pies derechos o soportes levantados sobre retícula cuadrada de 6 x 6 m, módulo que se encuentra acertado para esta clase de edificios. Escaleras de losa de hormigón armado.

Muros de cerramiento de placa de piedra caliza o arenisca de color blanquecino o grisáceo, con cámara y tabique; la cámara se utilizará para el aislamiento térmico del edificio. Carpintería metálica y cerrajería en cerramiento vestíbulo principal; antepechos de terrazas de acero inoxidable. En el interior, pavimentos de mármol y terrazo. Se cree conveniente dotar al edificio de acondicionamiento de aire.

Se ha luchado, como ya se ha indicado al principio, con la gran dificultad de componer un bloque armónico, jerárquico y noble, entrando en la composición, de manera obligada, oficinas y despachos de representación junto con las viviendas, todo dentro de las mismas fachadas. Se cree haber conseguido este conjunto armónico por la manera de tratar los huecos, las luces, las terrazas de las viviendas que, sin perder nada de eficacia en cuanto a la luz y el aire se refieren, resuelven plásticamente este problema al perder aquellas viviendas ese aire de casa de vecinos que, de otra forma, necesariamente adquieren. Las terrazas de la fachada principal, que corresponden a las viviendas, se han movido para romper el eje definido que, de otra forma, señalarían marcadamente; esta rotura está jugada de forma que, introduciendo otros elementos como escudos, bandera, banco, etcétera, en la composición, esta no se pierda y este equilibrio de fachada sea tal; sin embargo, podría decirse que es dinámico y potencial, no estático, con menor intención y emoción; se cree que esto tiene cierto valor en la composición. También en las fachadas laterales se jugó con novedad en los huecos, al tratarlos con libertad en cuanto a ejes y alturas, rompiendo una lanza más contra esta esclavitud o tiranía de las ventanas en la composición de edificios. No se cree que se haya roto ni perdido la nobleza del edificio, sino más bien aumentado claramente en cuanto a sobriedad se refiere.

No se creyó oportuno hacer el estudio anterior de aceras y aparcamientos hasta el estudio completo de relación y contactos muy directos con el Excmo. Ayuntamiento de Tarragona.

— Alejandro de la Sota
[Memoria del anteproyecto de concurso. Diez hojas mecanografiadas, fechado en Madrid en enero de 1957. Publicado parcialmente en *Revista Nacional de Arquitectura*, núm. 185, Madrid, mayo de 1957, pp. 1, 4-5.]

Civil Governor's Office and Residence. Tarragona, 1957-1964 — Alejandro de la Sota

Plaza Imperial Tarraco antes de la construcción del Gobierno Civil.
Plaza Imperial Tarraco before construction of the Civil Governor's Office and Residence.

El edificio en construcción.
The building under construction.

Gobierno Civil. Tarragona, 1957-1964

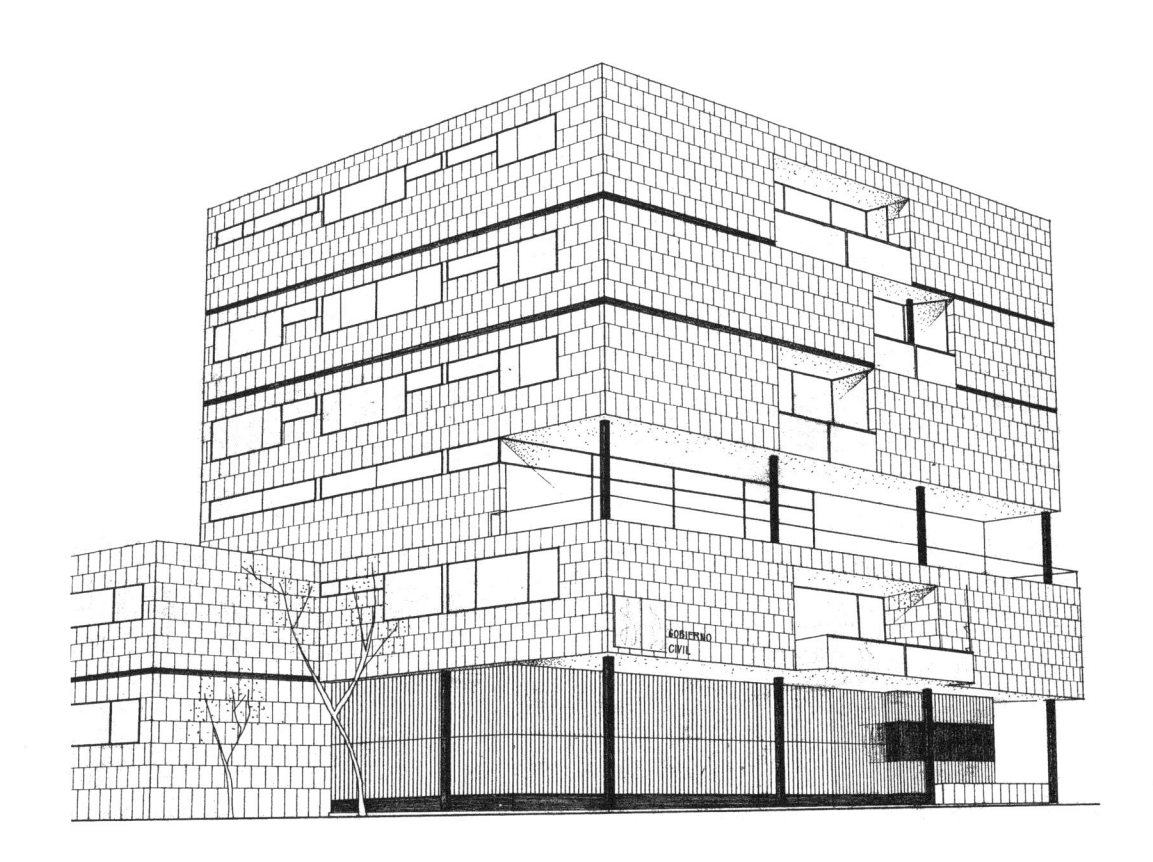

^ Perspectiva presentada a concurso.
Perspective submitted to the competition.

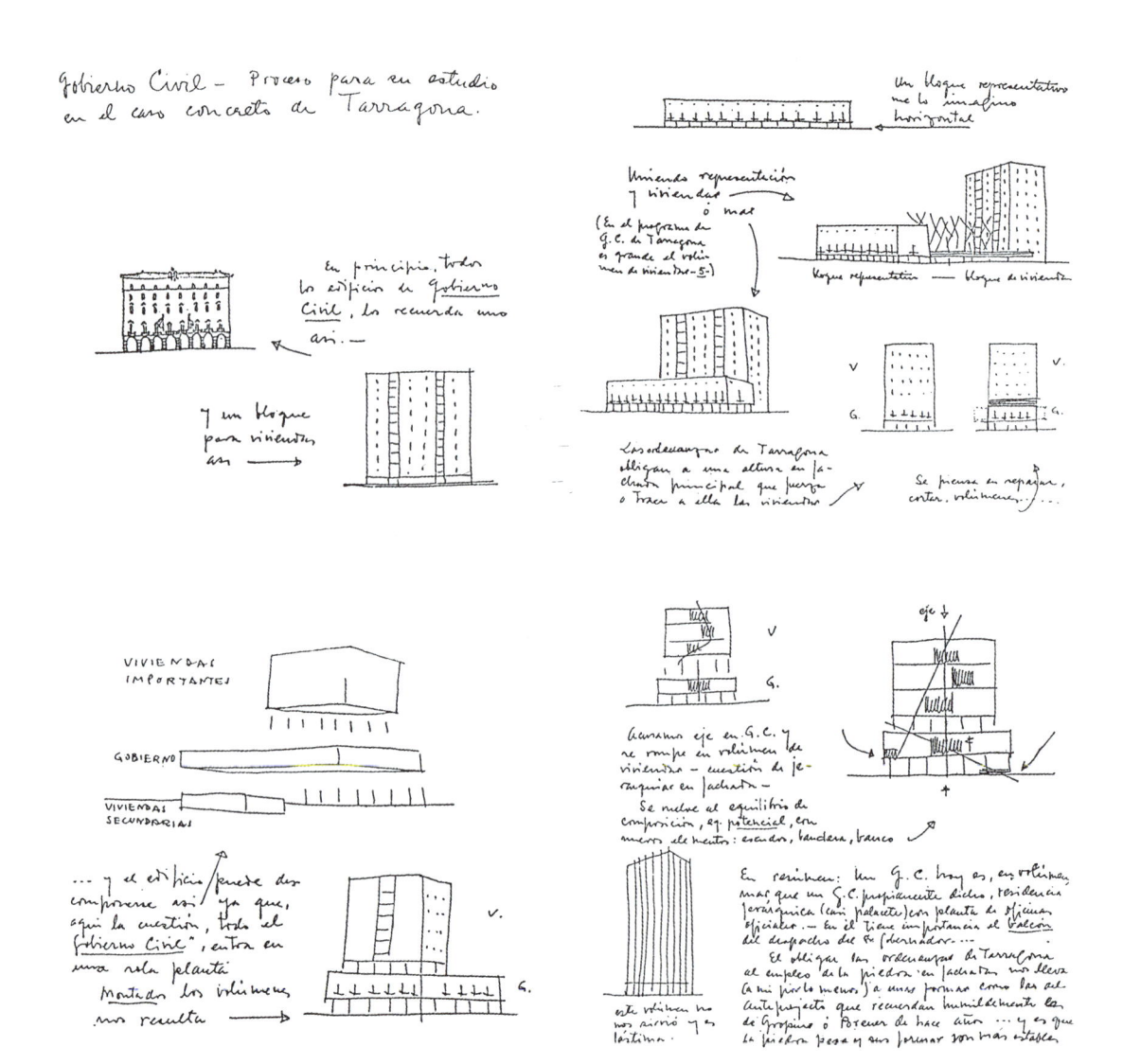

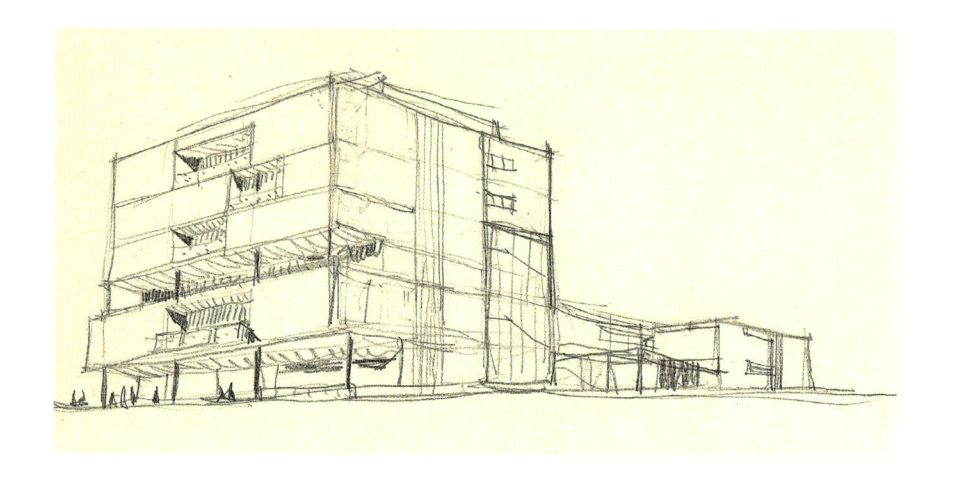

Civil Governor's Office and Residence. Tarragona, 1957-1964 — Alejandro de la Sota

Gobierno Civil. Tarragona, 1957-1964

Civil Governor's Office and Residence. Tarragona, 1957-1964   Alejandro de la Sota

˅ **Planta semisótano.**
Basement.

˅ **Planta baja.**
Ground floor.

˅ **Planta primera.**
First floor.

˅ **Planta segunda.**
Second floor.

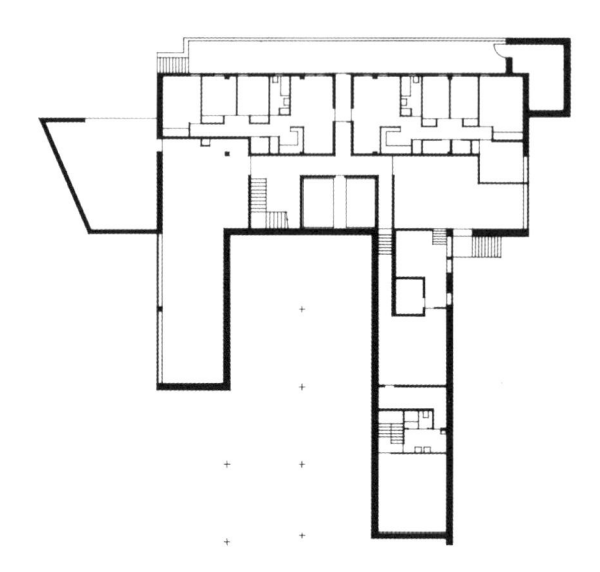

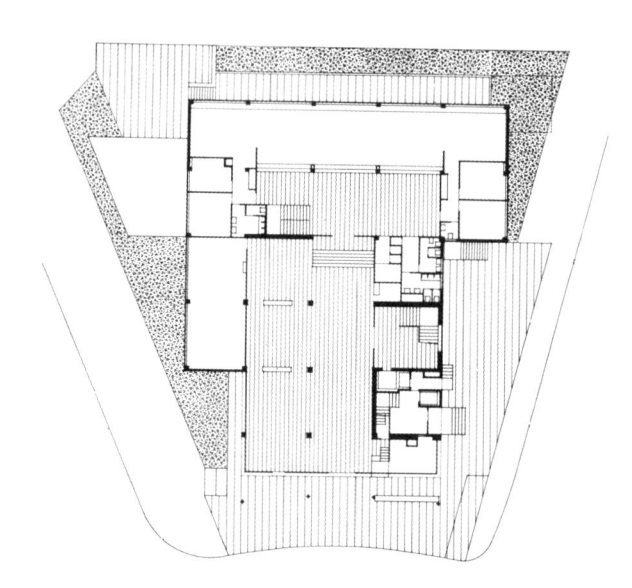

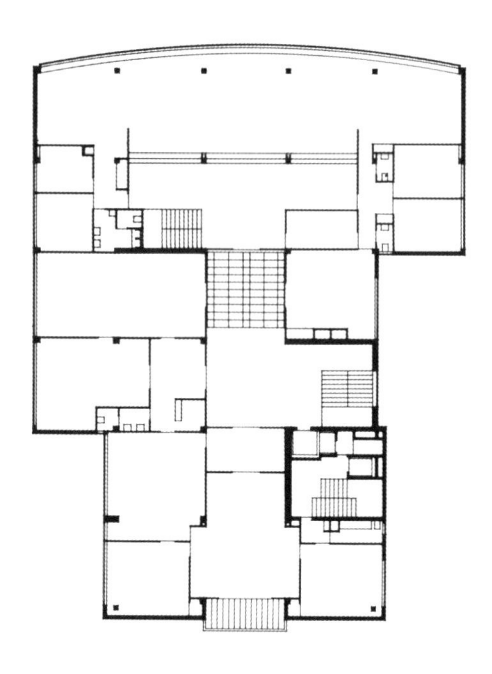

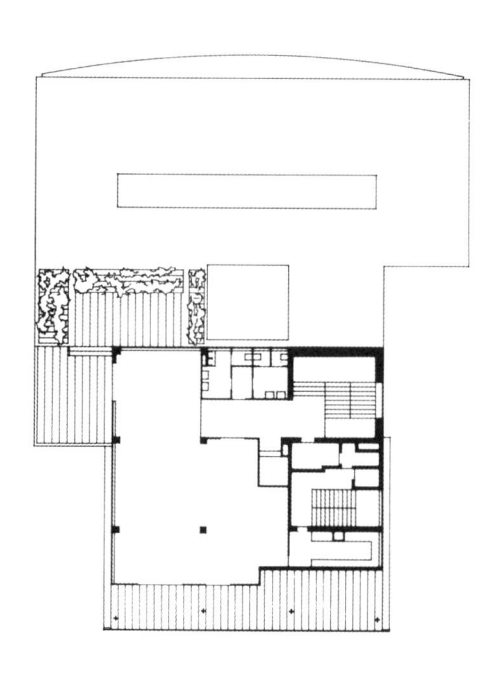

Gobierno Civil. Tarragona, 1957-1964

> **Planta tercera.**
Third floor.

> **Planta cuarta.**
Forth floor.

> **Planta quinta.**
Fifth floor.

> **Planta sexta.**
Sixth floor.

˅ **Sección longitudinal.**
Longitudinal section.

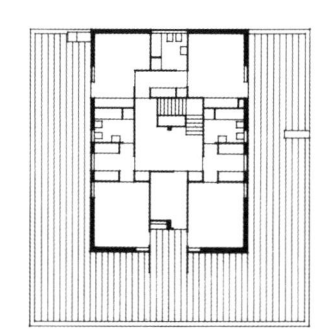

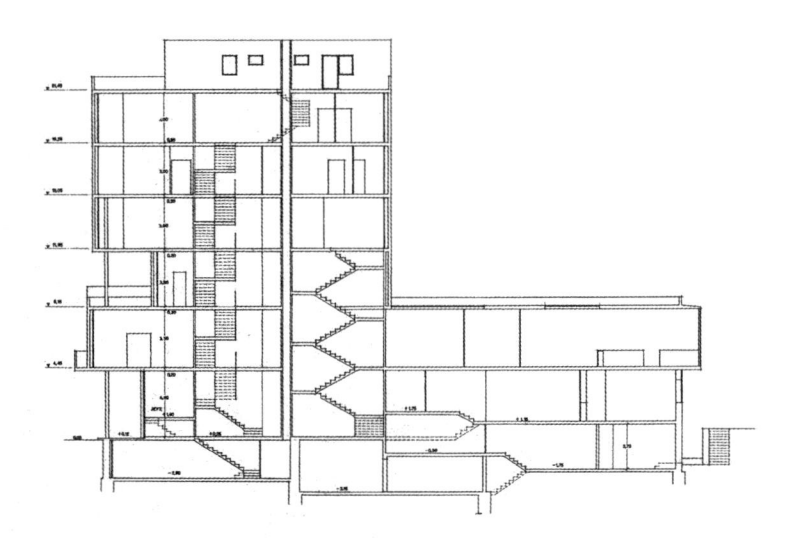

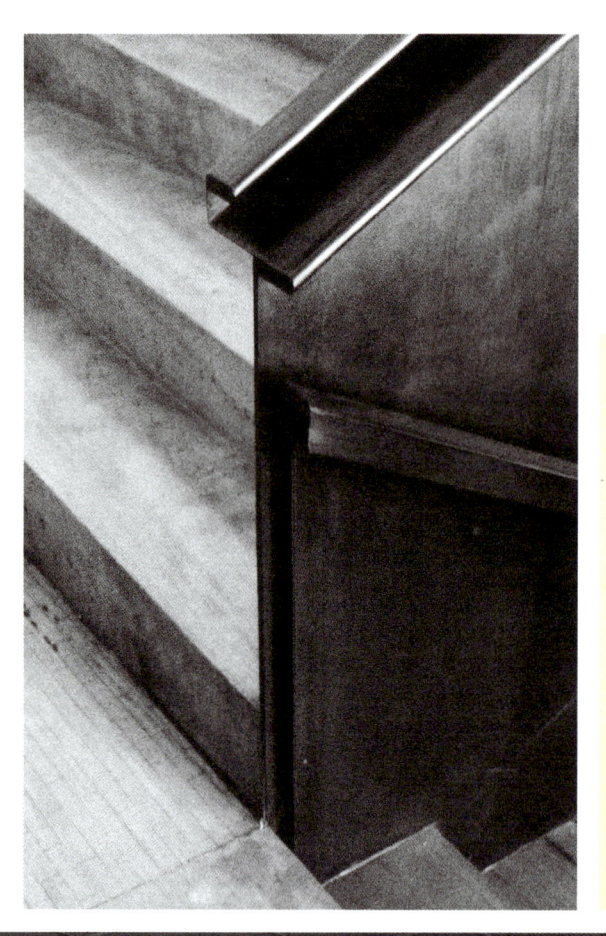

Civil Governor's Office and Residence. Tarragona, 1957-1964 — Alejandro de la Sota

Escalera principal.
Main staircase.

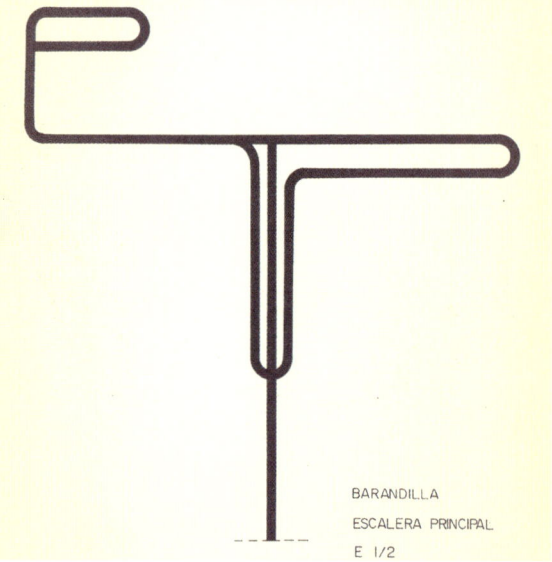

BARANDILLA
ESCALERA PRINCIPAL
E 1/2

SECRETARIO GENERAL

˄ **Vestíbulo de entrada.**
Entrance hall.

˃ **Despacho del gobernador.**
Governor's office.

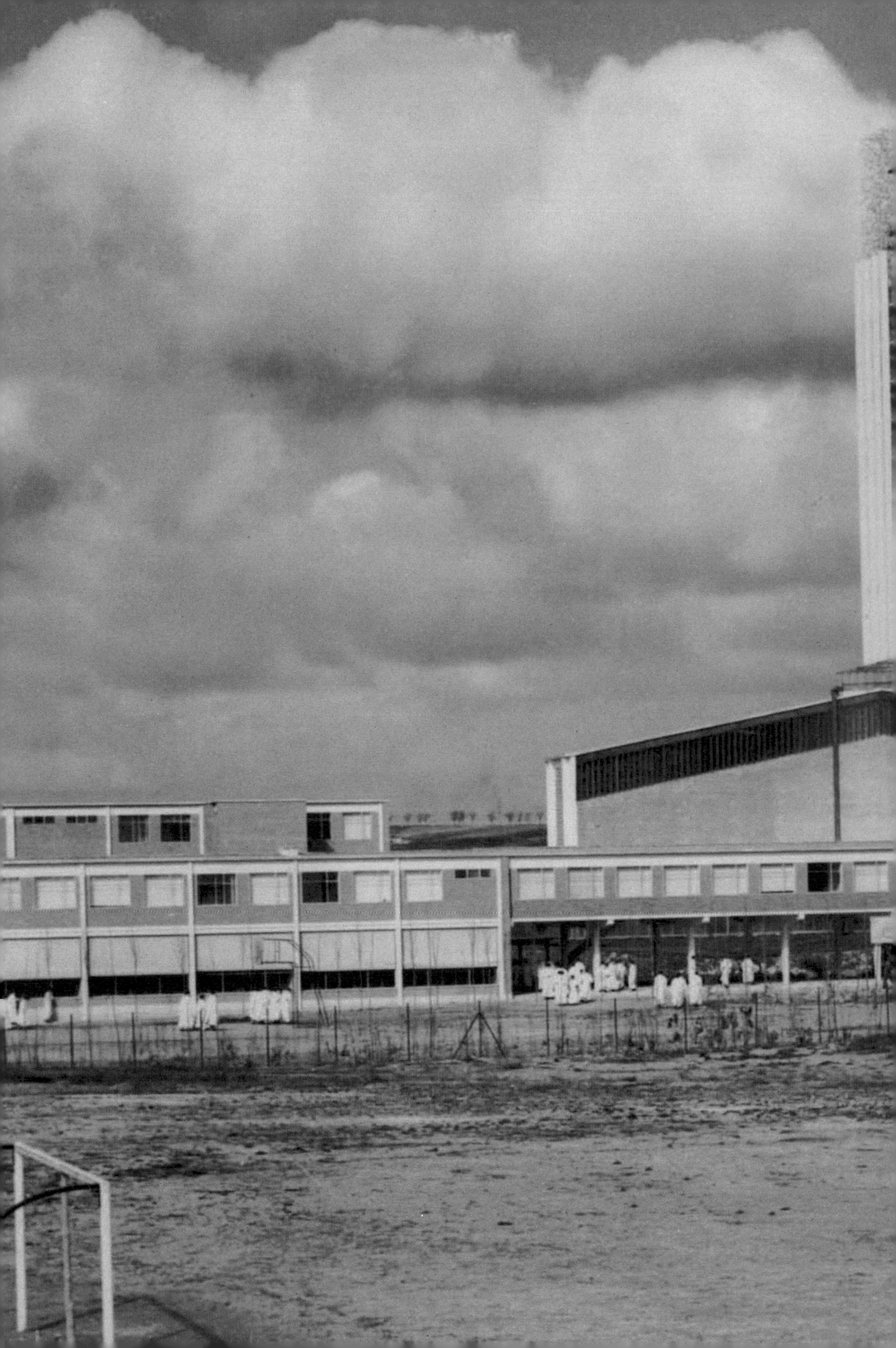

Teologado Dominicos
Dominican Seminary

Madrid, 1956-1959
Miguel Fisac

A scheme was drawn up to construct a seminary for the Dominican Brothers of the province of Santisimo Rosario in the Philippines, on a site located at kilometre seven on the main road from Madrid to Alcobendas, within the municipal boundary of Madrid.

PROGRAMME OF NEEDS AND DEVELOPMENT OF THE PROJECT

The programme of needs includes: church with choir accommodating 300; individual cells for 30 teaching brothers, for 50 young brothers, for 200 choristers and for 20 brothers of obedience. Recreation rooms for each of these groups; refectory; three classrooms accommodating 50 students; one classroom for 100 and another for 200, which can be used as a main hall; library for brothers and choristers, 10 rooms for pianos; an oratorio for choristers, crypt and side altars and ancillary service areas for kitchen, pantry, laundry, linen room, and pavilion for 20 sisters. Infirmary with treatment room, nurse's room and individual rooms for patients.

Set apart, a pavilion for heating machines, electricity and water tank.

Within the programme for this complex we have three human elements to consider: teaching brothers, young brothers, and choristers, and three common elements of encounter: church, refectory and classrooms.

We have studied the way that each of the human elements can move quickly to each of the three main parts of the religious life of the seminary, without interfering with any of the other groups, and considering at the same time the hierarchy and other conditions of insulation and independence to be met. In tandem with this we have also sought to avoid inconvenient vertical and long horizontal displacements and for this, and after many trials and studies, we arrived at the following result: situated in the front part of the building, and with a clear North-South orientation, is a pavilion for teaching brothers. Next to the entrance to this pavilion are a room for a concierge and a room for the brother commissary and the trustee; several visiting rooms, independently, an extensive library with an extension in the basement as a book store.

The upper two floors are given over to cells for the teaching brothers. Each of these cells consists of two rooms, one a study and the other a bedroom, with their corresponding toilets. At the centre of gravity of this complex is a large recreation room. This pavilion is linked directly to the choir of the church by way of a gallery with two enclosed arms and two enclosed open arms forming a kind of cloister, and this same gallery also connects the brothers' pavilion with the refectory. The link between this built volume and the classrooms is by way of an open porch or a closed gallery next to the main hall, the three main elements thus being quickly and clearly linked to this pavilion for teaching brothers.

The pavilion for the young brothers is situated in an intermediate built volume with the same North-South orientation as the teaching brothers' pavilion. This area for the young brothers is laid out on a single floor; each cell is a single room, divided by the furniture into a front space for study and a bedroom space to the rear, with toilet and closet. These cells occupy the second floor of this built volume, the first floor serving in part to complete the open section of the cloister and the other part being occupied by classrooms. Direct communication with the young brothers pavilion is by way of the cloister and a staircase leading directly to the church and crypt. It also communicates directly with the refectory and the classrooms through the cloister. Completing the young brothers area is a large recreation room.

Linking with the cloister and the entrance to the refectory is a built volume with an East-West orientation, on the ground floor of which is a spacious gallery for the choristers' recreational use; this links with another built volume with a North-South orientation, the two forming a T with unequal arms. On the ground floor of this transverse building is the choristers' recreation room, library and music rooms, and in the other arm of the T the locker room for games and sports. All of the upper floors of these two blocks are occupied by choristers' cells and facilities; as in the young brothers' pavilion, the choristers' cells are a single space divided by the furniture into a study area and a bedroom and toilet. There are also strategically located choristers' chapel, and young brothers' cells and services: barber, typewriters, medical check-up and so on.

The refectory is in the Northwest corner of the cloister, and adjoining it are the pantry, scullery, kitchen, storeroom and so on. The upper floor of this part of the building is occupied by cells for the brothers and rooms for tailoring and clothesmaking. Adjacent to this built volume is a pavilion for nuns, with general services of ironing, sewing, laundry and so on on the ground floor and semi-basement level, and individual cells on the upper floor.

Closing the complex in its East orientation is the classroom for 200 students, which can be extended to serve as an assembly hall for up to 500 people.

The principal element in the anterior Northwest section of the complex of buildings is the church. Given the nature of the building, this is the most important part of the complex and as such has been studied with particular care. Its programme as a monastery church imposes certain special characteristics, which naturally have to be translated into its morphology of plans and elevations, because as well as being a church for a congregation of more than 500 it needs to have a choir of 300.

Having studied these circumstances and optimum characteristics of visibility, acoustics and so on, the plan obtained as most favourable is in the form of two branches of a hyperbola cut by two segments of a parabola. This layout of the plan, coupled with a dynamic concept ascending to the altar, which stands at the centre of the hyperbola, gives a distinctive character to the church. Standing out from the whole, with its characteristic function as a landmark, is a simple reinforced concrete tower made up of 16 reinforced concrete pillars connected by an access ramp.

THE PLOT AND ITS CHARACTERISTICS

The plot on which this group of buildings is to be sited is located between kilometre 7 and kilometre 7.3 on the road from Madrid to Alcobendas, which will soon be transformed into the main Madrid-Burgos road. Topographically, the site is located in a shallow depression, with a relatively steep slope to the interior that to some extent complicates the placement of the buildings. Below the first layer of 60 cm of topsoil the ground is composed of a not very compact clay loam in some places, and compact sandy soil in others.

The place does not exhibit any meteorological characteristics different from the ordinary Madrid climate.

GENERAL CRITERIA OF COMPOSITION OF THE BUILDING. CONSTRUCTION SYSTEM

As indicated above, the location of the different parts of the building corresponds to certain characteristics of hierarchy and organization of the programme with a view to obtaining a correct organization of the tasks and activities to be carried out in this building, avoiding interference and unwanted views of one sector from another. The organization of the complex also aims at a balance of masses that enables the correct composition of the complex from all peripheral and interior points of view. It has also sought to highlight each of the elements of which it is composed,

Se proyecta la construcción de un edificio para el Teologado de los Padres Dominicos de la provincia del Santísimo Rosario, de Filipinas, en un solar situado en el kilómetro 7 de la carretera de Madrid a Alcobendas, en el término municipal de Madrid.

PROGRAMA DE NECESIDADES Y SU DESARROLLO EN EL PROYECTO

El programa de necesidades comprende: iglesia con coro capaz para 300 plazas; celdas individuales para 30 padres y profesores, para 50 padres jóvenes, para 200 coristas y para 20 hermanos de obediencia. Cuartos de recreación para cada uno de estos grupos; refectorio; tres clases capaces para 50 alumnos; una clase para 100 y otra para 200, que puede hacerse extensiva como salón de actos; bibliotecas para padres y coristas; 10 salas para pianos; un oratorio para coristas, cripta y altares secundarios y zonas de servicios anejos de cocina, oficio, lavandería, ropería, y pabellón para 20 hermanas. Enfermería, con sala de curas, habitación para enfermero y habitaciones individuales para enfermos.

Aislado, un pabellón para máquinas de calefacción, electricidad y depósito de agua.

Tenemos dentro del programa de este conjunto tres elementos humanos a considerar: padres y profesores, padres jóvenes y coristas, y tres elementos comunes de reunión: iglesia, refectorio y clases.

Se ha estudiado la forma de que cada uno de los elementos humanos puedan desplazarse rápidamente a cada una de las tres piezas principales de la vida religiosa del Teologado, sin interferir con ninguno de los restantes grupos, considerando, a la vez, la jerarquía y demás condiciones de aislamiento e independencia que han de reunir. De otra parte se quiere evitar, también, molestos desplazamientos verticales o largos horizontales y para ello, y después de numerosos tanteos y estudios, se llega al resultado siguiente: en la parte anterior al edificio, y con una orientación sensiblemente Norte-Sur. Se sitúa un pabellón para padres y profesores. Este pabellón tiene, junto a su entrada, una habitación para portería y una habitación para el padre procurador y el síndico; varias salas de visita, independientemente, una amplia biblioteca con ampliación en el sótano como depósito del libros.

Las dos plantas superiores se destinan a celdas de los padres profesores. Cada una de estas celdas consta de dos habitaciones: una de estudio y otra de dormitorio, con sus correspondientes aseos. En el centro de gravedad de este conjunto se sitúa una amplia sala de recreación. Este pabellón se enlaza directamente con el coro de la iglesia por una galería cerrada en dos brazos y abierta en los otros dos formando un conjunto a manera de claustro, y también esta misma galería enlaza el pabellón de padres con el refectorio. El enlace de este cuerpo de edificio con las clases se hace por medio de un porche abierto o con una galería cerrada junto al salón de actos quedando, de esta forma, rápida y claramente enlazados los tres elementos principales con este pabellón de padres y profesores.

El pabellón de padres jóvenes se sitúa en un cuerpo de edificio intermedio con la misma orientación Norte-Sur que el de padres profesores. Esta zona de padres jóvenes se dispone en una sola planta en que se sitúan las celdas, que son una sola pieza, pero dividida por el mobiliario en un recinto anterior para estudio y otro, posterior, para dormitorio, con sus aseos y armarios correspondientes. Estas celdas ocupan la segunda planta de este cuerpo de edificio, estando la primera destinada, en una parte, a completar el claustro en su parte abierta y la otra, a clases. La comunicación directa de padres jóvenes se hace por el claustro, por una escalera directa a la iglesia y cripta. También directamente se comunica por el claustro con el refectorio y clases. Completa la zona de padres jóvenes una amplia sala de recreación.

Enlazado con el claustro y entrada al refectorio, se sitúa un cuerpo de edificio con orientación Este-Oeste; en su planta baja se destina a amplia galería de paso y recreación de coristas, con la que enlaza otro cuerpo de edificio de orientación Norte-Sur y que forma con él una T de brazos desiguales. En la planta baja de esta edificación transversal se sitúa la habitación de recreación de coristas, la biblioteca de coristas y las habitaciones para música, y en el otro brazo de la T el guardarropa para juegos y deportes. Todas las plantas sucesivas de estos dos bloques de edificios se destinan a celdas y lugares de coristas, que análogamente a la de padres jóvenes tienen un solo recinto dividido por el mobiliario en zona de estudio, de dormitorio y de aseo. Estratégicamente situados se encuentran un oratorio de coristas, las celdas de padres jóvenes y los servicios de peluquería, de máquinas de escribir, de reconocimiento, etcétera.

En el ángulo Noroeste del claustro se sitúa el refectorio y anejo a él los servicios de oficio, fregadero, cocina, depósito de víveres, etcétera. La planta superior de esta zona del edificio se destina a celdas de hermanos, sastrería y ropería. Adherido a este cuerpo de edificio se sitúa un pabellón para monjas, con servicios generales de plancha, costura, lavandería, etcétera, en planta baja y semisótano, y celdas individuales en la parte superior.

Cerrando el conjunto en su orientación Este se dispone el aula para 200 alumnos, extensible, capaz para servir de salón de actos para unas 500 personas.

Como pieza principal en la parte anterior Noroeste del conjunto de edificios, se sitúa la iglesia. Dado el carácter del edificio, esta es la pieza más importante y como tal se ha cuidado y estudiado. Su programa de iglesia conventual impone unas características especiales que, como es natural, han de traducirse en su morfología de plantas y alzados, ya que además de ser una iglesia capaz para más de 500 fieles, ha de tener un coro con capacidad para 300 plazas.

Estudiadas estas circunstancias y sus óptimas características de visibilidad, acústica, etcétera, se ha obtenido, como más favorable, una planta formada por dos ramas de hipérbola cortadas por dos segmentos de parábola. Esta disposición de planta unida a un concepto dinámico y ascensional hacia el altar, que se sitúa en el centro de la hipérbola, da un carácter propio a la iglesia. Destacando de todo el conjunto, con su característica función de hito, se coloca una sencilla torre de hormigón armado formada por 16 pilares de hormigón armado enlazados por una rampa de acceso.

EL SOLAR Y SUS CARACTERÍSTICAS

El solar donde ha de estar emplazado este conjunto de edificios está situado desde el kilómetro 7 hasta el 7,300 de la carretera de Madrid a Alcobendas, que en breve será transformada en la general Madrid-Burgos. El terreno, topográficamente, está situado en una pequeña hondonada, con un declive relativamente fuerte hacia el interior que en cierta manera entorpece el emplazamiento de los edificios. El suelo, después de una capa de 60 cm de tierra vegetal, está compuesto por una marga arcillosa no muy compacta en algunos lugares, y terreno arenoso compacto en otros.

according it the importance it deserves. The church, for example, with its tower, not located on any axis that the complex needs to have, but in the prominent place it merits, marks its predominance and presidency of the whole complex, with the hierarchical succession of the different sets of buildings from the most important, the pavilion for the teaching brothers, with the main hall as annex, the young brothers' and choristers' pavilion, to the subordinate pavilions for services, the infirmary and so on.

In terms of the construction, care has been taken to ensure the best possible adaptation of the materials to the functions they are to fulfil, and to the means at our disposal on the market today.

By virtue of its very special layout and line, it is considered more appropriate to construct the church on the basis of a general steel structure, using for the skin solid fair-faced brick, with stained glass or translucent walls of concrete and alabaster for the rear part, and concrete and glass behind the choir.

The opaque skins of the various pavilions are also of ceramic on the upper floors, but lightened. All of the window and door systems and the roofs will be of aluminium.

The different characteristics of the flooring and other services are specifically detailed in the relevant documents: specifications, budgets and plans. In fact, the aesthetic issue cannot be treated as a separate matter, in that from the beginning of the first sketch it has indissolubly presided over the creation of the project. The aesthetic considerations essential for any project that is truly architecture are implicit from the outset, with no possible separation from considerations of a practical, construction or economic nature, all of which together form an indissoluble unity. Suffice it to say that in the case in hand this is what has been done, and that all of these technical and economic considerations have not only not been treated as separate from the aesthetic issue as such but have contributed very effectively to its realization. The materials, their appropriate application in each case and the solution of a construction or structural problem are the data that have been used to create the various aesthetic tensions that, suitably balanced, are to form the harmonious whole.

It is important to highlight the constant concern with linking inextricably the plastic issues of mosaic, ceramics, glass or sculpture, with the other aesthetic issues of a properly structural and architectural nature, and the relationship of all of these to the landscaping and the landscape.

The period of execution of the works is estimated at 30 months.

— Miguel Fisac
[Madrid, June 1955.]

El lugar no presenta ninguna característica meteorológica distinta de las ordinarias del clima de Madrid.

CRITERIO GENERAL DE COMPOSICIÓN DEL EDIFICIO. SISTEMA CONSTRUCTIVO

Como se ha indicado anteriormente, el emplazamiento de los distintos cuerpos del edificio responde a unas características de jerarquía y ordenación del programa para conseguir una correcta ordenación de los trabajos y labores que en este edificio se han de realizar, evitando interferencias y vistas que no sean convenientes de unos sectores a otros. Se procura también en la ordenación del conjunto un equilibrio de masas que haga posible la correcta composición del conjunto desde todos los puntos de vista periféricos e interiores. Se ha procurado también destacar, con la importancia que le corresponde, cada uno de los elementos de que consta. Así, la iglesia, con su torre, no situada en ningún eje, que no tiene por qué tener el conjunto, pero sí en el lugar preeminente que le corresponde, marca su predominio y presidencia de todo el conjunto y jerárquicamente van sucediéndose los diferentes conjuntos de edificios desde los más importantes, el pabellón de padres y profesores, con el salón de actos anejo, el de padres jóvenes y coristas, a los subalternos de servicios, enfermería, etcétera.

Se ha procurado, en el orden constructivo, la mayor adecuación posible de los materiales tanto a la función que han de cumplir, como a los medios de que hoy disponemos en el mercado.

La iglesia, por su especialísima disposición y traza, se cree más conveniente construirla a base de una estructura general de acero, utilizando, como elementos de cerramiento, el ladrillo macizo visto, la vidriera o los muros translucidos de hormigón y alabastro en la parte posterior y de hormigón y vidrio en la posterior del coro.

Los cerramientos opacos de los distintos pabellones, cuando están situados en plantas superiores, se hacen también con cerámica, pero aligerada. Y toda la carpintería, así como las cubiertas, serán de aluminio.

Las diferentes características de pavimentos y demás servicios quedan especialmente determinados en los correspondientes documentos de pliego de condiciones, presupuesto y planos. No se puede, en realidad, tratar como un tema aparte el problema estético, ya que desde el comienzo del primer croquis, y de una forma indiferenciada, ha presidido la creación del proyecto. Las consideraciones estéticas indispensables en todo proyecto que realmente sea de arquitectura están implícitas desde el principio, sin separación posible de las consideraciones de tipo práctico, constructivo o económico, formando con todas ellas una unidad indisoluble. Baste decir que en este caso ello se ha realizado así, y que todas estas consideraciones técnicas y económicas no solo no se tratan aparte del problema propiamente estético, si no que colaboran muy eficazmente a realizarlo. Los materiales, su conveniente adecuación en cada caso, la solución de un problema constructivo o estructural son los datos que han servido para crear las diferentes tensiones estéticas que luego, convenientemente equilibradas, han de formar el conjunto armónico.

Se ha de destacar la constante preocupación de enlazar indisolublemente los problemas plásticos de mosaico, cerámica, vidrio o escultura, con los restantes problemas de estética propiamente estructural y arquitectónica, y la relación de todos ellos con la jardinería y el paisaje.

El plazo de ejecución de las obras se calcula en 30 meses.

— Miguel Fisac
[Madrid, junio de 1955.]

Dominican Seminary. Madrid, 1956-1959

Miguel Fisac

Teologado Dominicos. Madrid, 1956-1959

‹ **Acceso al convento. Pabellón, iglesia y torre.**
Access to the monastery. Pavilion, church and tower.

› **Altar y nave de fieles desde el coro.**
Altar and lay congregation nave from the choir.

› **Detalle del crucifijo suspendido del altar de Pablo Serrano.**
Detail of the crucifix by Pablo Serrano suspended over the altar.

› **Altar y coro desde la nave de fieles.**
Altar and choir from the lay congregation nave.

⌄ **Sección principal de la iglesia y la cripta.**
Main section of the church and the crypt.

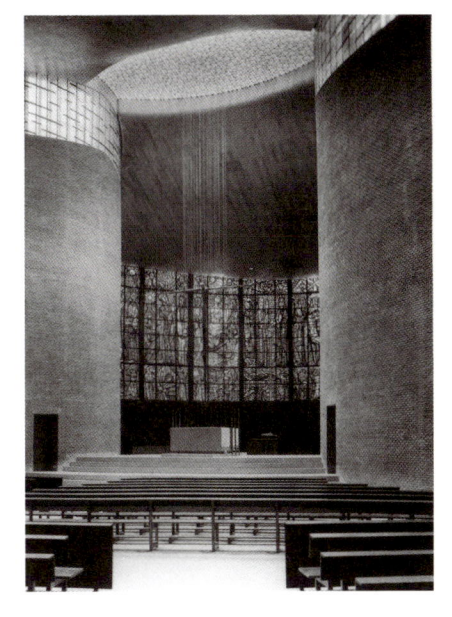

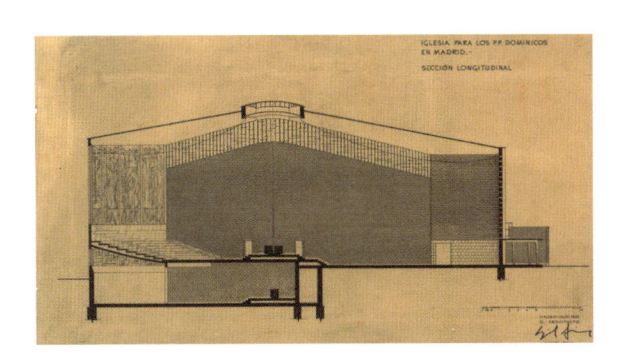

Dominican Seminary. Madrid, 1956-1959 — Miguel Fisac

> **Pórtico y galería acristalada del patio principal.**
Portico and glazed gallery of the main courtyard.

> **Pórticos y porches del patio principal.**
Portico and porches of the main courtyard.

Teologado Dominicos. Madrid, 1956-1959

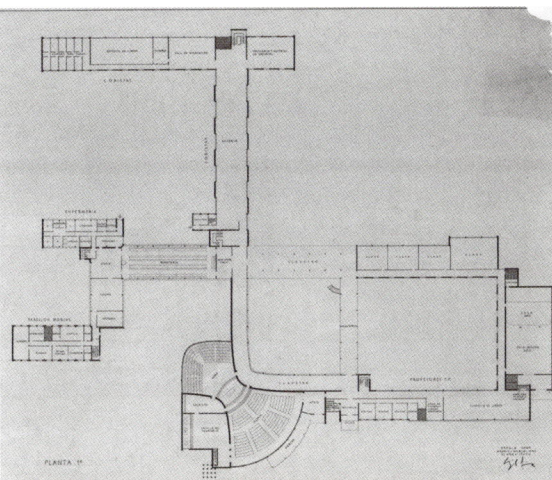

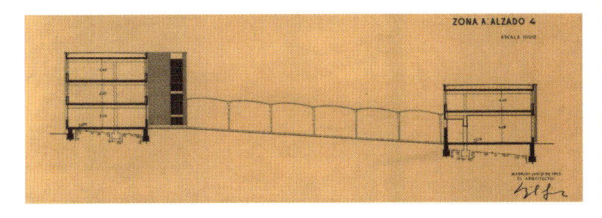

⌄ **Vista de las cubiertas.**
View of the roofs.

⌄ **Planta primera del conjunto.**
First floor plan of the complex.

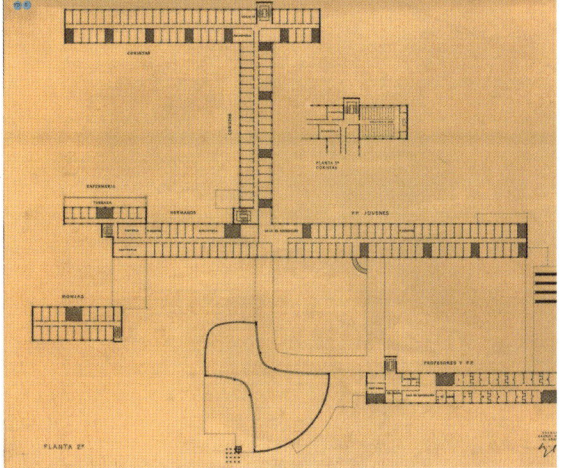

^ **Planta principal.**
Main floor plan.

^ **Sección transversal.**
Transverse section.

Dominican Seminary. Madrid, 1956-1959 — Miguel Fisac

∧ **Sala de recreación en la zona de estudiantes.**
Recreation room in the students' area.

∧ **Galería acristalada que bordea el patio principal y se adosa al muro curvo de la iglesia.**
Glazed gallery bordering the main courtyard and following the curved wall of the church.

‹ **Puerta de acceso principal a la galería del convento.**
Main door to the monastery gallery.

^ **Espacio interior porticado de la sala de recreación de los estudiantes.**
Porticoed interior space of the students' recreation room.

‹ **Marquesina de acceso desde el interior de la iglesia.**
Access canopy from the interior of the church.

Dominican Seminary. Madrid, 1956-1959 — Miguel Fisac

Teologado Dominicos. Madrid, 1956-1959

‹ **Vista aérea de la zona de servicios del convento, sala de máquinas y paisaje lejano.**
Aerial view of the monastery's services zone, the machine room and the countryside beyond.

› **Alzado de la casa de máquinas. Chimenea y depósito de agua.**
Elevation of the machine room. Chimney and water tank.

⌄ **Detalle de la sala de máquinas, chimenea y depósito.**
Detail of the machine room, chimney and water tank.

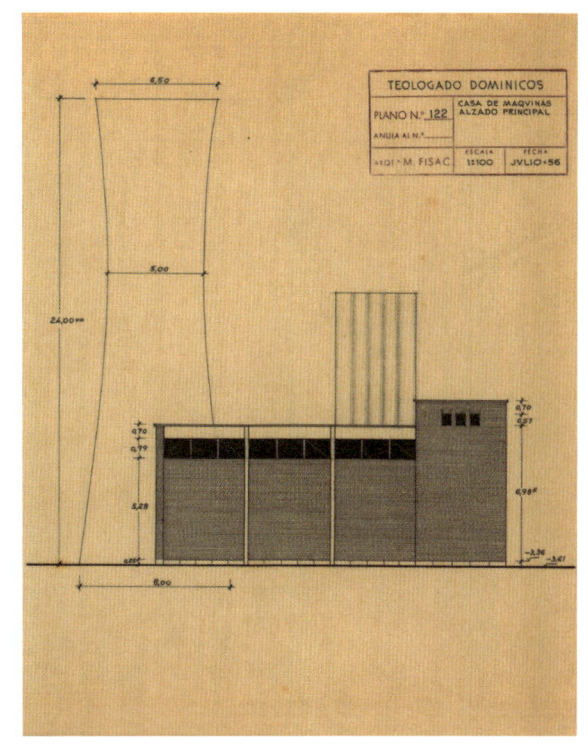

Dominican Seminary. Madrid, 1956-1959   Miguel Fisac

Teologado Dominicos. Madrid, 1956-1959

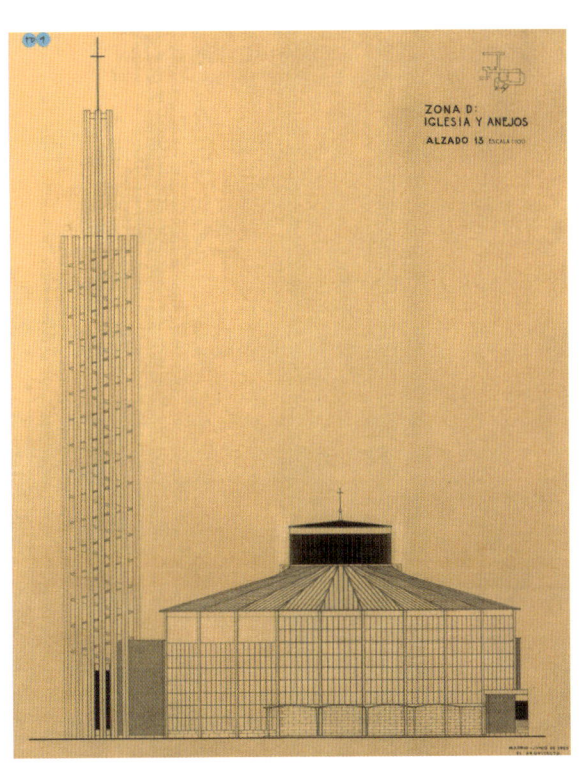

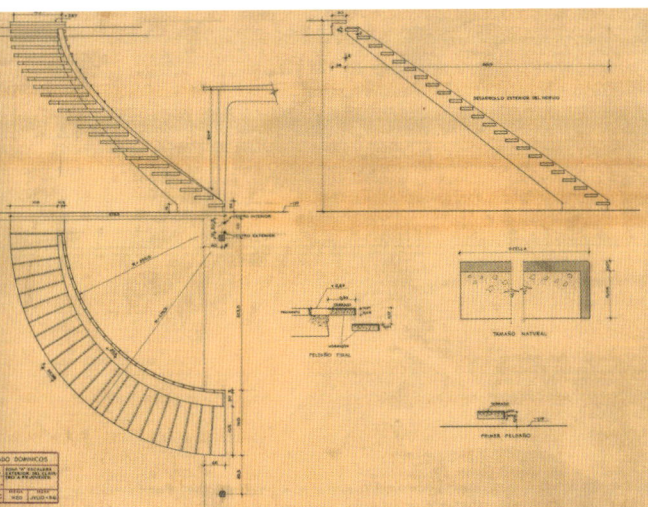

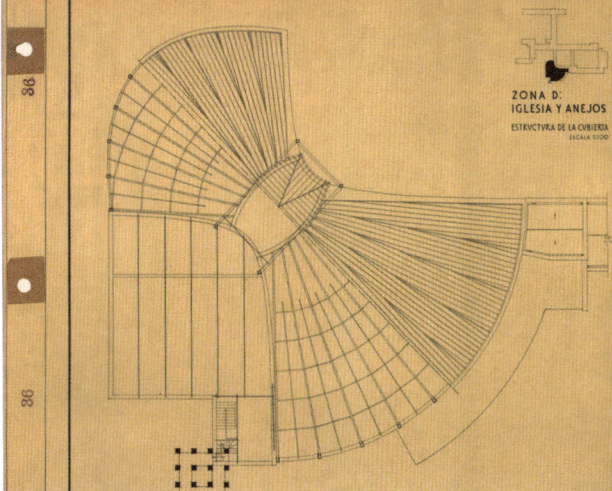

‹ **La torre desde el patio interior enmarcada entre marquesinas, porche y escalera.**
The tower from the interior courtyard framed by canopies, porch and stairway.

^ **Alzado de la iglesia y la torre. Primera propuesta.**
Elevation of the church and the tower. First proposal.

^ **Alzado de la iglesia y la torre. Segunda propuesta.**
Elevation of the church and the tower. Second proposal.

^ **Plano de detalle de la escalera exterior volada.**
Detailed plan of the projecting exterior stairs.

^ **Planta de cubiertas de la iglesia.**
Roof plan of the church.

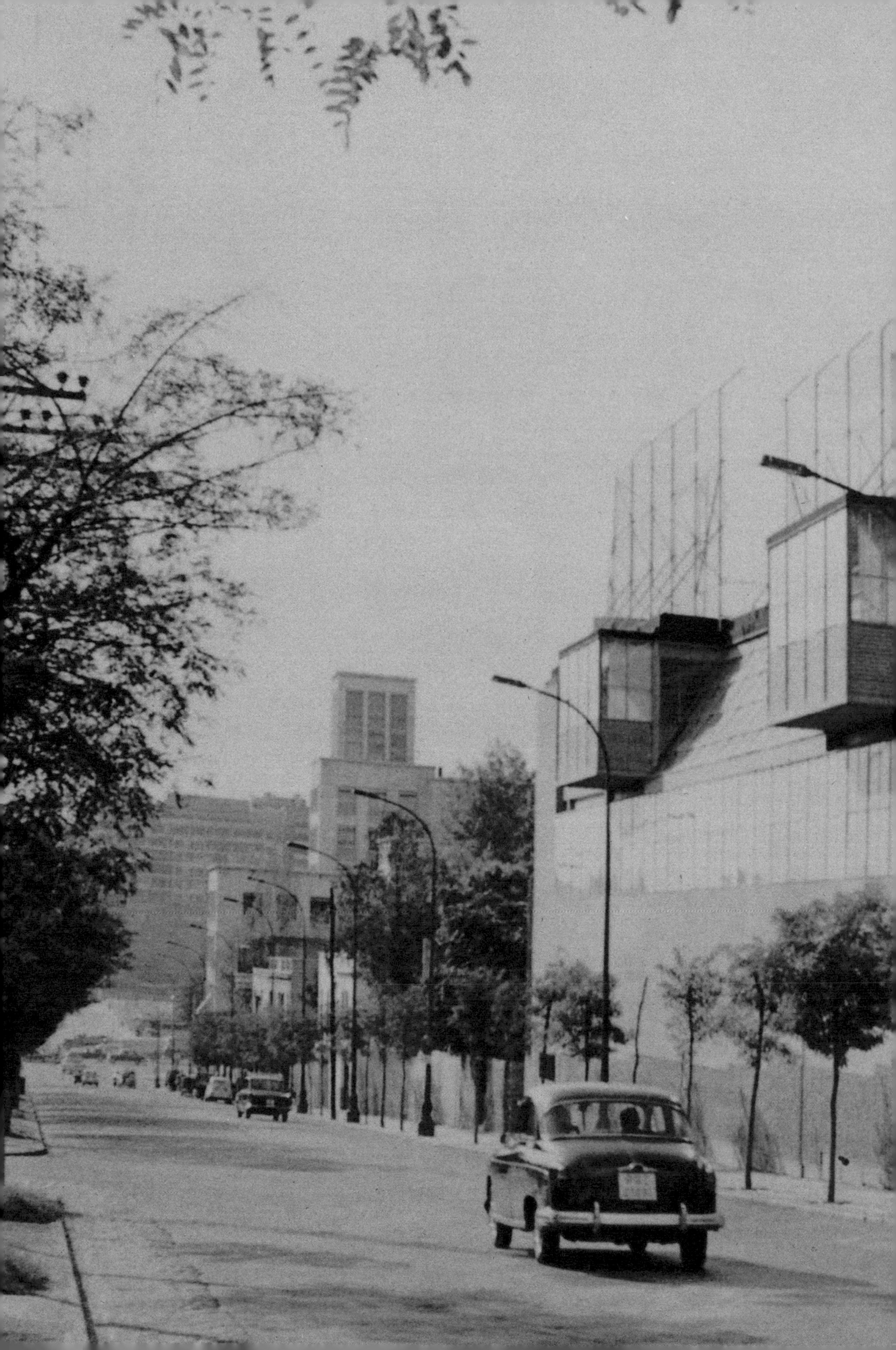

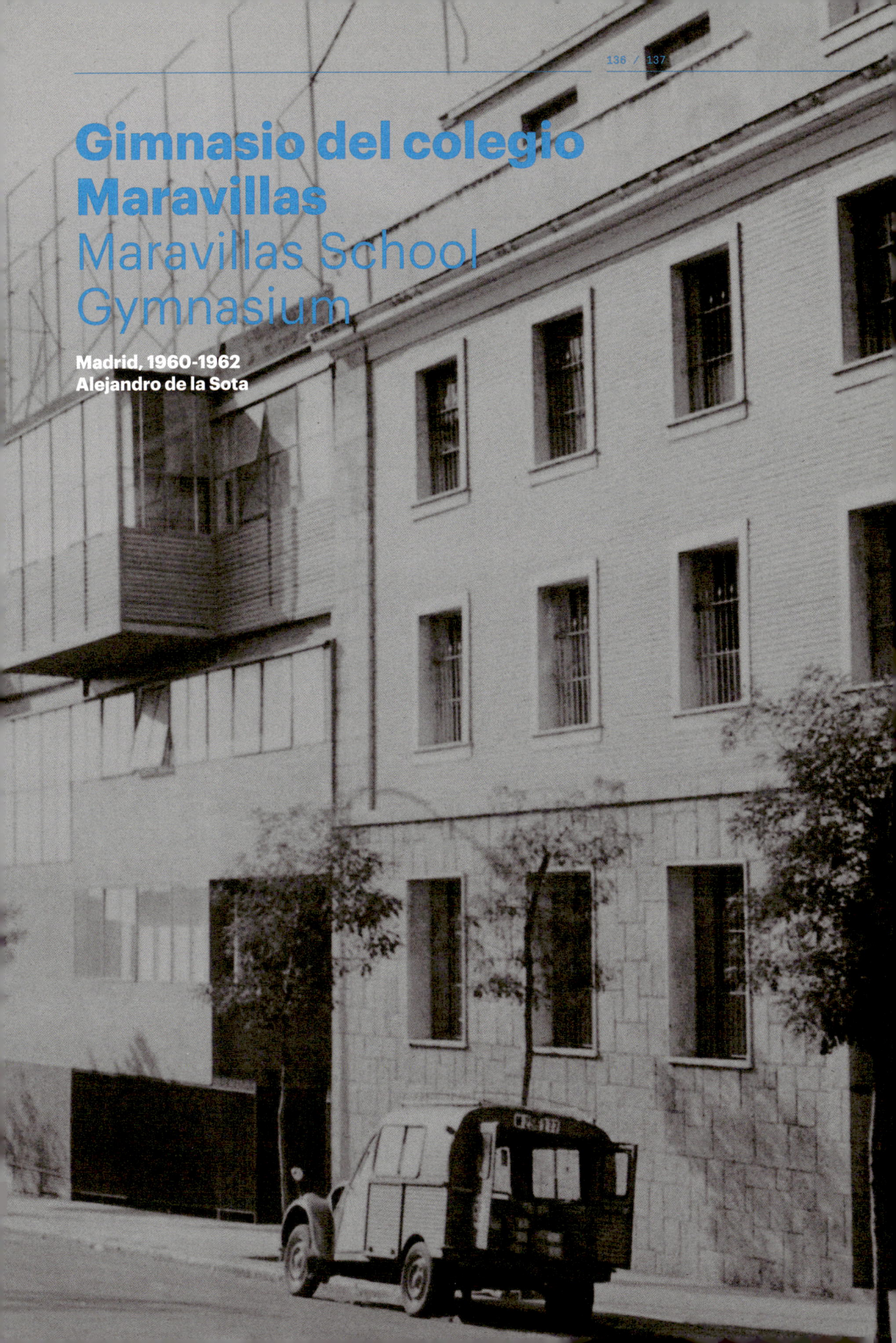

Gimnasio del colegio Maravillas
Maravillas School Gymnasium

Madrid, 1960-1962
Alejandro de la Sota

Maravillas School Gymnasium. Madrid, 1960-1962 — Alejandro de la Sota

The initial inclination to take advantage of the steeply sloping ground between the school and calle Joaquín Costa as the site for the gymnasium proved to be inspired. There was a firm decision to go ahead with the project despite it being one of those that, by their nature, do not at first favour a feeling joy at taking them on.

It is a reward for these virtues that the finished work recompenses those efforts with its attractive presence. It could be said that something like a gymnasium was the only use for a site and a plot such as the one chosen for it: a gymnasium, a cinema, a theatre or a church are among the buildings that should be roofed in much the same way as a wagon. Any other solution is, above all, uneconomical.

Here the problem is the opposite. What would be a highly economical treatment as a construction would be a serious loss in terms of making full use of the site and, worse, would not solve so many problems of space as are faced by a large school on a site in the centre of town. Having taken this into account and having changed the terms, the gymnasium as it is was designed. Ground floor: gymnasium, sports court. First and second floors: use of the lateral space to accommodate a library and a meeting place for former pupils, parents, and so on. Third floor: more rooms for other uses: on the side, teachers' rooms, student music group, etc, and the exploitation of the space above the void of the gymnasium: lecture hall, natural science museum, physics and chemistry labs and storerooms. On top of all these things, the large playground, essential to the life of the school.

An approach opposite to the normal one and perfectly reasonable. The school was careful to ensure that only the necessary minimum of materials was used in the construction; this is far from usual, in that the most normal thing is either to cut the budget too much or to be wasteful.

The project took care of aspects such as the acoustics, permanent cross ventilation, the lighting and sun exposure and others, so that now, grateful once again, we celebrate the end of work.

The architect wishes to thank all of the Christian Brothers who had so much contact with him, as the work shows, and who understood from the first moment, despite their many other tasks, what the architect by profession and from love of what he does is always obliged to insist on with the owners of the property.

[Typed sheet, undated.]

The Maravillas Gymnasium is now twenty-two years old. I do not know why in 1960 I made it as I did, but what I do know is that I am not sorry I made it. I think that not doing architecture is a path towards doing it, and all of us who do not do it will have done more for it than those who, having learned it, are still doing it.

At the time it solved a problem and still works, and I think that no one misses the architecture they do not have.

— Alejandro de la Sota
[Manuscript dated March 1985.]

Fue un gran acierto inicial el aprovechamiento para gimnasio del terreno en la fuerte ladera existente entre el actual colegio y la calle de Joaquín Costa. Fue firme la decisión de llevar la obra adelante a pesar de ser de los que, por su propia naturaleza, no favorecen sentir en sus comienzos la alegría de hacerlos.

Fue un premio a estas virtudes que la obra terminada recompensase aquellos esfuerzos primarios con su acogedora presencia. Puede decirse que solamente podría tener un fin semejante a gimnasio un solar y un terreno como el elegido para construirlo; es decir, un gimnasio, un cine, un teatro, una iglesia, etcétera, están en la línea de los edificios que deben cubrirse de forma parecida a una tartana. Otra solución es, principalmente, antieconómica.

Aquí el problema es opuesto. Lo que supondría una gran economía como construcción sería una grave pérdida como aprovechamiento del solar y, lo peor, no resolvería tantos problemas de espacio como los que tiene planteados un gran colegio enclavado en un solar céntrico de una población. Habiendo tenido esto en cuenta y habiendo cambiado los términos, se proyectó el gimnasio actual. Planta baja: gimnasio, pista. Plantas primera y segunda: aprovechamiento lateral con locales para biblioteca, reuniones de antiguos alumnos, padres de alumnos, etcétera. Planta tercera: más locales con destino a otros usos; en la parte lateral, profesores, tuna, etcétera, y el gran aprovechamiento sobre el vacío del gimnasio: sala de conferencias, museo de ciencias naturales, laboratorios de física y de química y almacenes. Sobre tantas cosas, el gran patio, vida indispensable del colegio.

Un planteamiento opuesto al normal y perfectamente razonable. Ha cuidado el colegio de que todos los materiales empleados en la construcción fueran justos; esto no es corriente ya que el uso indebido del ahorro donde no se debe, y del derroche donde tampoco se debe, es justamente lo corriente.

En el proyecto se cuidaron aspectos como la sonoridad del local, la ventilación cruzada permanente y natural, la iluminación y el sol, y tantos que ahora, otra vez agradecidos, nos alegran el final de obra.

El arquitecto tiene que agradecer a todos los hermanos, que con él tuvieron tanta relación como la obra muestra, que entendieran desde el primer momento, y a pesar de sus otras muchas ocupaciones, aquello que el arquitecto por oficio y por cariño a lo que hace está siempre obligado a llevar adelante de quienes son los dueños, la propiedad.

[Hoja mecanografiada, sin fecha.]

El gimnasio de Maravillas tiene ya veintidós años. No sé por qué en el año 1960 lo hice así, pero lo que sí sé es que no me disgusta haberlo hecho. Creo que el no hacer arquitectura es un camino para hacerla, y todos cuantos no la hagamos, habremos hecho más por ella que los que, habiéndola aprendido, la siguen haciendo.

Entonces se resolvió un problema y sigue funcionando, y me parece que nadie echa en falta la arquitectura que no tiene.

— Alejandro de la Sota
[Manuscrito fechado en marzo de 1985.]

Maravillas School Gymnasium. Madrid, 1960-1962 — Alejandro de la Sota

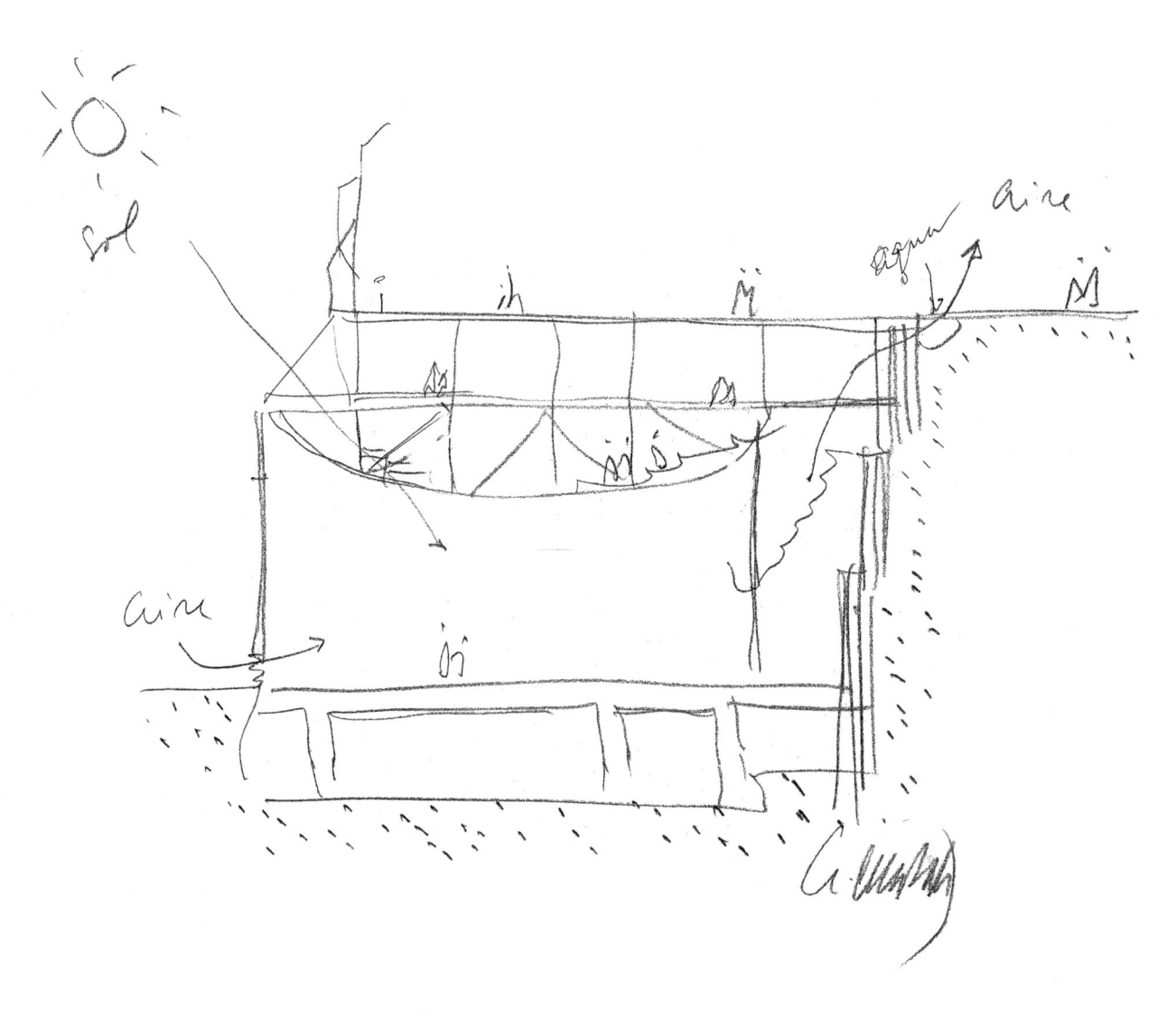

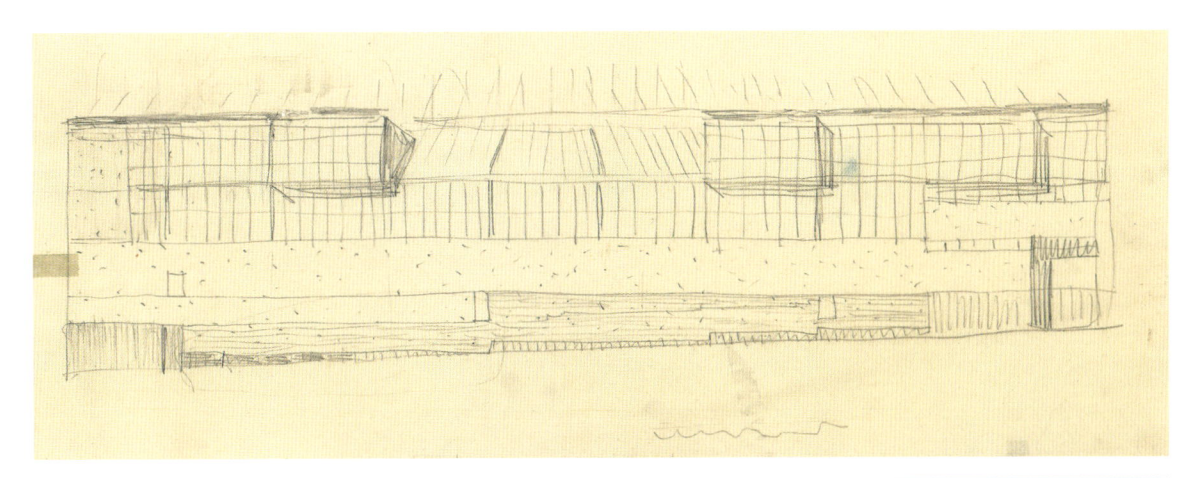

Gimnasio del colegio Maravillas. Madrid, 1960-1962

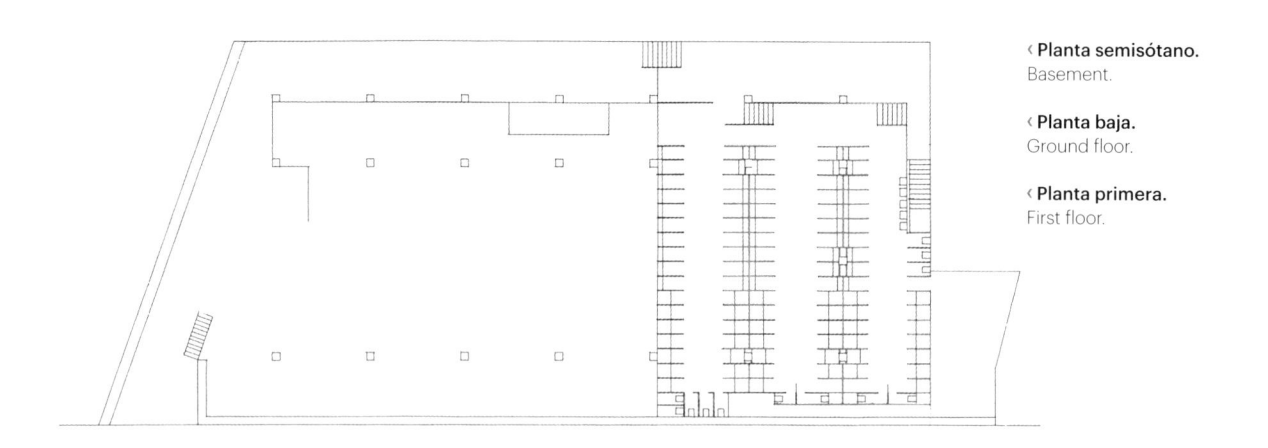

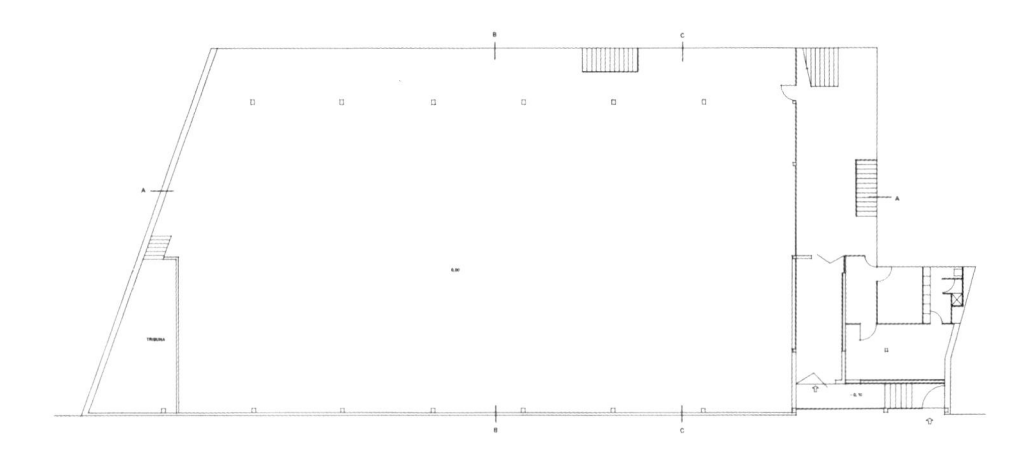

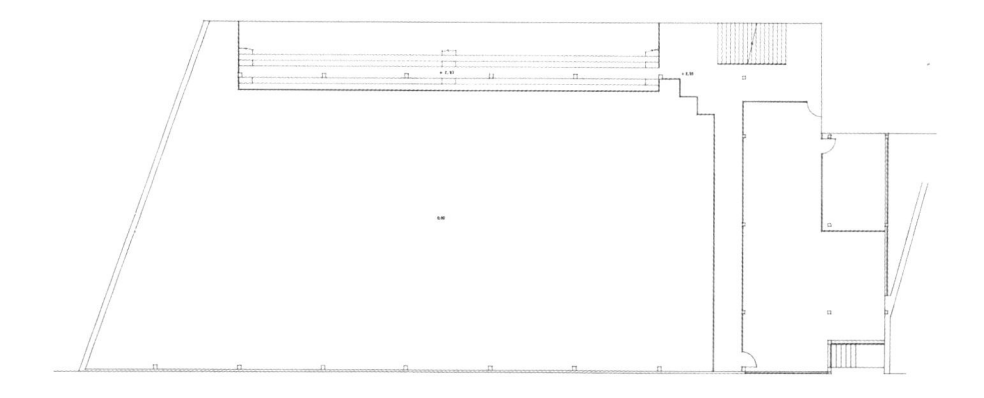

Maravillas School Gymnasium. Madrid, 1960-1962 Alejandro de la Sota

‹ **Planta semisótano.**
Basement.

‹ **Planta baja.**
Ground floor.

‹ **Planta primera.**
First floor.

Gimnasio del colegio Maravillas. Madrid, 1960-1962

› **Planta segunda.**
Second floor.

› **Planta tercera.**
Second floor.

› **Planta de cubiertas.**
Roof floor.

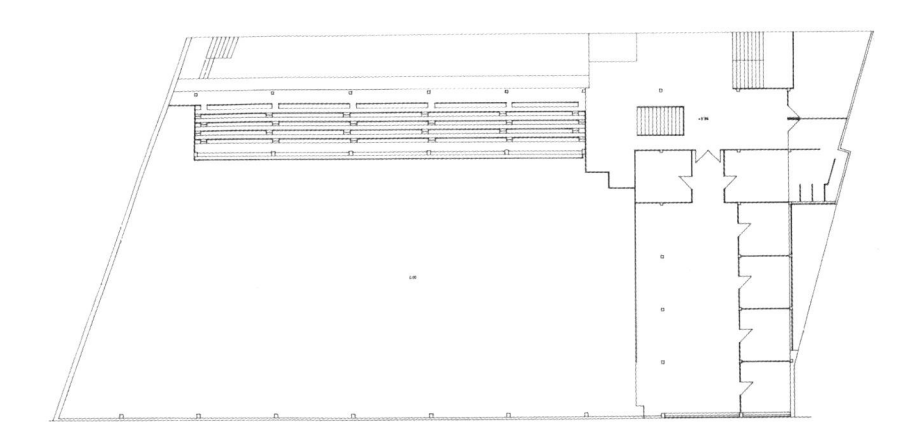

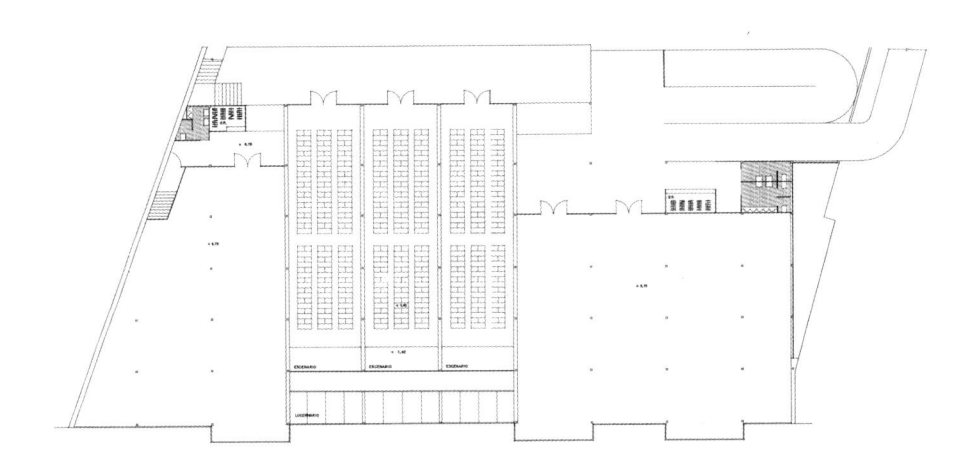

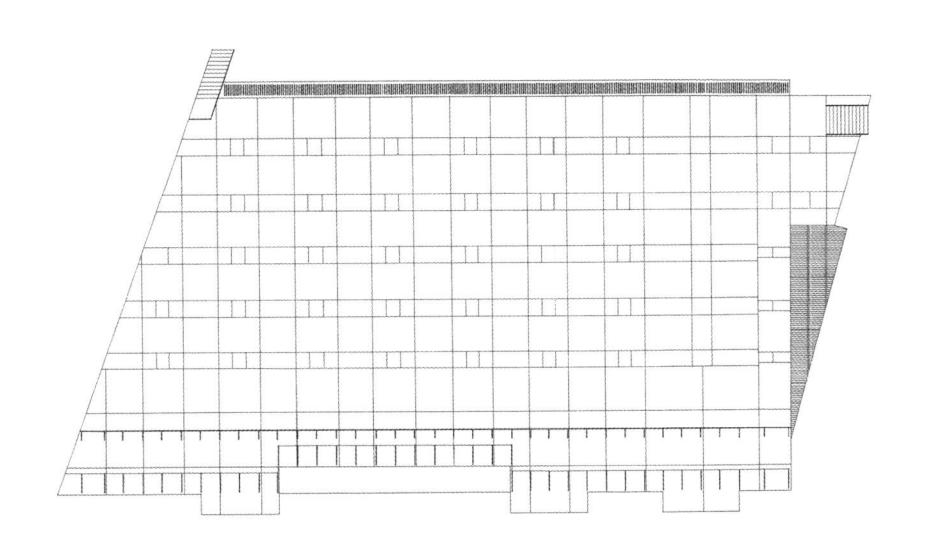

Maravillas School Gymnasium. Madrid, 1960-1962   Alejandro de la Sota

Gimnasio del colegio Maravillas. Madrid, 1960-1962

‹ **Dibujo de Francisco Alonso de Santos.**
Drawing by Francisco Alonso de Santos.

‹ **La estructura de la cercha en construcción.**
The truss under construction.

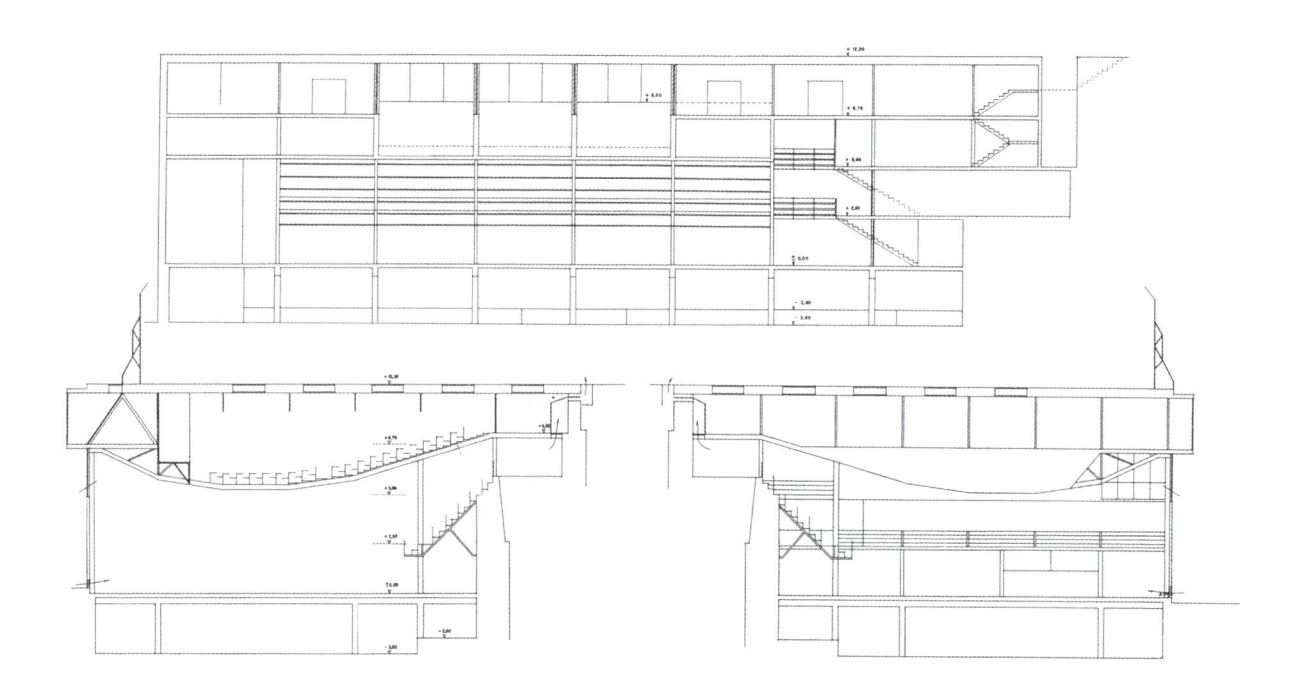

Maravillas School Gymnasium. Madrid, 1960-1962 — Alejandro de la Sota

Aula de Ciencias Naturales.
Science classroom.

Maravillas School Gymnasium, Madrid, 1960-1962 — Alejandro de la Sota

Gimnasio del colegio Maravillas. Madrid, 1960-1962

Maravillas School Gymnasium. Madrid. 1960-1962 — Alejandro de la Sota

Gimnasio del colegio Maravillas. Madrid, 1960-1962

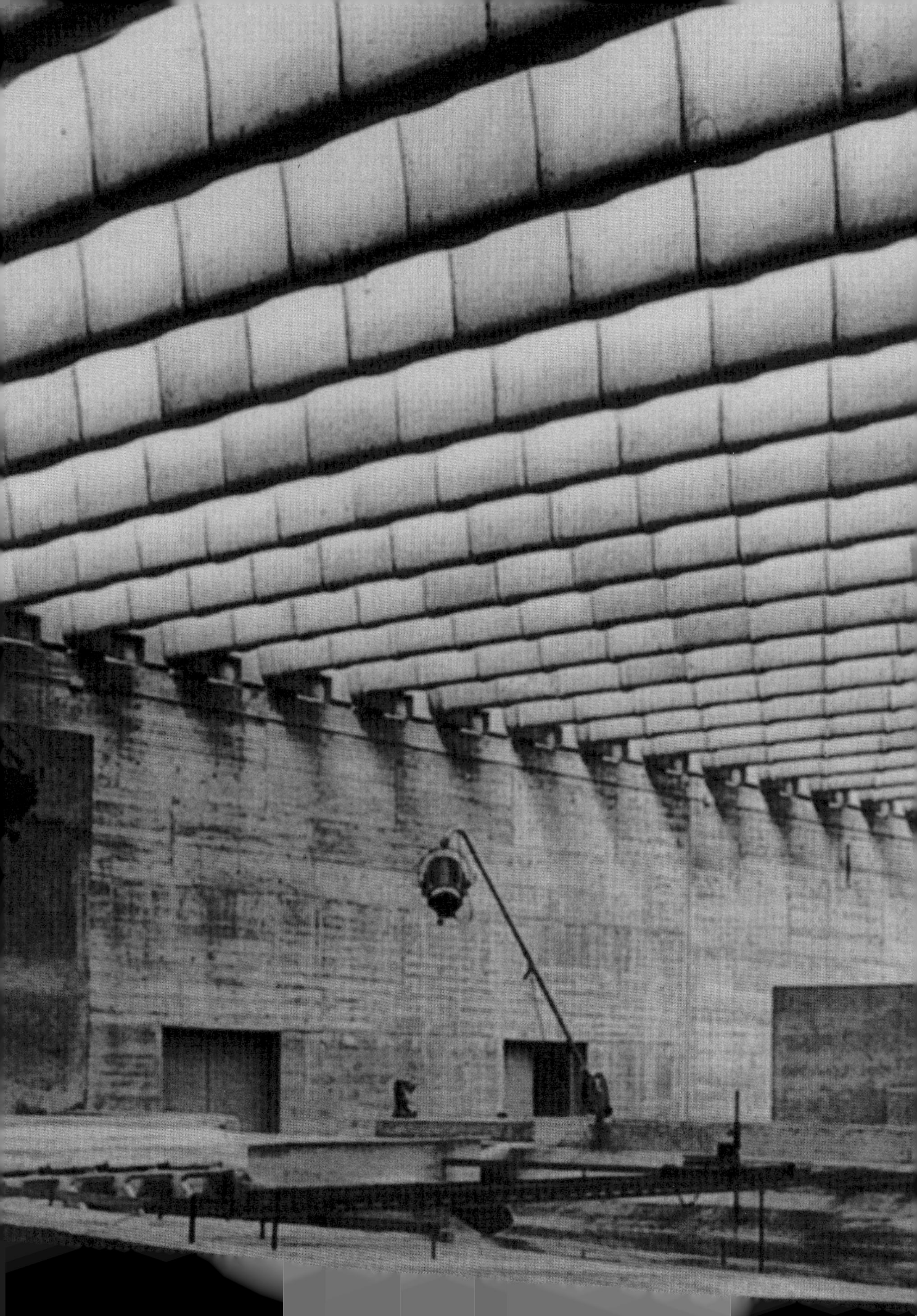

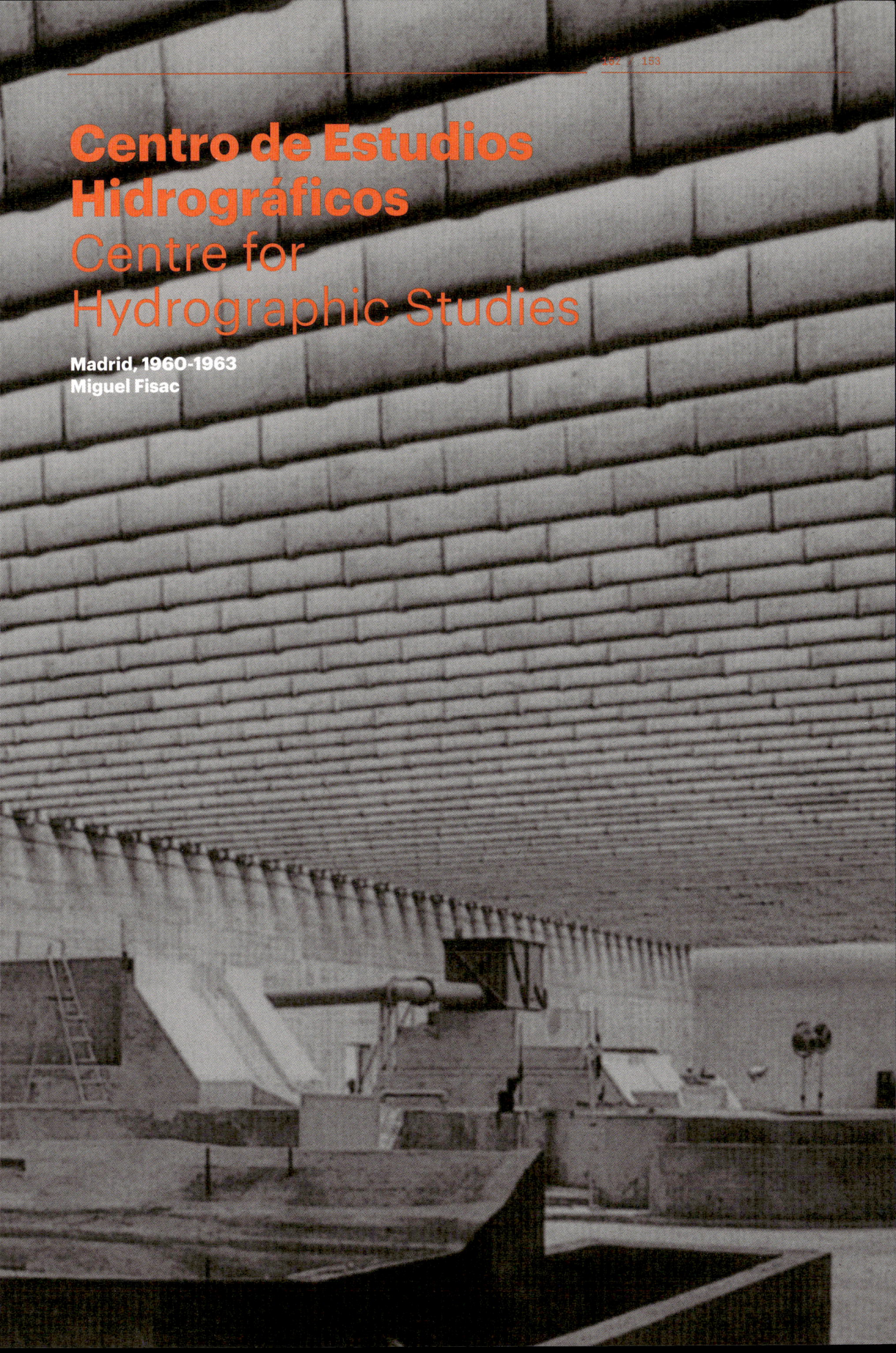

Centro de Estudios Hidrográficos
Centre for Hydrographic Studies

Madrid, 1960-1963
Miguel Fisac

Centre for Hydrographic Studies. Madrid, 1960–1963 — Miguel Fisac

The Centre for Hydrographic Studies of the Ministry of Public Works, located on the Paseo de la Virgen del Puerto, near the Segovia bridge, in Madrid, consists of a complex of buildings housing a number of hydrographic research facilities and laboratories.

A seven-storey main building is given over to management offices, the work spaces of engineers, assistants and support staff, boardroom, auditorium, conference room and so on.

A large bay for models and two smaller bays for a cavitation tunnel, special tests and machine testing form the core of the hydraulic laboratory's work, which is completed by a two-storey building of ancillary offices for technical staff, workshops, cafeteria, locker rooms, staff dining room and so on.

A two-storey building has also been constructed for rheology and a house for the concierge-security guard.

The architectural conception of the centre is of great formal simplicity and absolute structural expressiveness. Both its load-bearing and enclosing elements and the qualities of these — structural iron, supports, precast and in-situ concrete and aluminium windows and doors — are left in their intrinsic quality, texture and colouring.

The roof of the models bay has been constructed using precast hollow sections, cast in metal moulds, in which the form is based on their function of protecting against and carrying off rainwater, protecting against direct sunlight and providing rigorously continuous and homogeneous overhead illumination, with the surface facing the interior of the bay reflective on one side and tangential to the light on the other.

The shape of these parts is also conditioned by the need for strict working sections of the concrete and, finally, a certain plasticity which responds to the nature of concrete: liquid material poured into a mould.

In the precast parts of this building — the bay, the canopy over the entrance to the main building, and the steps of the various stairs — there are more possibilities of freedom in the shape of the moulds, because although they are a little more expensive, the cost is absorbed by repeated use; the aim in these moulds has been to make evident the quality of plasticity of the concrete, which is usually masked by the wooden formwork, which is always cuboid, for the sake of economy. It is clear that the future morphology of reinforced concrete will have aspects closer to this than to the ones it has now, like wood or structural iron. This is because the caissons of the formwork give the appearance of a manufactured element made from a solid raw material.

The calculation of the structures was carried out by the civil engineers Julián González Montesinos and José María Priego, in conjunction with the calculation team at the Centre for Hydrographic Studies of the Ministry of Public Works.

The post-stressing of the roof of the bay and the entrance canopy was executed according to Barredo procedures and the general work was done by the Corsán construction company.

— Miguel Fisac
[Madrid, 1964.]

El Centro de Estudios Hidrográficos del Ministerio de Obras Públicas, situado en el paseo de la Virgen del Puerto, junto al puente de Segovia, en Madrid, está formado por un conjunto de edificios que alojan diferentes servicios y laboratorios para la investigación hidrográfica.

Un edificio principal de siete plantas se destina a despachos de dirección, despachos de trabajo de ingenieros, ayudantes y personal auxiliar, sala de juntas, auditorium, aula de coloquios, etcétera.

Una gran nave de modelos y otras dos más pequeñas para túnel de cavitación, ensayos especiales y ensayo de máquinas, forman el núcleo principal de trabajo del laboratorio hidráulico, que se completa con un edificio de dos plantas para despachos auxiliares de técnicos, talleres, cafetería, vestuario, comedor de obreros, etcétera.

Se ha construido, también, un edificio de dos plantas para reología y una vivienda para el guarda-conserje.

La concepción arquitectónica de este centro es de gran sencillez formal y absoluta expresividad estructural. Tanto sus elementos sustentantes y de cerramiento, como las calidades de ellos —hierro laminado, soportes, hormigón premoldeado y el realizado in situ y aluminio en ventanales y puertas— se dejan en su calidad, textura y coloración propios.

La cubierta de la nave de modelos se ha construido con piezas prefabricadas huecas, realizadas con moldes metálicos, en las que la forma está en función de la misión que tienen de protección y conducción de las aguas de lluvia, de protección contra los rayos solares directos y para conseguir una iluminación rigurosamente continua y homogénea de bóveda celeste, con la superficie que da al interior de la nave en una cara reflectante y en otra tangencial a la luz.

La forma de estas piezas viene, también, condicionada para conseguir secciones estrictas de trabajo del hormigón y, por último, una cierta plasticidad que responde a la calidad del hormigón: material líquido vertido al molde.

En las piezas prefabricadas de este edificio —de la nave, de la marquesina de la entrada en el edificio principal y de los peldaños de las diferentes escaleras— existen más posibilidades de libertad en la forma de los moldes, ya que aunque su coste sea algo más alto, queda absorbido por la repetición de su uso, por lo que en estos moldes se ha pretendido patentizar esa característica de plasticidad del hormigón, que queda generalmente enmascarada con los encofrados de madera, siempre prismáticos, por economía. Es evidente que el futuro morfológico del hormigón armado tendrá aspectos más parecidos a este que a los que tiene ahora, como madera o hierro laminado. Esto se debe a que los encofrados, como cajones, le confieren el aspecto de material manufacturado, con una materia prima sólida.

El cálculo de las estructuras ha sido efectuado por los ingenieros de Caminos, don Julián González Montesinos y don José María Priego, con el equipo de cálculo del Centro de Estudios Hidrográficos del Ministerio de Obras Públicas.

Los postesados de la cubierta de la nave y marquesina han sido ejecutados según procedimientos Barredo y la obra general la ha realizado la constructora Corsán.

— Miguel Fisac
[Madrid, 1964.]

Centre for Hydrographic Studies. Madrid, 1960-1963   Miguel Fisac

^ **Fisac entre las piezas prefabricadas huecas.**
Fisac among the prefabricated hollow components.

› **Plano de estudio de superficies del solar y desarrollo del programa en fases.**
Study plan of the areas of the plot and phased development of the programme.

› **Planta baja o de acceso.**
Plan of the ground or access floor.

› **Planta segunda de los anejos a la nave de modelos.**
Second floor of the annexes of the models bay.

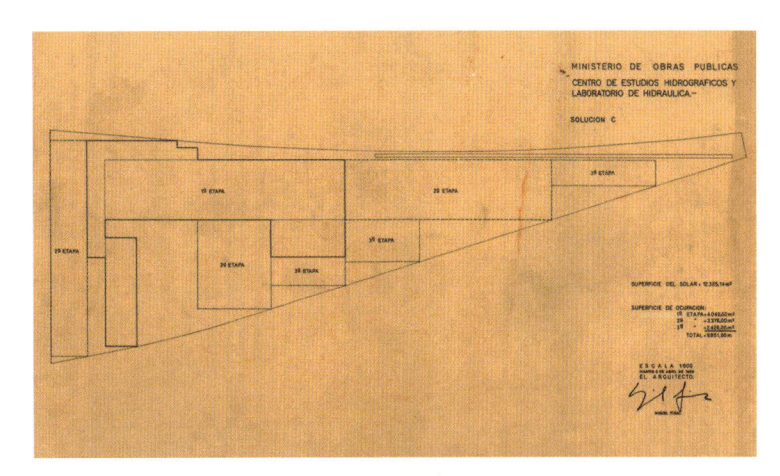

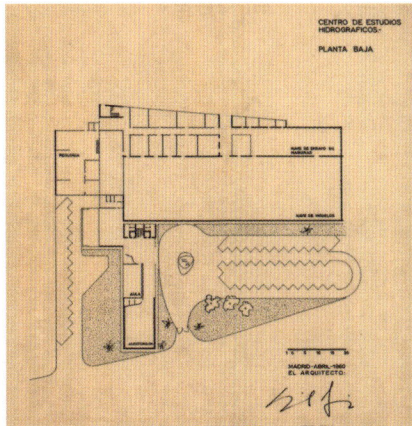

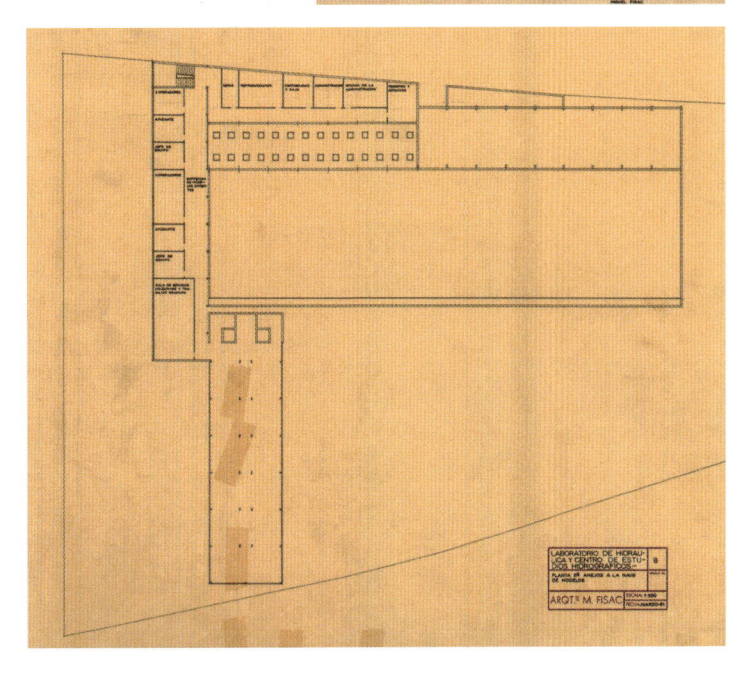

Centre for Hydrographic Studies. Madrid, 1960-1963 — Miguel Fisac

^ Detalle de las cabezas de las vigas-cubierta de la nave de modelos.
Detail of the heads of the roof beams of the models bay.

› Edificio principal con la marquesina de acceso y nave de modelos.
Main building with the access canopy and the models bay.

› Alzado Norte del edificio principal y edificios anejos.
North elevation of the main building and annex buildings.

› Alzado Este al paseo de la Virgen del Puerto.
East elevation on the paseo de la Virgen del Puerto.

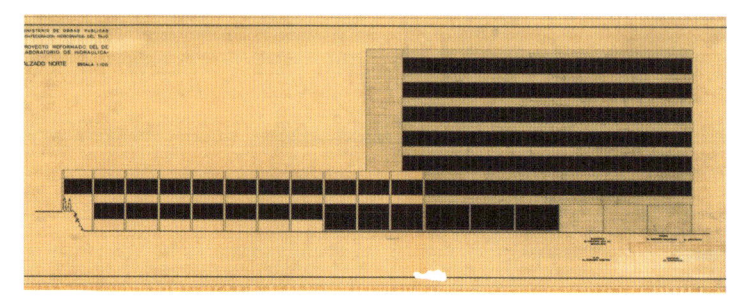

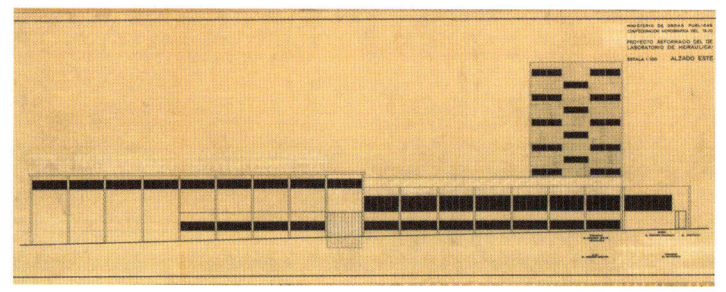

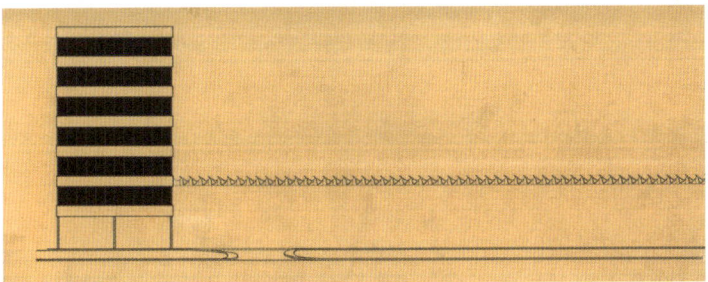

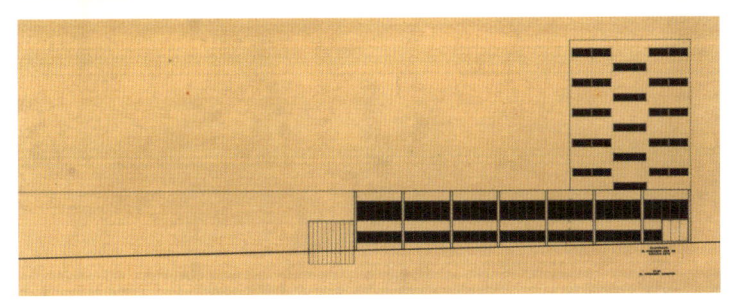

Centro de Estudios Hidrográficos. Madrid, 1960-1963

Marquesina de acceso de noche.
The access canopy at night.

Alzado Oeste al río Manzanares.
West elevation on the river Manzanares.

Alzado Este al paseo de la Virgen del Puerto.
East elevation on the paseo de la Virgen del Puerto.

Centre for Hydrographic Studies. Madrid, 1960-1963   Miguel Fisac

‹ Marquesina de acceso de noche.
The access canopy at night.

⌄ Marquesina de acceso desde el interior.
The access canopy from the interior.

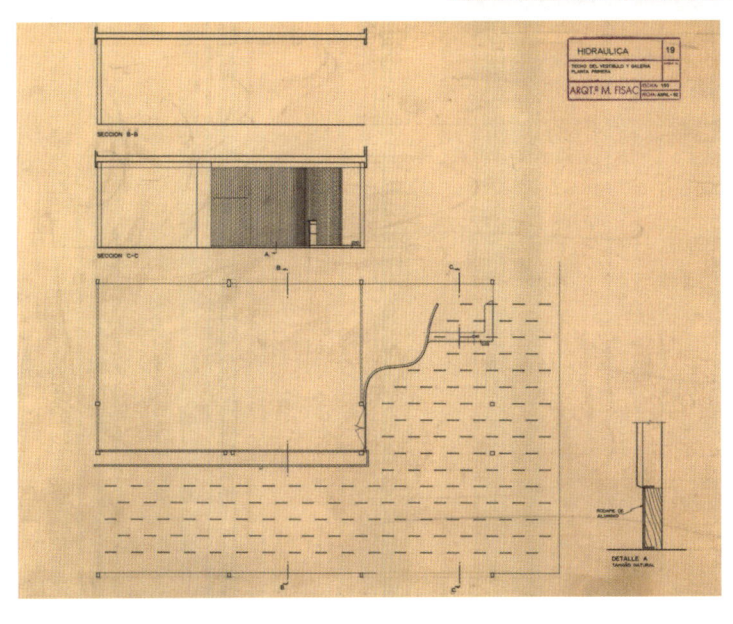

Centro de Estudios Hidrográficos. Madrid, 1960-1963

^ **Vestíbulo principal desde la entrada.**
The main vestibule from the entrance.

^ **Techo de escayola ranurada, con inserción de luminarias.**
Grooved plaster ceiling with inserted strip lighting.

< **Alzados del despiece en madera.**
Elevations of the wood jointing.

Centre for Hydrographic Studies. Madrid, 1960-1963 — Miguel Fisac

^ Sala de reuniones del edificio principal con silla pata de gallina en primer término.
Meeting room in the main building with chicken's foot chair in the foreground.

› Techo del salón de actos, listones de madera de pino, con inserción de luminarias.
Ceiling of the main hall, with pine slats and inserted strip lighting.

› **Salón de actos, listones de madera de pino en techo y tabla machihembrada en paredes.**
Main hall, with pine slats on the ceiling and dovetailed boards on the walls.

˅ **Vallado exterior y puerta de entrada de automóviles desde el río Manzanares.**
Exterior fence and vehicle entrance from the river Manzanares.

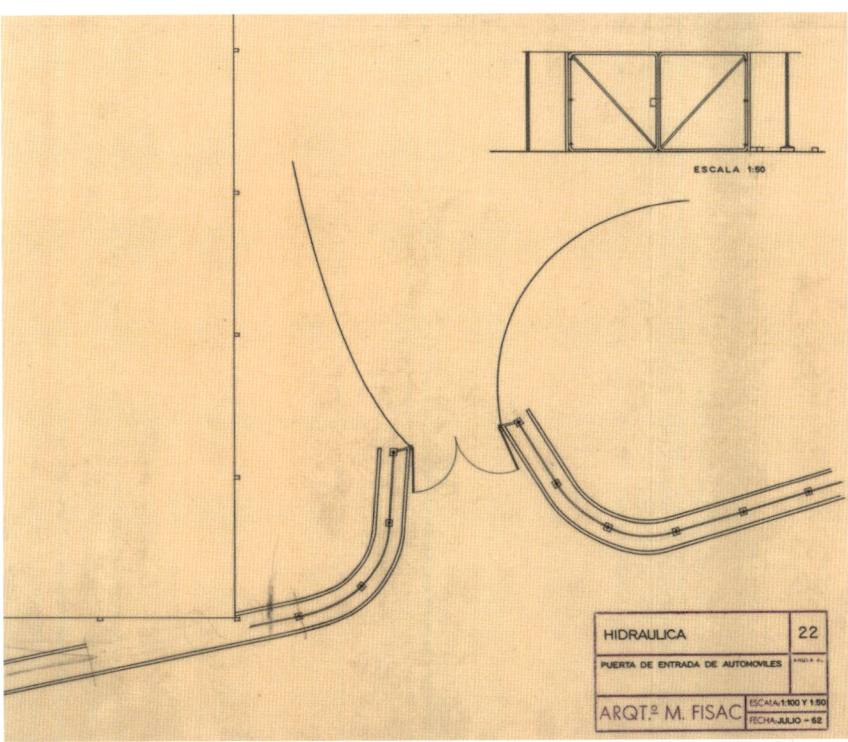

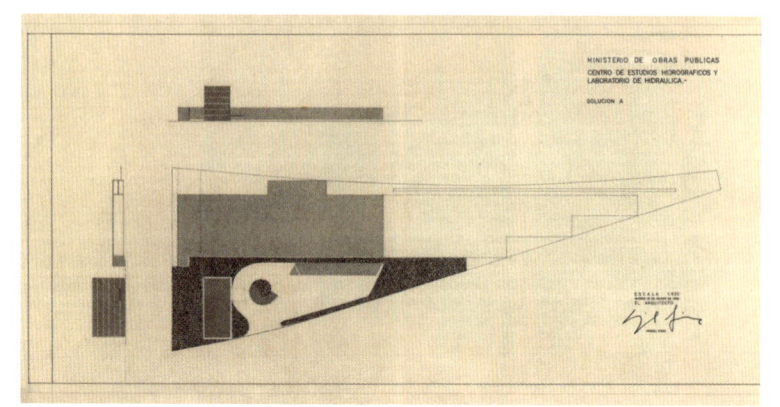

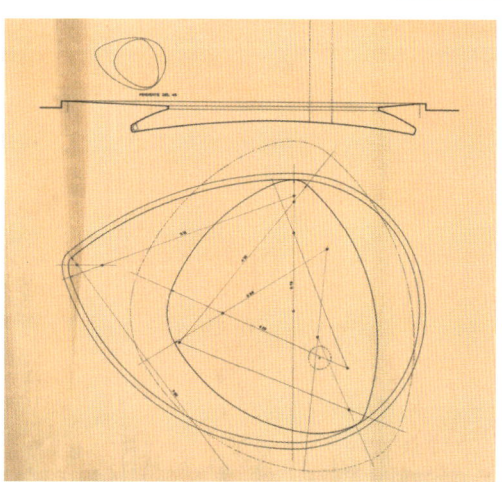

Centre for Hydrographic Studies. Madrid, 1960-1963 — Miguel Fisac

^ Fuente del acceso vista desde la marquesina de entrada.
Fountain seen from the entrance canopy.

^ Solución A de disposición de piezas en el conjunto.
Solution A of the arrangement of the parts of the complex.

‹ Fuente exterior.
Exterior fountain.

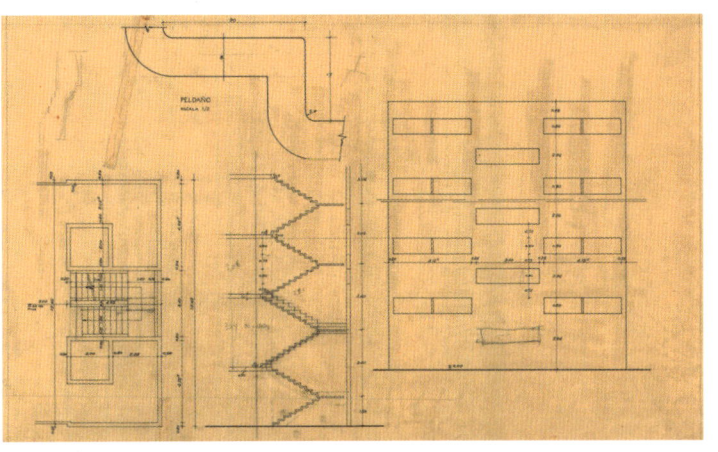

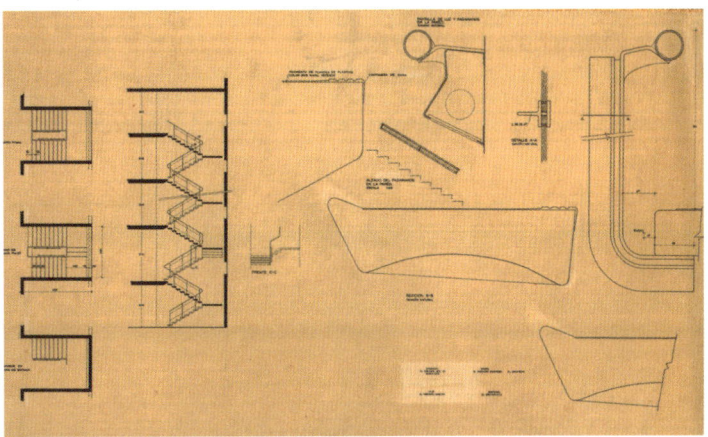

Centro de Estudios Hidrográficos. Madrid, 1960-1963

Barandilla de la escalera principal.
Railing of the main staircase.

Detalles constructivos de la escalera principal: pasamanos de luz, peldaño y barandilla.
Construction details of the main staircase: handrail, tread and railing.

Sección del peldaño.
Section of the stairs.

Peldaños de escalera de acceso a la nave de modelos.
Stairs leading to the models bay.

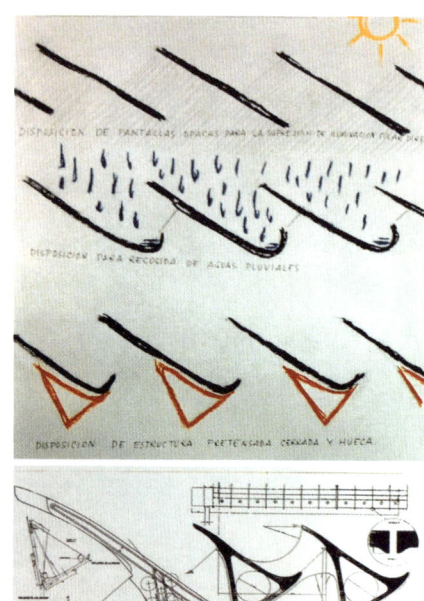

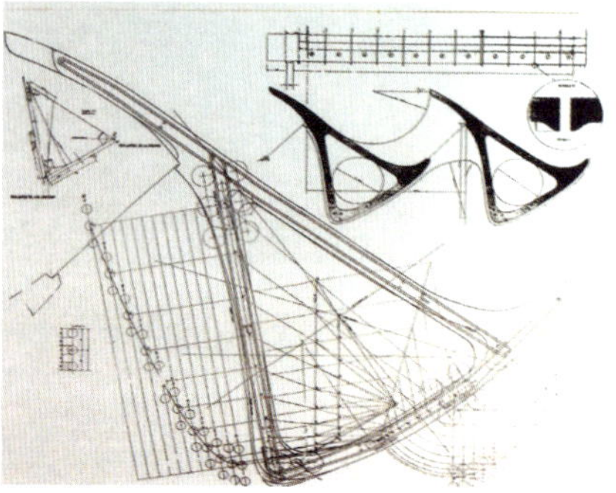

Centre for Hydrographic Studies. Madrid, 1960-1963 — Miguel Fisac

^ **Dovela de las vigas de la nave de modelos.**
Voussoir beams of the models bay.

› **Croquis de la idea conceptual generadora de las vigas-cubierta de la nave de ensayos.**
Sketch of the concept for the roof beams of the test bay.

› **Desarrollo geométrico, cálculos de resistencia y centro de gravedad.**
Geometric development of the piece and load-bearing calculations and centre of gravity.

› **Piezas apiladas de la marquesina de entrada.**
Stacked components of the entrance canopy.

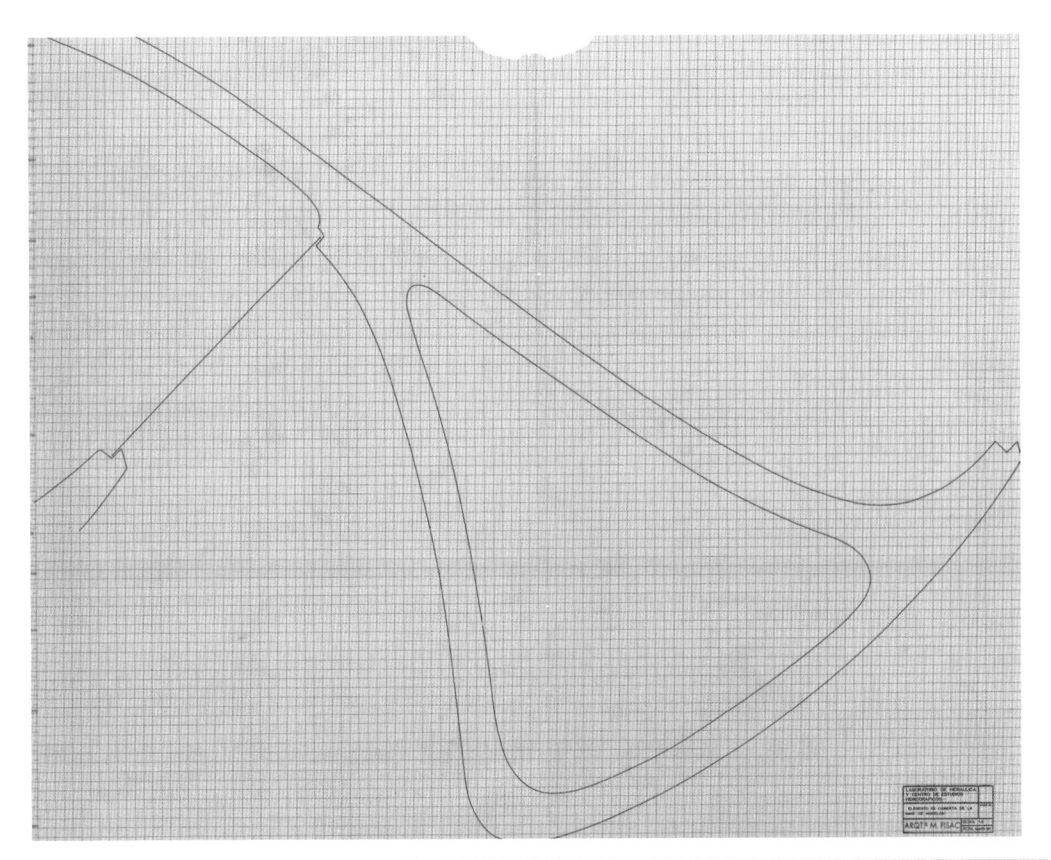

⌃ **Elemento de cubierta de la nave de modelos.**
Element of the roof of the models bay.

› **Sección transversal de la nave de ensayos con las piezas que conforman las vigas y el detalle de los cables de postesado.**
Transverse section of the test bay with the pieces composing the beams and detail of the post-tensed cables.

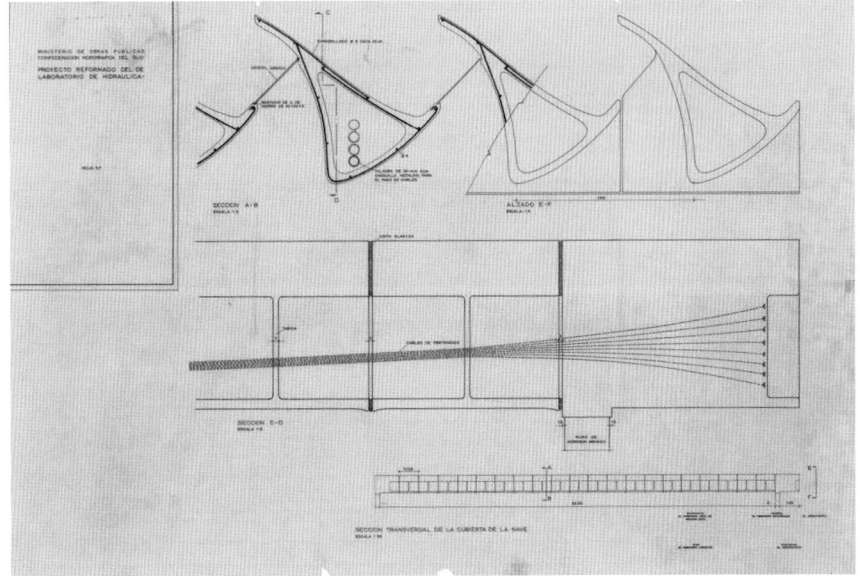

Casa Domínguez
Domínguez House

A Caeira (Poio), Pontevedra, 1973-1978
Alejandro de la Sota

Domínguez House. A Caeira (Poio), Pontevedra, 1973-1978 — Alejandro de la Sota

As Saarinen used to say, the human dwelling can be represented by a sphere cut equatorially by the plane of the ground. The buried hemisphere will be used for rest, inactivity, replenishing forces and thinking, the hemisphere above the plane 0 will be where people carry out their activities, where they do their thinking. Stony, earthy materials, the former; transparent, of glass, the latter.

The more we free our thought, the more the glass hemisphere will be separated from the ground and, set free, will become a new flying sphere, unreachable. The greater our need for rest, for repose, the deeper the buried hemisphere will bury itself.

This image having been carefully stored over the years and the precise conditions having appeared, physical form is given to these thoughts. The clearer the ideas, the more difficult it is to realize them clearly.

We start from the horizontal plane 0. The negative levels will be for rest areas, bedrooms and all that relates to them. Above level 0, first nothing, then the action living room, eating, the active man's attention.

This entails a way of doing and of using certain materials: heavy, ceramic, the sheltering materials; metallic, iron, sheet steel, glass in the open part, the flight of the building and of man. Terrace was built upon terrace, take-off terrace. Another terrace was built, reconciling the 0 and the +1, terrace of normality, with accesses that connect living and rest zones. The union of buried and raised volumes, of course, is glass block.

No intention of revealing secrets, writing this and that, because there are no secrets, it is all in full view. We want to insist once again that there is no work without idea and that idea and work are simultaneous when there appears that architecture of which we cannot say whether it is classifiable, understandable, cultured, forming a particular school. One consciously escapes from a spoken world, all written and really with no other ground than that of belonging to itself or not.

Study the plans, the normal functioning of a 'single-family' house and see if it meets the requirements; see how it does not belong to any school or, on the other hand, form one. See clearly the separate volumes that have been constructed and observe, too, the other multiples of them, those seen, those implied and also the play made, for example, with the railings, which are actually necessary.

In short, the eternal escape from transmitted written culture and the freedom for each of us to do what we want — within, of course, our own laws, the code we create ourselves.

— Alejandro de la Sota
[Published in *Arquitectura COAM*, No. 228, Madrid, January-February 1981, pp. 58-59.]

Al decir de Saarinen, el habitáculo del hombre puede ser representado por una esfera cortada ecuatorialmente por el plano de la tierra. La semiesfera enterrada se usará para el descanso, la inactividad, la reposición de fuerzas y del pensamiento, la semiesfera por encima del plano 0 será donde el hombre desarrolla su actividad, donde desarrolla lo pensado. De materiales pétreos, terrosos, la primera; transparente, de cristal, la segunda.

Cuanto más libere el hombre su pensamiento, más se separará de la tierra la cristalina semiesfera que, liberada, se convierte en nueva esfera volante, inalcanzable. Cuanto más grande es la necesidad de reposo, del descanso, más profunda se enterrará la enterrada semiesfera.

Cuidada en años esta imagen y aparecidas las condiciones precisas, se le da forma física a estos pensamientos. Cuanto más claras son las ideas, más cuesta conseguir claramente su materialización.

Se parte del plano horizontal 0. Las cotas negativas albergarán zonas de reposo, dormitorios y cuanto con ellos se relaciona. Sobre la cota 0, primero nada, luego la estancia acción, el comer, la atención del hombre activo.

Lleva esto una manera de hacer y de usar unos determinados materiales: pesados, cerámicos los de cobijo; metálicos, hierro, chapa, cristal en la parte abierta, el vuelo del edificio y del hombre. Se construyó una terraza encima de todo, terraza de despegue. Se construyó otra terraza, acordando el 0 con el +1, terraza de la normalidad, con accesos que unen estancias y descansos. La unión de cuerpos enterrado y elevado, es lógico, de pavés.

No se quiere descubrir secretos, escribiendo esto y lo otro, pues no existen, a la vista están. Se quiere insistir una vez más que no hay obra sin idea, y que idea y obra son simultáneas para que aparezca esa arquitectura que no se sabe si es catalogable, explicable, culta, formante de escuela determinada. Se escapa uno conscientemente de un mundo hablado, todo escrito y de verdad con ningún otro fondo que el de pertenecer o no a sí mismo.

Estúdiense los planos, el funcionamiento normal de una casa «unifamiliar» y véase si cumple con los requisitos exigidos; véase cómo no pertenece a escuela alguna ni, por otra parte, la forma. Véanse claramente los volúmenes separados que se construyeron y su enlace y obsérvense también los otros múltiples de ellos, los vistos, los insinuados y también cómo puede jugarse, por ejemplo, con las barandillas, por otro lado necesarias.

En fin, el eterno escape de la cultura escrita y transmitida y la libertad de hacer cada uno lo que le da la gana dentro, claro está, de sus propias leyes, del propio código creado por uno mismo.

— Alejandro de la Sota
[Publicado en *Arquitectura COAM*, núm. 228, Madrid, enero-febrero de 1981, pp. 58-59.]

Dominguez House. A Caeira (Poio), Pontevedra, 1973-1978　　　Alejandro de la Sota

Casa Dominguez. A Caeira (Poio), Pontevedra, 1973-1978

Domínguez House. A Caeira (Poio), Pontevedra, 1973-1978 — Alejandro de la Sota

‹ **Planta semisótano.**
Basement.

⌄ **Planta primera.**
First floor.

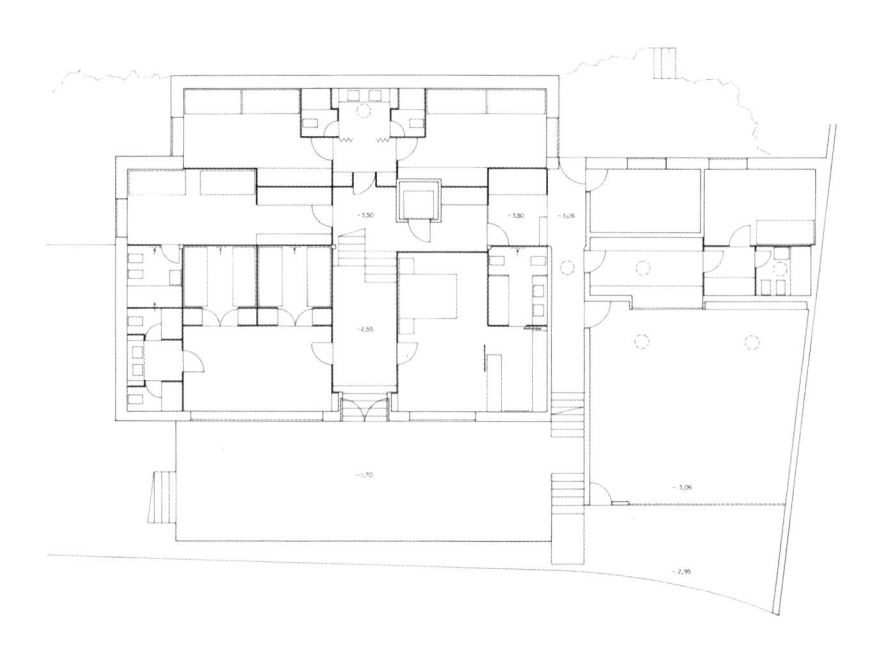

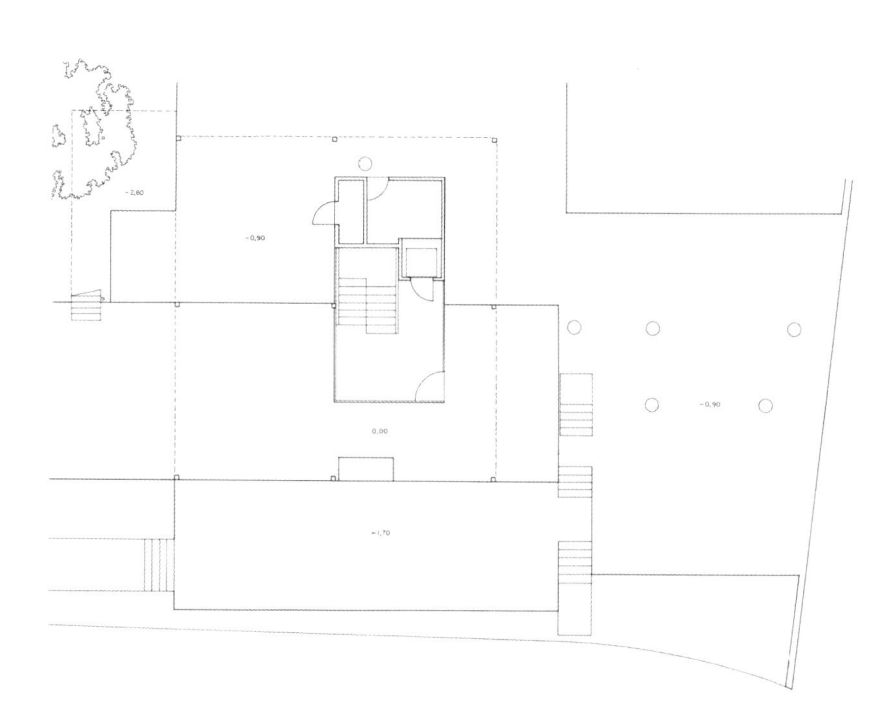

⌃ **Planta primera.**
First floor.

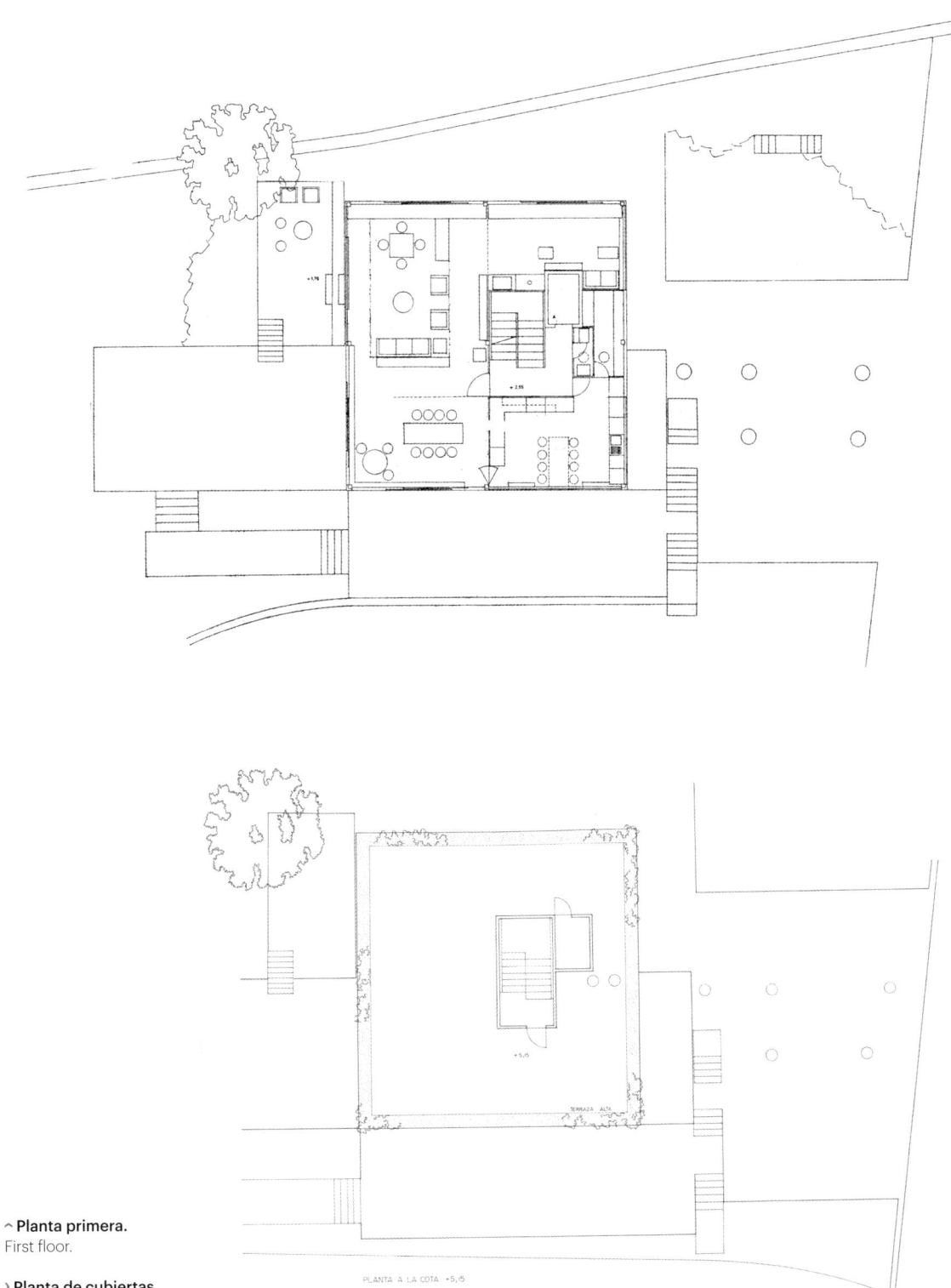

› **Planta de cubiertas.**
Roof floor.

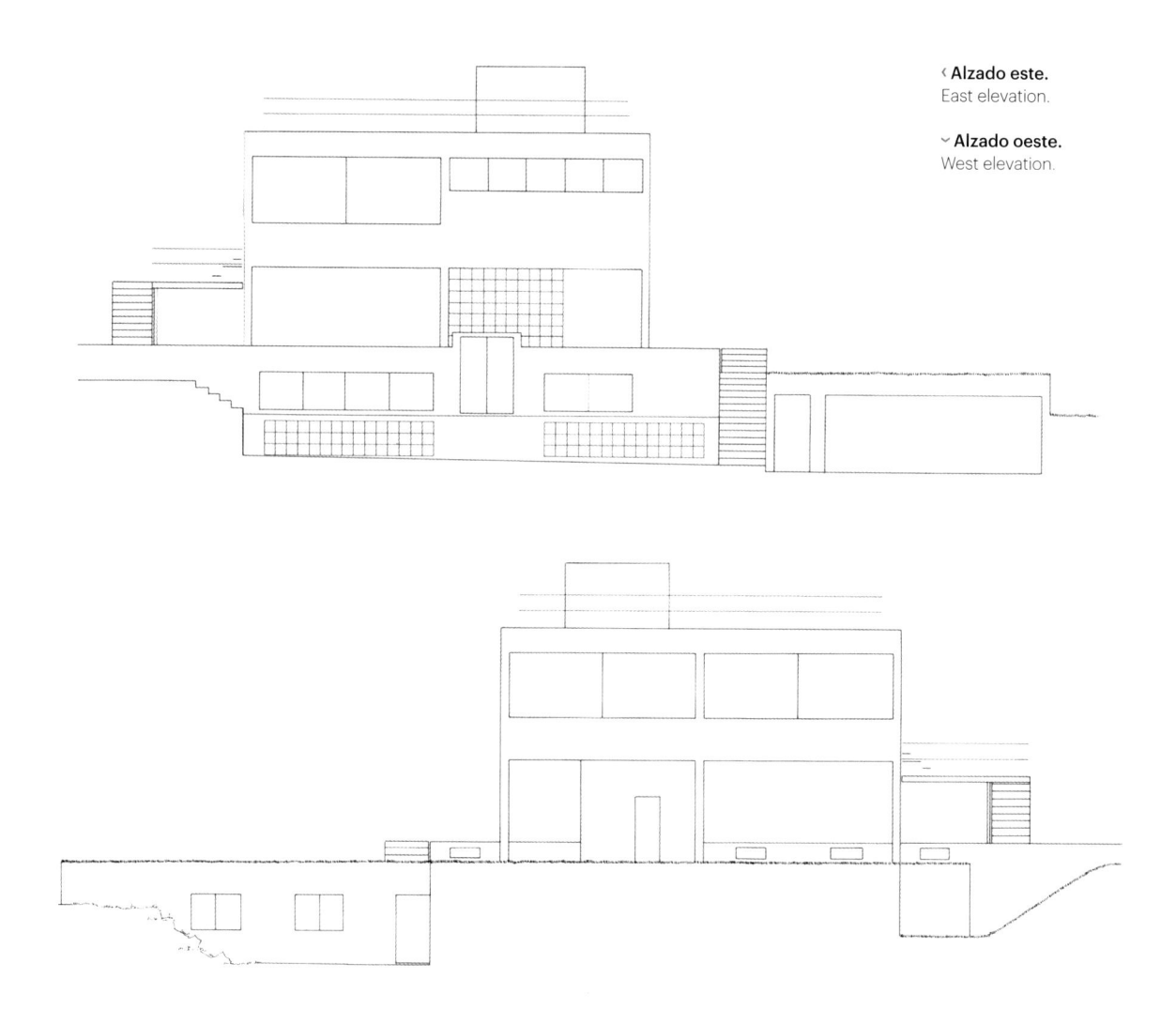

Domínguez House. A Caeira (Poio), Pontevedra, 1973-1978 — Alejandro de la Sota

‹ Alzado este.
East elevation.

˅ Alzado oeste.
West elevation.

› **Alzado sur.**
South elevation.

˅ **Alzado norte.**
North elevation.

˅ **Sección.**
Section.

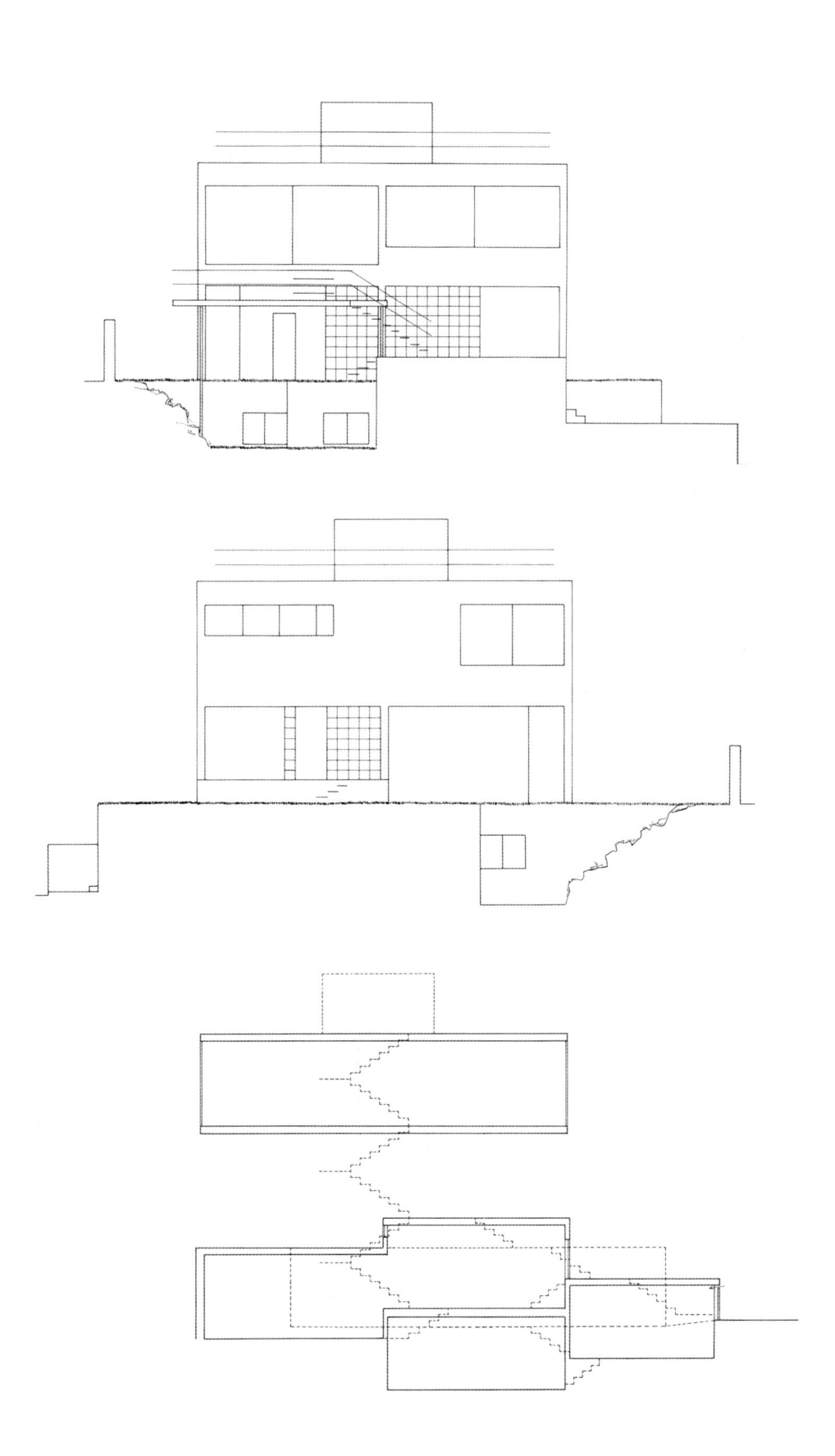

Dominguez House. A Caeira (Poio), Pontevedra, 1973-1978 — Alejandro de la Sota

Casa Domínguez. A Caeira (Poio), Pontevedra, 1973-1978

Domínguez House. A Caeira (Poio), Pontevedra, 1973-1978 — Alejandro de la Sota

Casa Domínguez. A Caeira (Poio), Pontevedra, 1973-1978

Domínguez House. A Caeira (Poio), Pontevedra, 1973-1978 — Alejandro de la Sota

Casa Domínguez. A Caeira (Poio), Pontevedra, 1973-1978

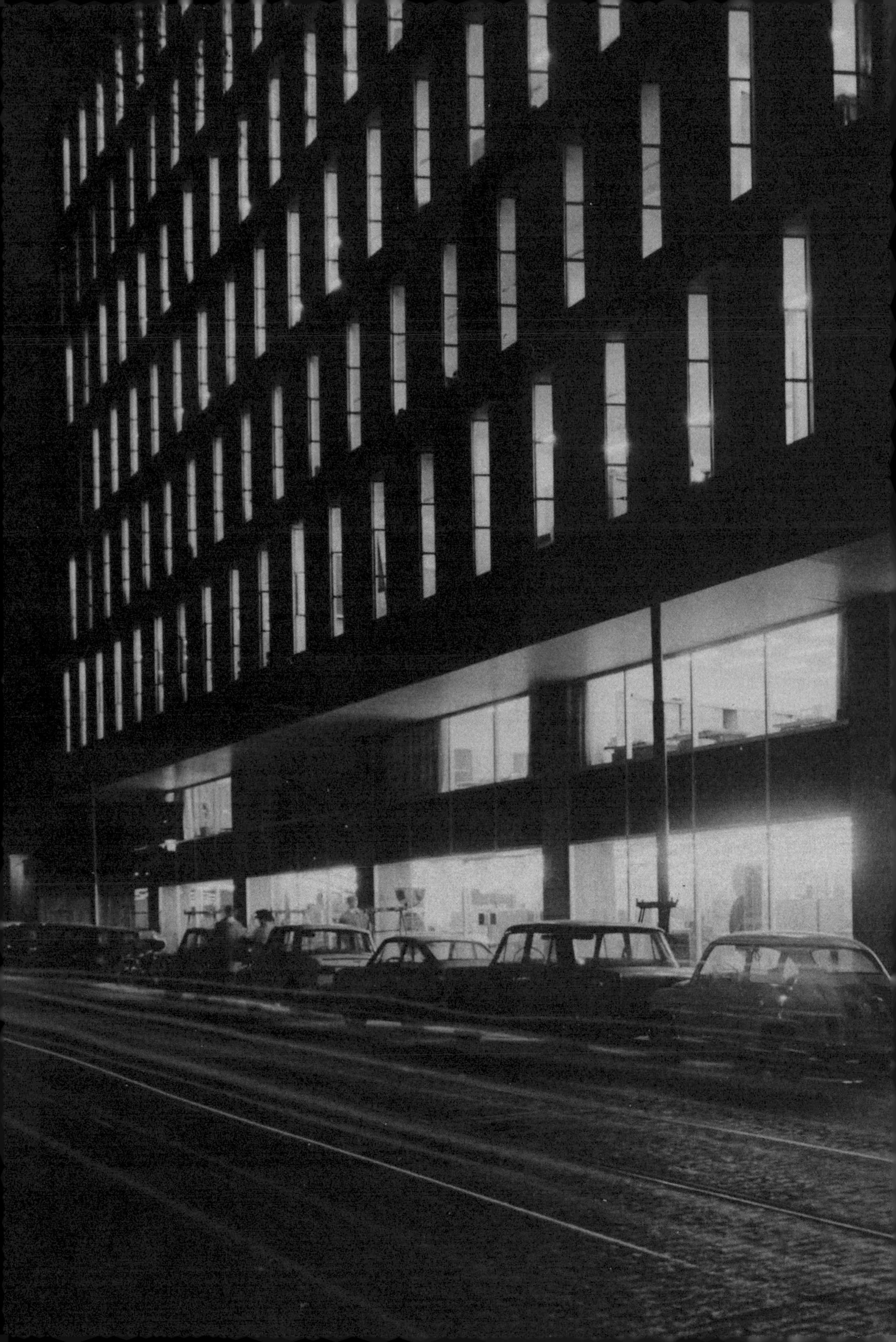

Edificio IBM
IBM Building

Madrid, 1966-1967
Miguel Fisac

IBM Building. Madrid, 1966-1967   Miguel Fisac

In 1964 the architect Miguel de Oriol Ibarra presented a project for a commercial building on the paseo de La Castellana at the corner of calle de Hermosilla, owned by FINCOSA.

In this project, Mr Oriol designed a curtain wall façade with elements clad in white Carrara marble and some other clad in bush-hammered granite.

Although the glass that was to be used, Pittsburgh-14, is anti-glare and anti-infrared, the fact that this façade on La Castellana is rigorously West-oriented made it clear that this system could be advantageously replaced by another with much less transparent surface and also with its windows not facing West, so the scheme proposes the construction of sections of opaque façade formed with lightweight precast hollow pieces and floor-to-ceiling openings and windows with Northwest and Southwest orientations occupying about a third of the area of the exterior walls.

The details of their construction and mounting are exactly specified in the corresponding plans at scales 1:5 and 1:1.

At the same time, given that the pavement on the Paseo de La Castellana is very narrow at that point — 1.50 m wide — and despite losing approximately 200 m² of floor area, it is proposed to construct the building with an indent of 2 m on the ground and first floors, the skin in that section being of opaque ribbon windows and parapets of Emalit.

For the rest of the building, all of the three façades and the penthouses strictly adhere to the quantities approved in the corresponding municipal building permit.

The present budget amounts to the sum of 11,617,890.10 pesetas, with the cost of the previous solution being 13,828,814.60 pesetas.

— Miguel Fisac
[Report on the façades of the building. Madrid, April 1967.]

En 1964 el arquitecto D. Miguel de Oriol Ibarra presentó un proyecto para edificio comercial en el paseo de La Castellana con vuelta a la calle de Hermosilla, propiedad de FINCOSA.

En este proyecto el señor Oriol proyecta una fachada de muro cortina con algunos elementos chapados de mármol blanco de Carrara y también algunos revestidos de granito abujardado.

Aunque el cristal que se pensaba colocar, Pittsburgh-14, es anti-deslumbrante y anti-infrarrojo, por tratarse de una fachada –la de La Castellana– rigurosamente orientada a Poniente, se estima que este sistema puede ser ventajosamente sustituido por otro que presente mucha menos superficie transparente y además con ventanales no orientados a Poniente, por lo que se propone la construcción de superficies de fachada opacas, formadas con piezas prefabricadas ligeras y huecas y ventanas de techo a suelo con orientaciones Noroeste y Suroeste de aproximadamente un tercio de la superficie de paramentos exteriores.

Los detalles de su construcción y fijación quedan perfectamente especificados en los correspondientes planos a escala 1:5 y 1:1.

De otra parte, como la acera, por el paseo de La Castellana, es en esa zona muy reducida –de 1,50 m de anchura– a pesar de perder aproximadamente unos 200 m^2 de edificación, se propone construir el edificio con un retranqueo de 2 m en planta baja y primera, paramentos en esa zona, que irán con ventanas corridas
y antepechos opacos Emalit.

En cuanto al resto del edificio, todos los paramentos en las tres fachadas y áticos, responden estrictamente a las medidas aprobadas en la licencia municipal correspondiente.

Importa el presente presupuesto la cantidad de 11.617.890,10 pesetas, siendo el precio de la solución anterior de 13.828.814,60 pesetas.

— Miguel Fisac
[Memoria de las fachadas del edificio. Madrid, abril de 1967.]

IBM Building, Madrid, 1966-1967   Miguel Fisac

Edificio IBM. Madrid, 1966-1967

‹ **Vista aérea con fachada al paseo de La Castellana de Madrid.**
View of the façade on paseo de La Castellana.

^ **Vista nocturna del exterior.**
View of the exterior at night.

IBM Building. Madrid, 1966-1967   Miguel Fisac

‹ **Vista de la fachada al paseo de La Castellana.**
View of the façade on paseo de La Castellana.

˅ **Alzado principal al paseo de La Castellana.**
Main elevation on paseo de La Castellana.

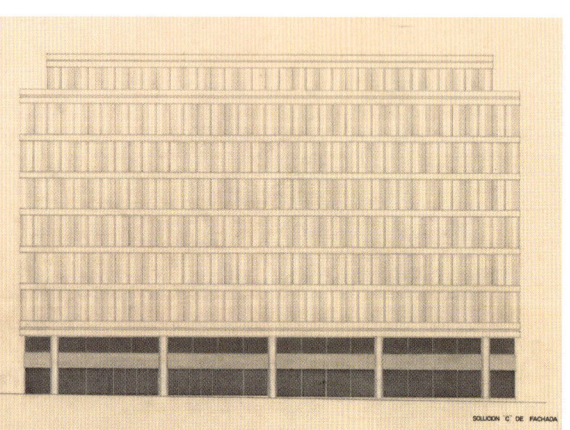

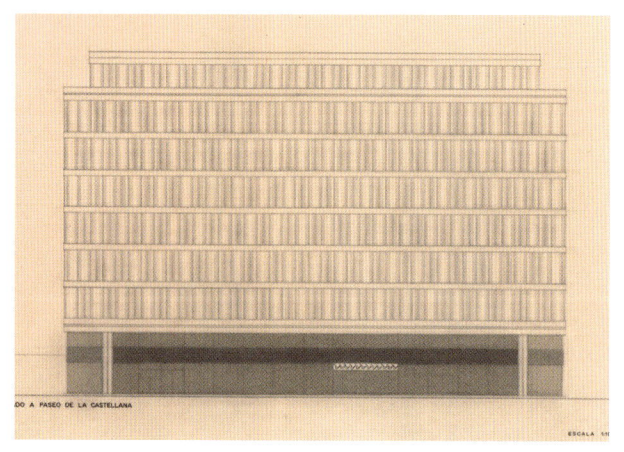

Edificio IBM. Madrid, 1966-1967

› **Alzado lateral a la calle de Hermosilla.**
Side elevation on c/ de Hermosilla.

⌄ **Vista de una de las esquinas.**
View of one of the corners.

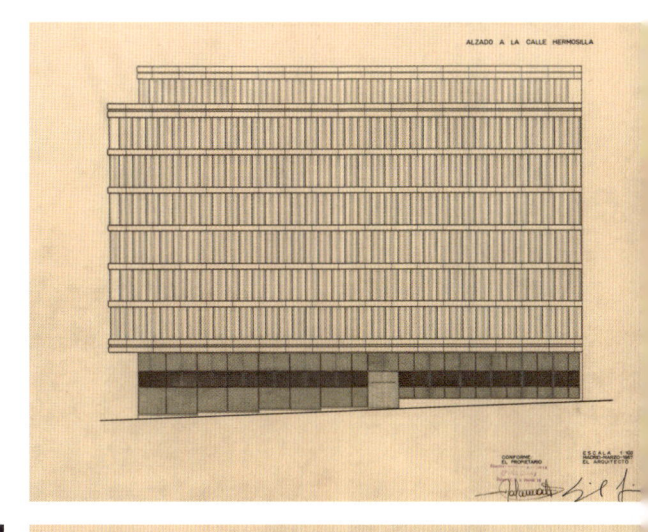

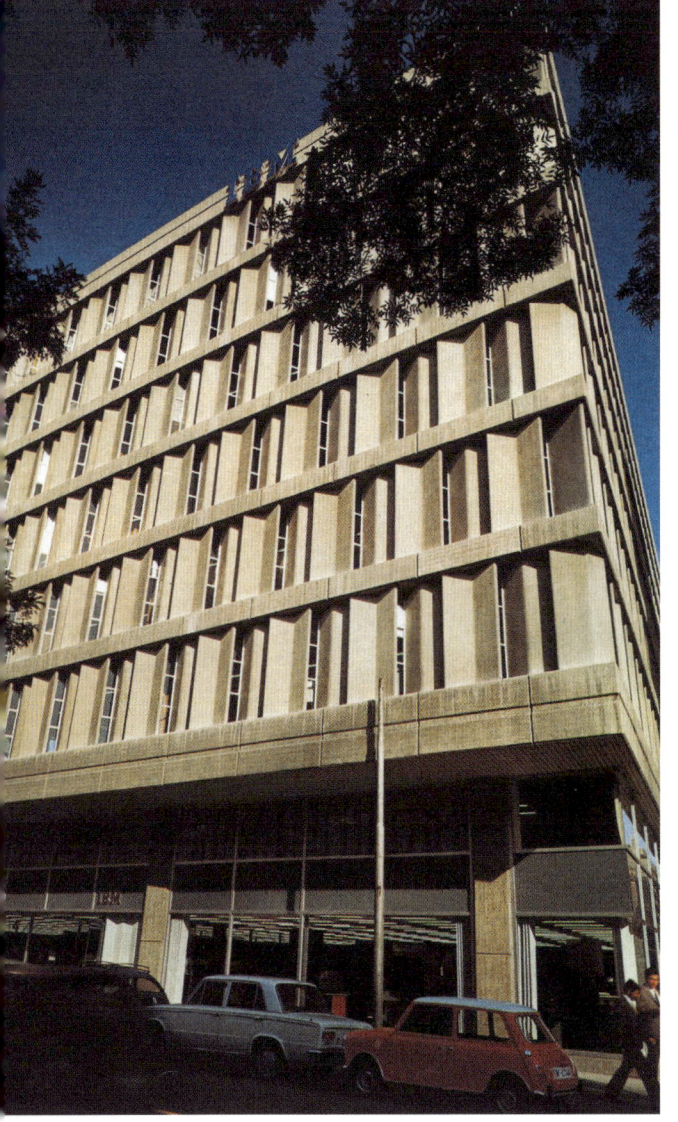

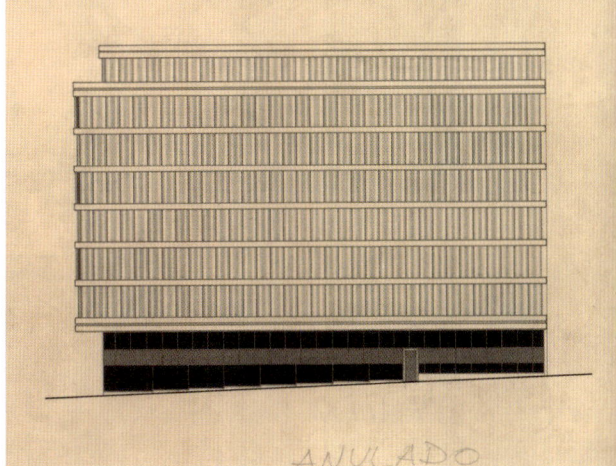

IBM Building. Madrid, 1966-1967   Miguel Fisac

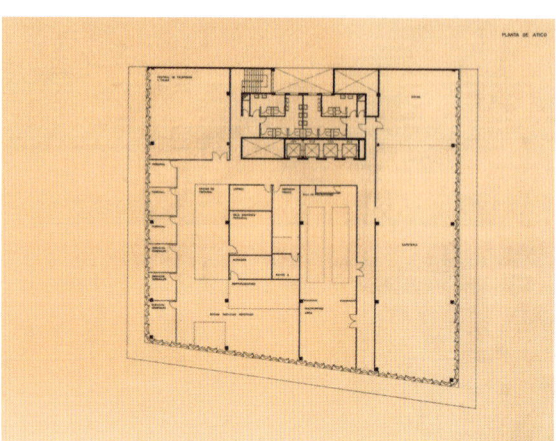

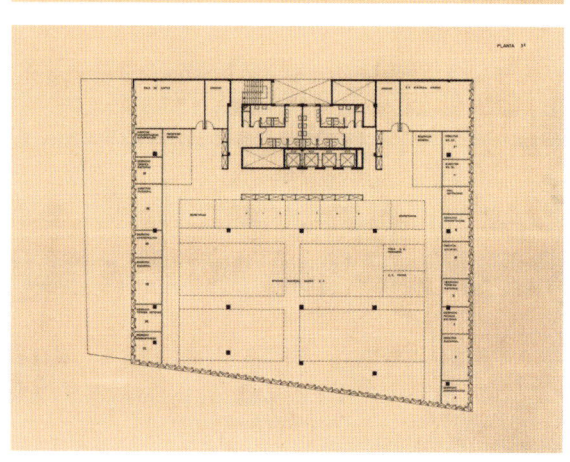

^ Detalle de la fachada de planta baja.
Detail of the ground floor façade.

‹ Plantas.
Floor plans.

Edificio IBM. Madrid, 1966-1967   192 / 193

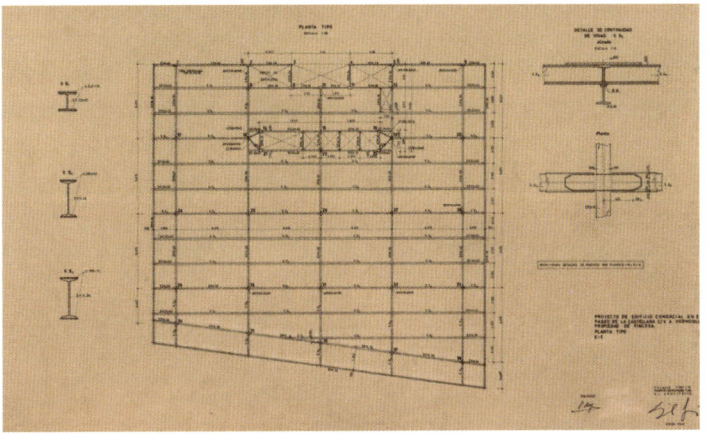

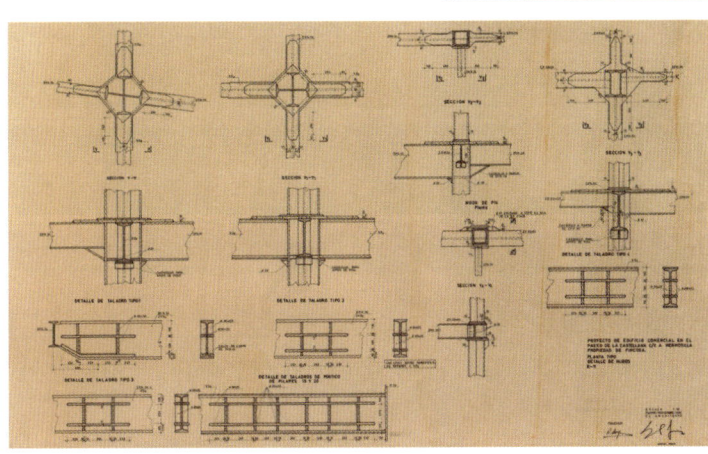

∧ **Vista interior de las oficinas.**
Interior view of the offices.

∧ **Planta tipo.**
Typical floor plan.

‹ **Planta tipo. Detalle de los nudos.**
Typical floor plan. Detail of the connections.

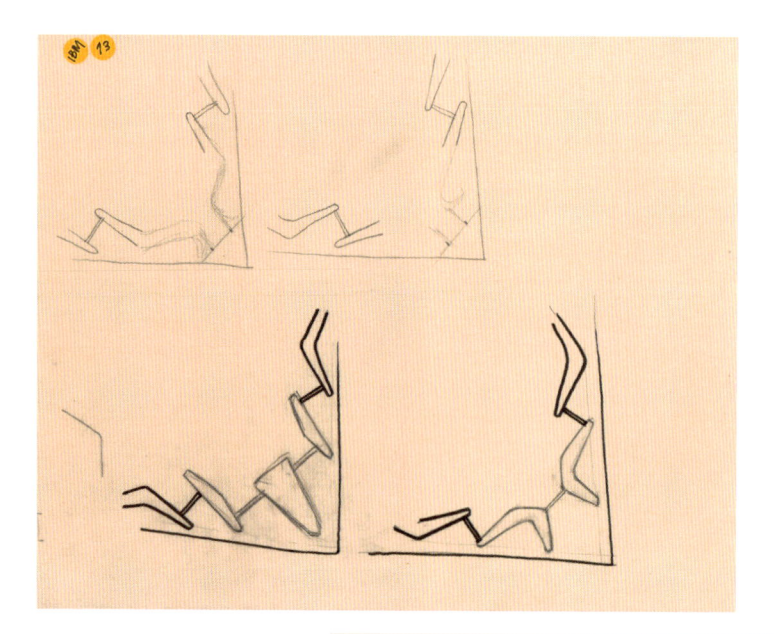

‹ **Primeros croquis para la solución de fachada.**
First sketches for the solution of the façade.

⌄ **Distintas alternativas para el cerramiento de la fachada.**
Alternative treatments of the skin of the façade.

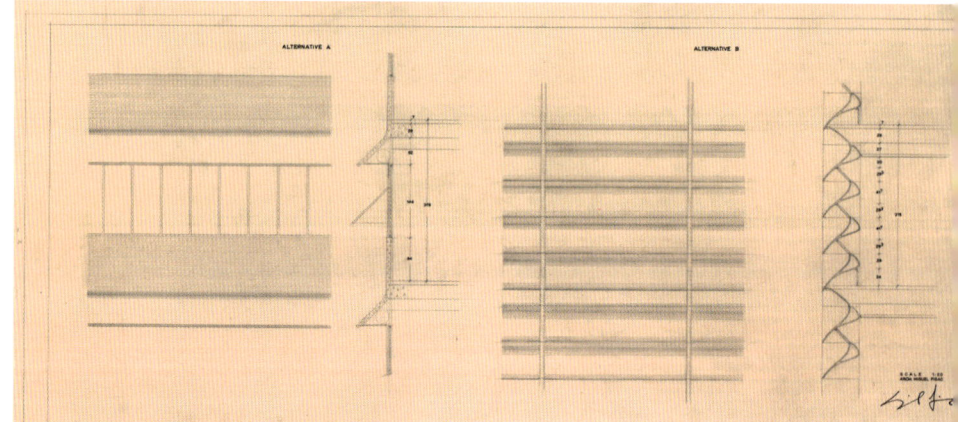

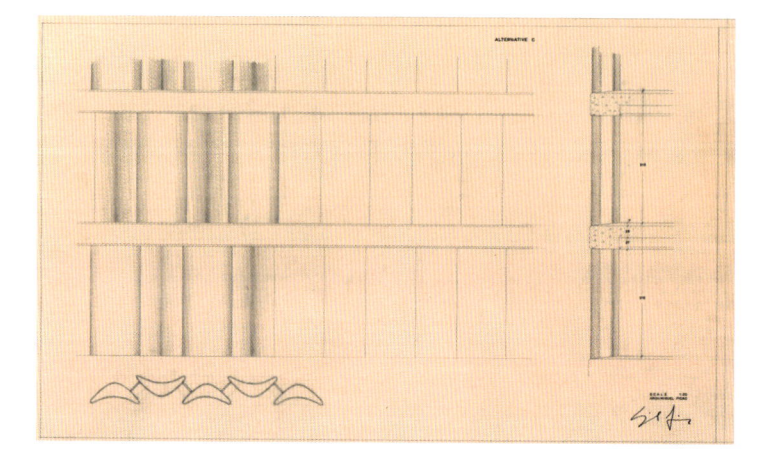

⌄ **Piezas prefabricadas de la fachada a pie de obra.**
Prefabricated parts of the façade on site.

IBM Building: Madrid, 1966-1967   Miguel Fisac

‹ **Detalle de la fachada.**
Detail of the façade.

› **Planta solución de la fachada.**
Plan of the solution
of the façade.

˅ **Planta del módulo tipo de la fachada.**
Plan of the typical module
of the façade.

˅ **Detalle de la fachada.**
Detail of the façade.

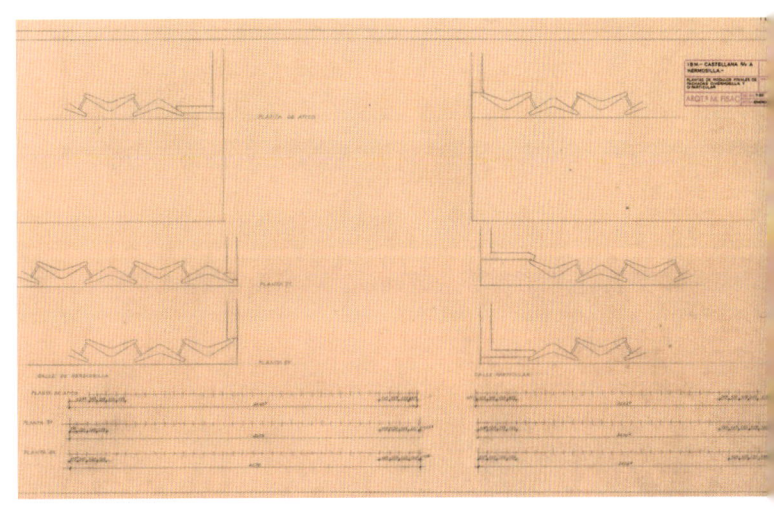

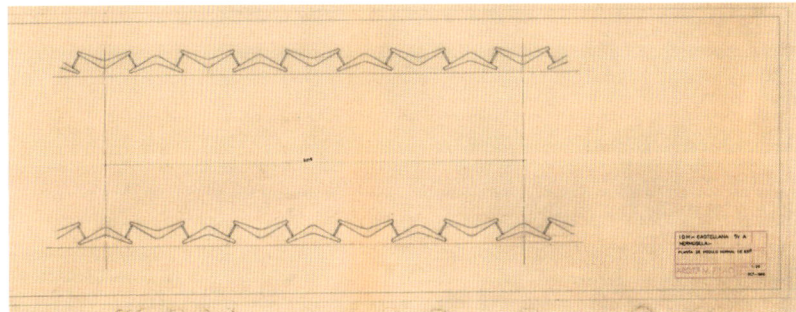

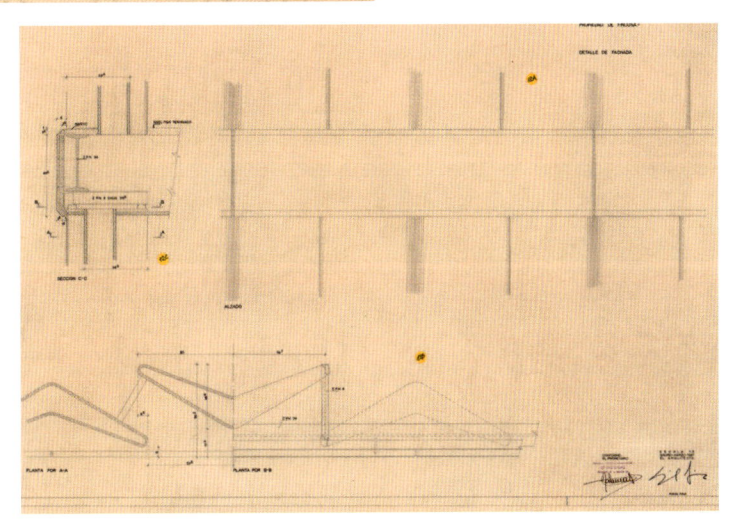

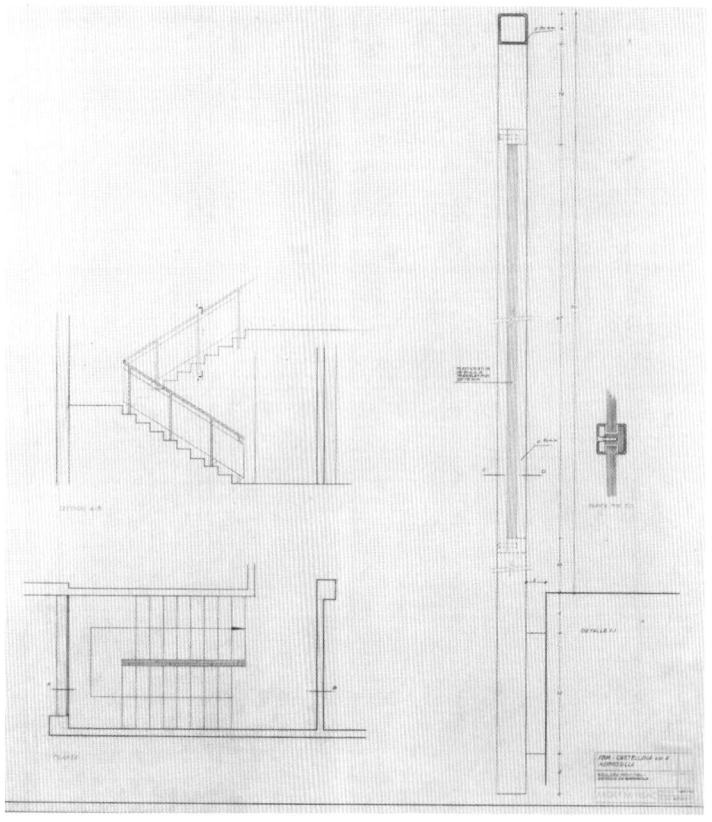

‹ Escalera principal. Detalle de la barandilla.
Main stairs. Detail of the railing.

˅ Detalle de la barandilla de escalera entre planta baja y primera.
Detail of the railing on the stairs between ground and first floor.

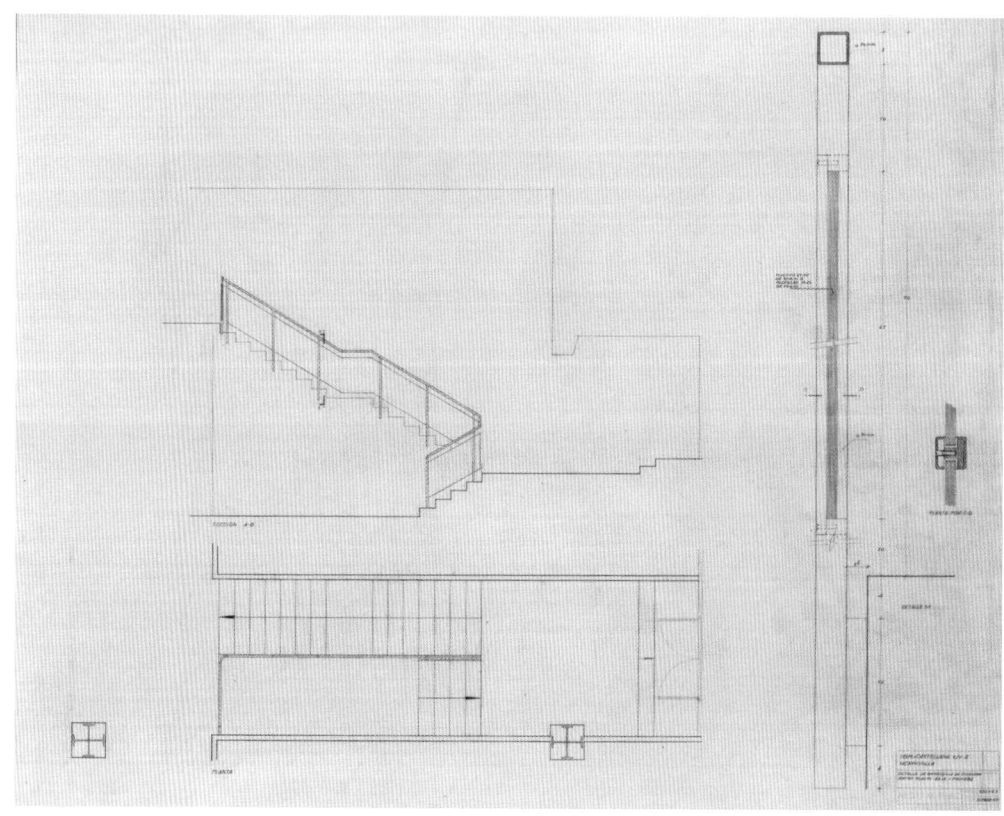

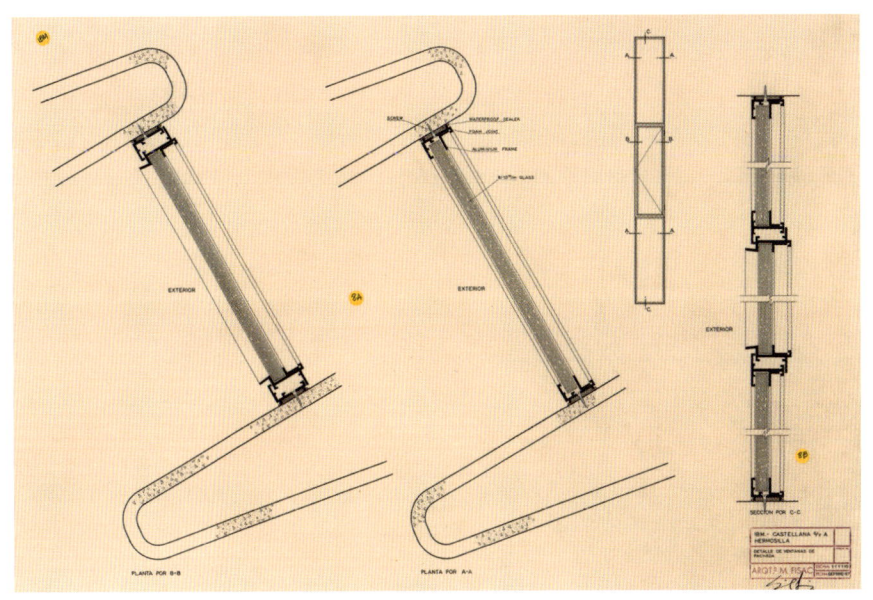

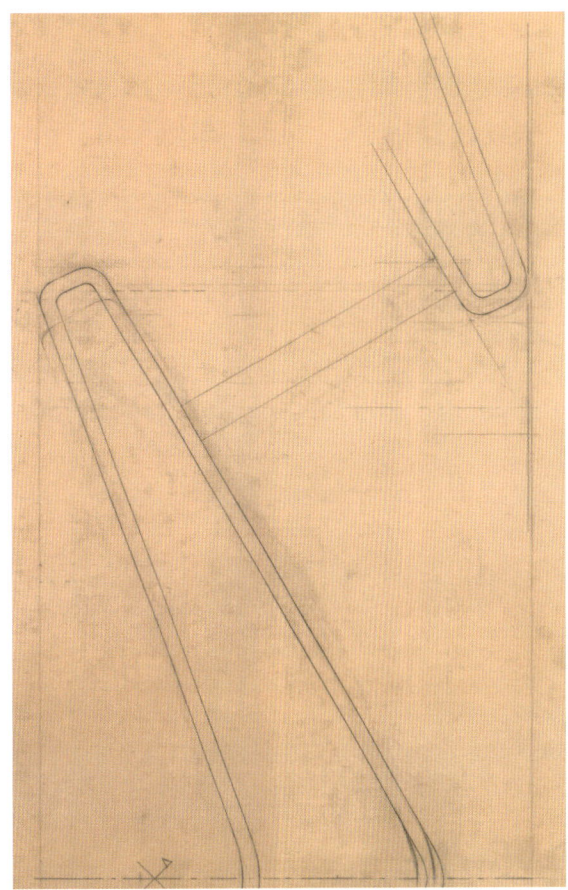

Detalle de ventanas de la fachada.
Detail of the windows in the façade.

Croquis de las piezas prefabricadas de la fachada.
Sketch of the prefabricated pieces in the façade.

Edificio de Correos y Telecomunicaciones
Post and Telecommunications Building

León, 1981-1984
Alejandro de la Sota

Post and Telecommunications Building. León, 1981-1984 — Alejandro de la Sota

I remember hearing it said that after his first trip to New York, Le Corbusier wrote to the mayor of that city and said something like: 'If you demolish New York, I will build you a cube that works'.

The story may be true, it may be recalled well or poorly, but what is clear is that at the very least it may have seriously influenced the position of some architect with regard to his approach.

We have already moved on from that phase of giving architectural form, making a composition of volumes with the ones that resulted from the different parts of a single programme of needs.

'A cube that works' is heavy.

For example, there are projects by Kevin Roche in which he joined together various initiatives to make one.

They are all approaches to something that is sensed in advance and against the minimizing of scale at all scales.

The construction processes are new today, we have to incorporate them into our thoughts prior to the projects.

Because of the overvaluation of the heritage nowadays, we are experiencing a mixture of fear and nostalgia. It is considered better to restore than recreate. That is not the case.

All of this has to do with one's state of mind before starting a project. Paul Klee said: 'We do not yet have the strength for the last attempt, because we do not have the community on our side.'

We need to understand the effort if we are to try to bring about this change, because it is well worth it.

The new communications centre in León is a 'functional' building, designed and built with contemporary means. Possibly no more. The aim was to produce 'a cube that works' and to allow for changes in its functioning over time; the structural simplification and interior clarity will contribute to this. Clarity! Light and more light!

Two touches of conscious and deliberate representativeness will endow the very calm cuboid with the prestige expected of a public building.

The attempt to place new materials in new constructions will continue forever. In León, Robertson sheeting, which is often found here in Spain on hypermarkets, was used on a singular, important building, and the result is acceptable. Externally because the cladding has been painted 'León colour' and inside because delicacy humanizes what the sensitivity seems in principle to reject or demand.

— Alejandro de la Sota
[Single typed sheet published with minor modifications in *Arquitectura*, No. 233, Madrid, 1981, p. 52.]

Recuerdo haber oído y ya aquí dicho que a la vuelta de su primer viaje a Nueva York, Le Corbusier escribió al alcalde de aquella ciudad: «Si Vd. derriba Nueva York, yo le construyo un cubo que funcione».

Puede ser cierto el hecho, puede estar bien o mal recordado, pero lo que sí es evidente es que por lo menos pudo influir seriamente en la posición de algún arquitecto frente a sus planteamientos.

Hemos pasado ya por aquella fase de dar forma arquitectónica, hacer composición de volúmenes que resultaban de las distintas partes de un mismo programa de necesidades.

«Un cubo que funcione» pesa mucho.

Por ejemplo, existen proyectos de Kevin Roche en los que unió distintas iniciativas para hacer una sola cosa.

Son todas aproximaciones a algo que se presiente y en contra de la minimación de escala a todas las escalas.

Los procedimientos constructivos son hoy nuevos; tenemos que incorporarlos a nuestros pensamientos previos a los proyectos.

Por la supervaloración que hoy se da a la herencia, se mezclan en nosotros el miedo y la nostalgia. Vale más la restauración que la recreación. Y no es así.

Todo esto viene a propósito del estado de ánimo antes de proyectar. Decía Paul Klee: «No tenemos aún la fuerza para el último intento, porque no tenemos a la colectividad de nuestra parte».

Se quiere entender del esfuerzo para intentar producir este cambio, pues bien lo merece.

La nueva sede de comunicaciones de León es un edificio «funcional» y realizado con medios actuales. Posiblemente no más. Se trató de hacer «un cubo que funcione» y que permita cambiar este funcionamiento en el transcurso del tiempo; contribuirá a ello la simplificación estructural y la claridad interior. ¡La claridad! ¡Luz y más luz!

Dos *touches* de sabida y conocida representatividad añadirán al muy tranquilo paralelepípedo el prestigio que a un edificio público le corresponde.

El intento de situar nuevos materiales en nuevas construcciones seguirá siempre. En León se usó la chapa Robertson, que aquí en España se emplea para hipermercados, en un edificio singular, importante, y el resultado es admisible. Exteriormente por haber pintado la chapa de «color León» y en el interior porque la delicadeza humaniza lo que la sensibilidad en principio parece rechazar o exigir.

— Alejandro de la Sota
[Hoja mecanografiada publicada con pequeñas modificaciones en *Arquitectura*, núm. 233, Madrid, 1981, p. 52.]

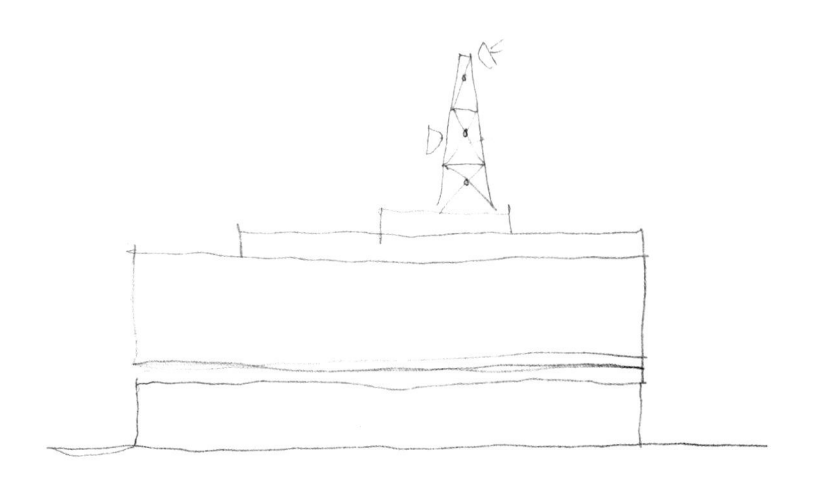

Post and Telecommunications Building. León, 1981-1984 — Alejandro de la Sota

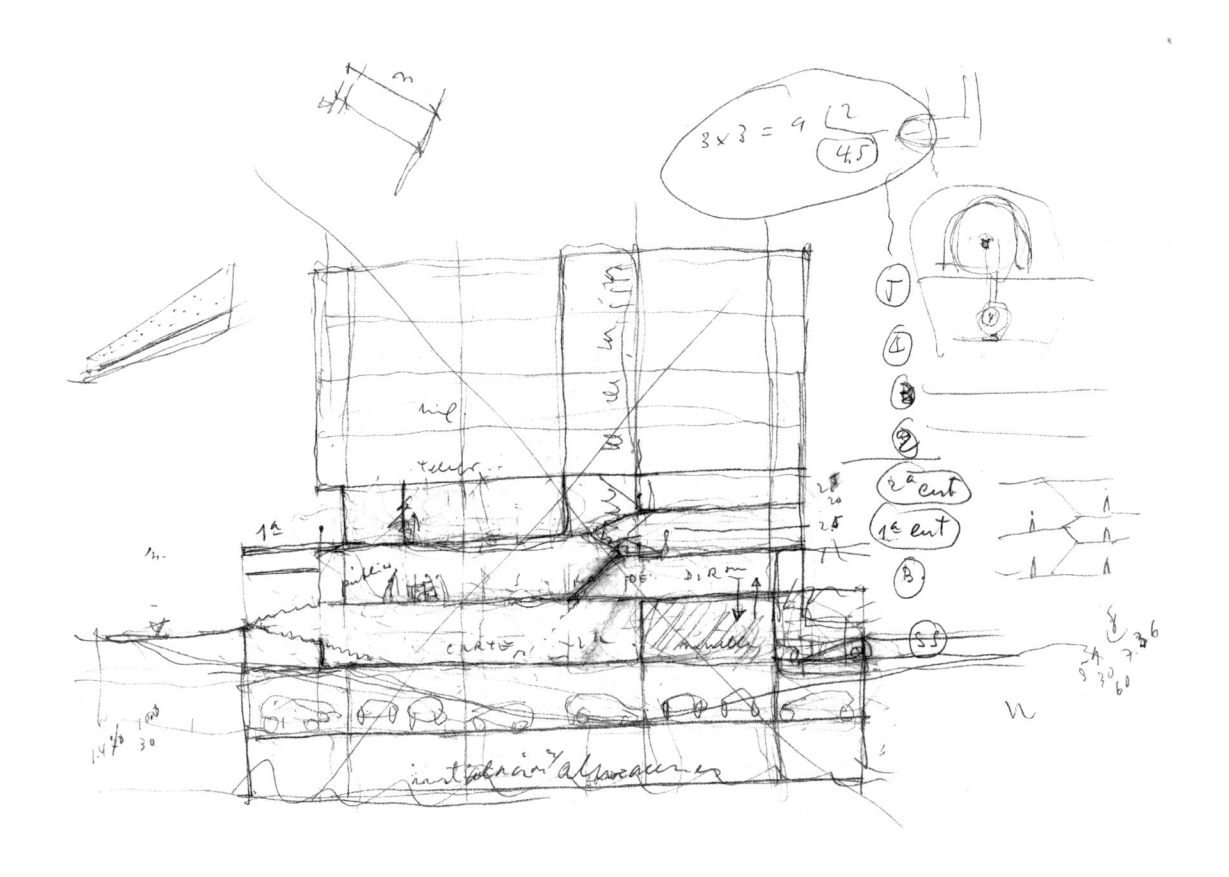

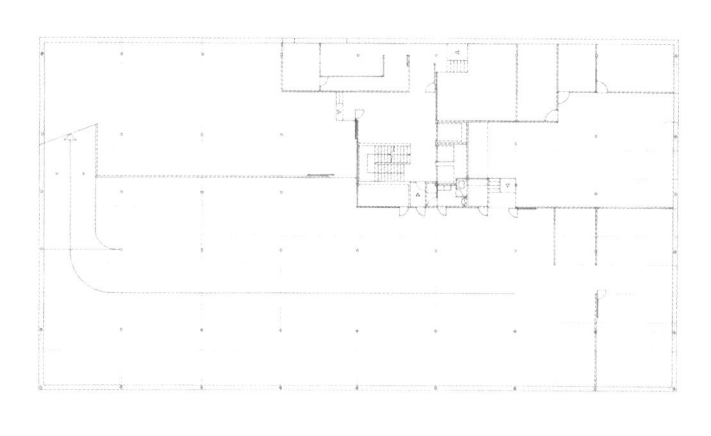

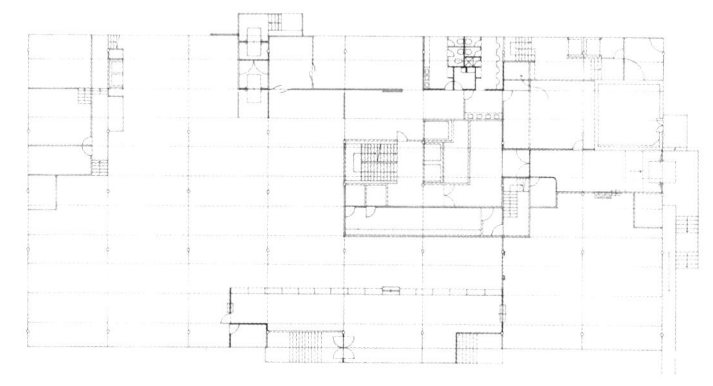

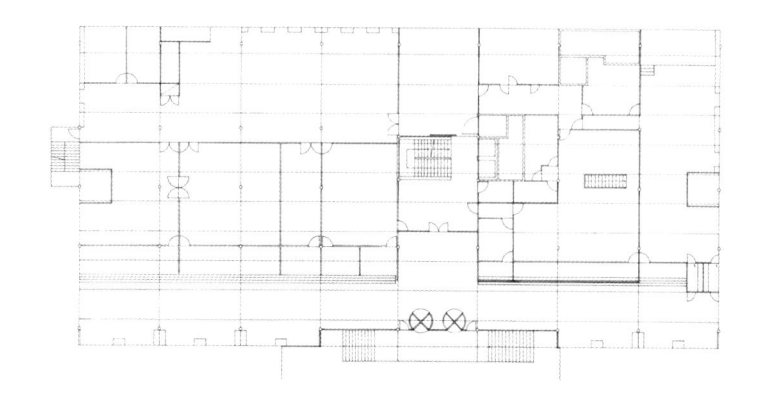

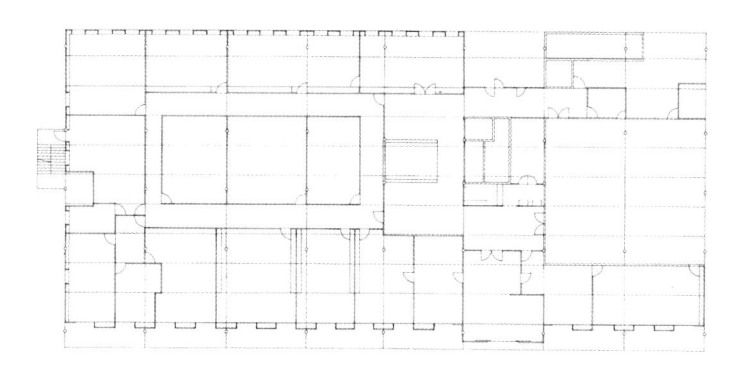

Post and Telecommunications Building. León, 1981-1984   Alejandro de la Sota

‹ **Planta sótano.**
Basement.

‹ **Planta semisótano.**
Basement.

‹ **Planta baja.**
Ground floor.

‹ **Planta primera.**
First floor.

› **Planta segunda.**
Second floor.

› **Planta tercera.**
Third floor.

› **Planta cuarta.**
Forth floor.

› **Planta de cubiertas.**
Roof floor.

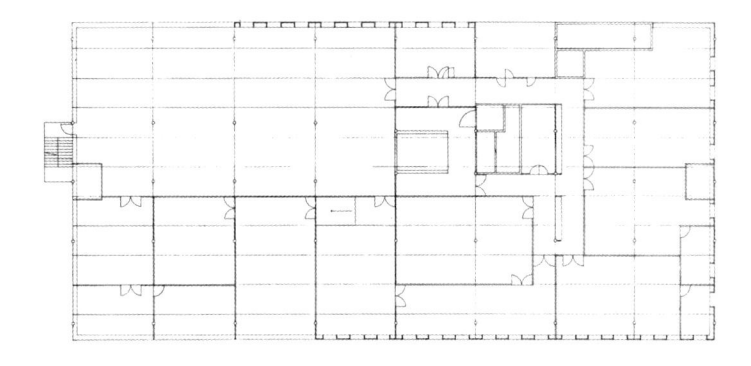

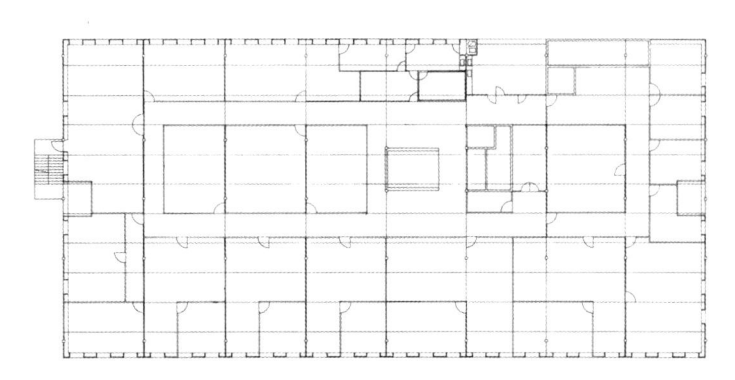

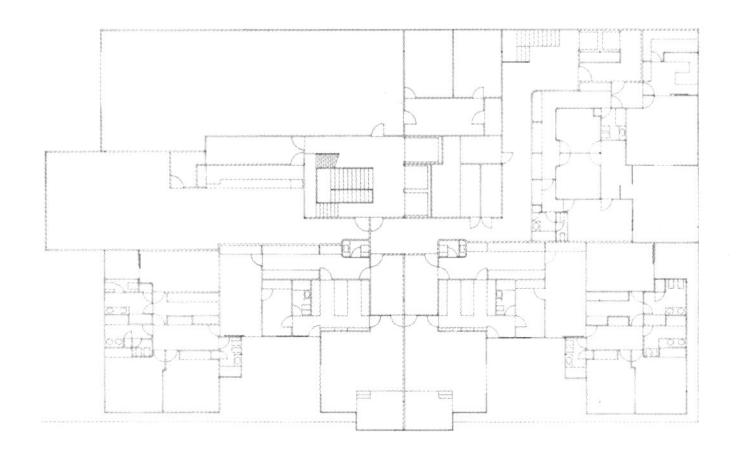

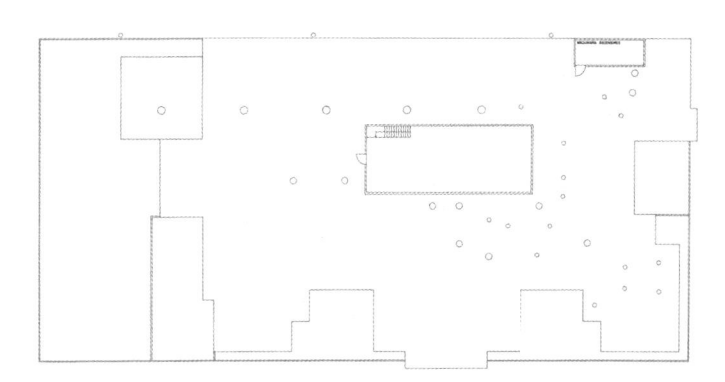

Post and Telecommunications Building. León, 1981-1984 — Alejandro de la Sota

Edificio de Correos y Telecomunicaciones. León, 1981-1984

Post and Telecommunications Building. León, 1981-1984 — Alejandro de la Sota

‹ **Balcón corrido de la planta alta.**
Continuous balcony on the top floor.

‹ **Lámparas de la zona de atención al público.**
Lamps in the public area.

› **Sala de actos.**
Main hall.

› **Tolva.**
Hopper.

Post and Telecommunications Building. León, 1981-1984 — Alejandro de la Sota

‹ **Puerta giratoria de acceso público.**
Revolving door at the public entrance.

‹ **Acceso funcionarios.**
Entrance for office staff.

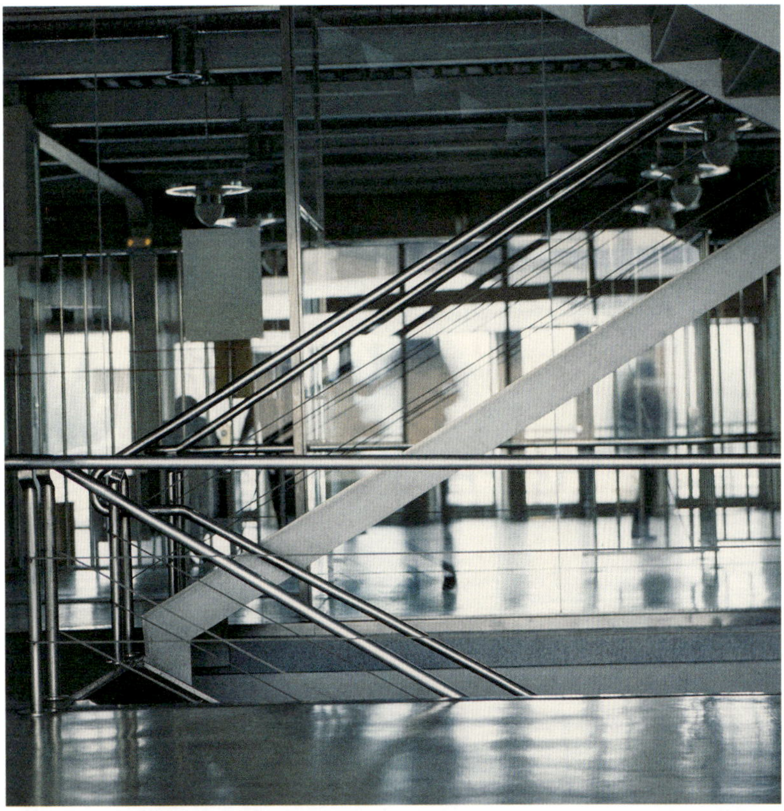

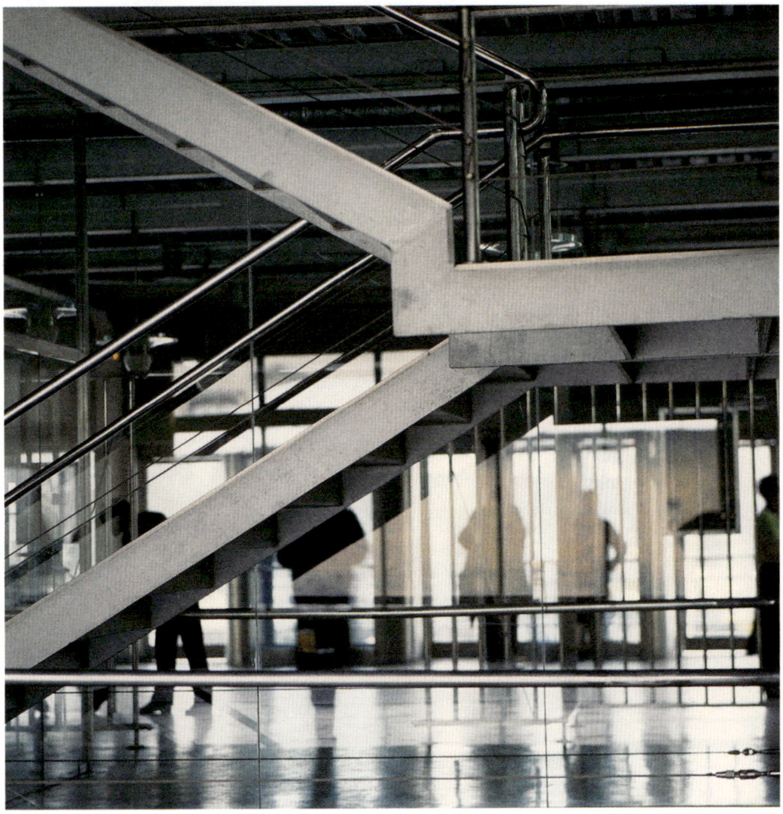

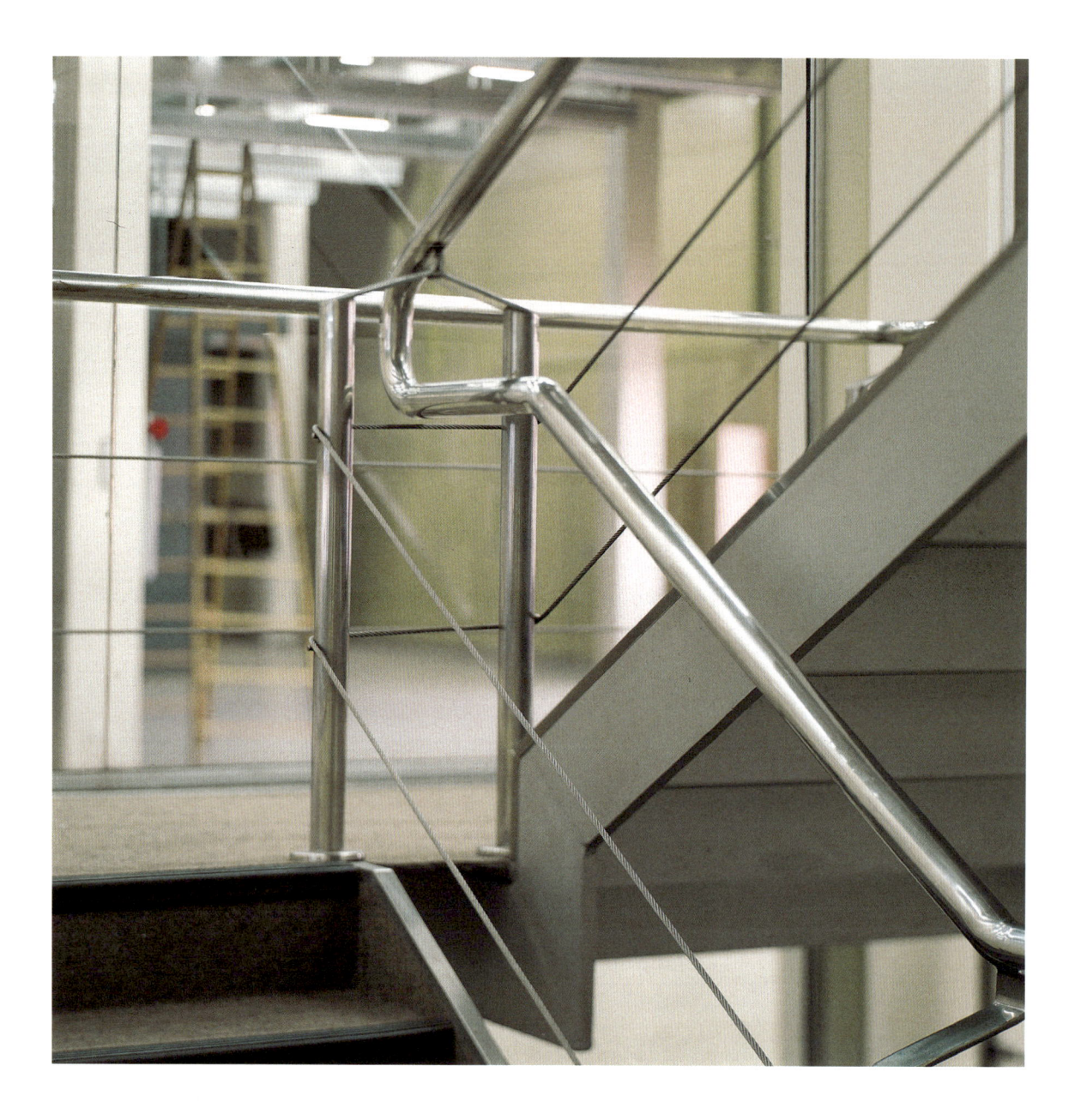

Post and Telecommunications Building. León, 1981-1984 — Alejandro de la Sota

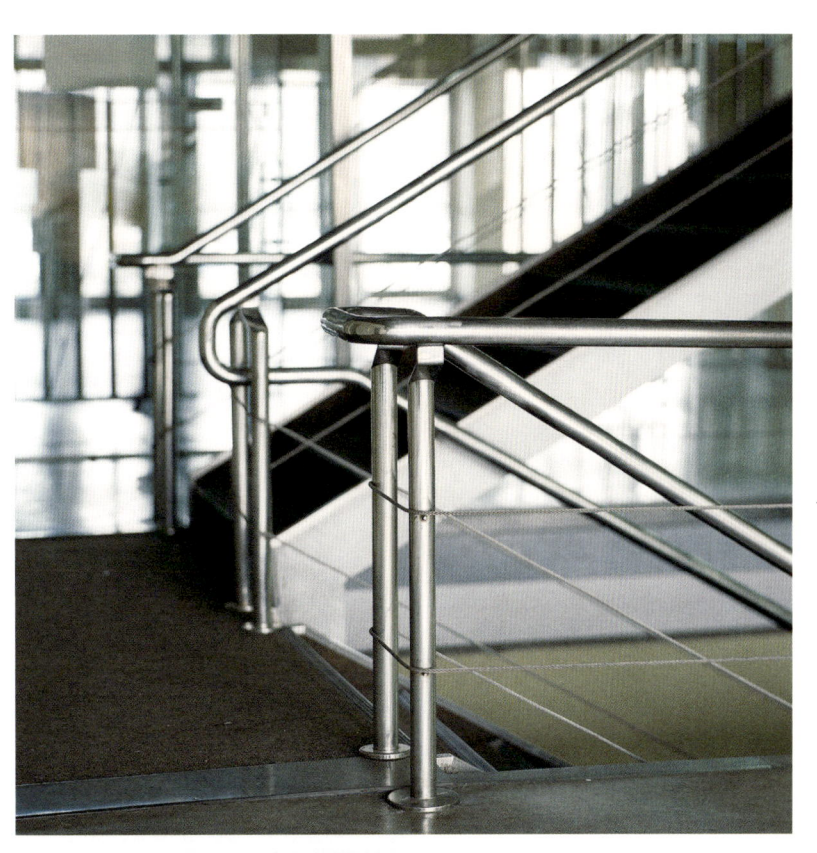

Edificio de Correos y Telecomunicaciones. León, 1981-1984

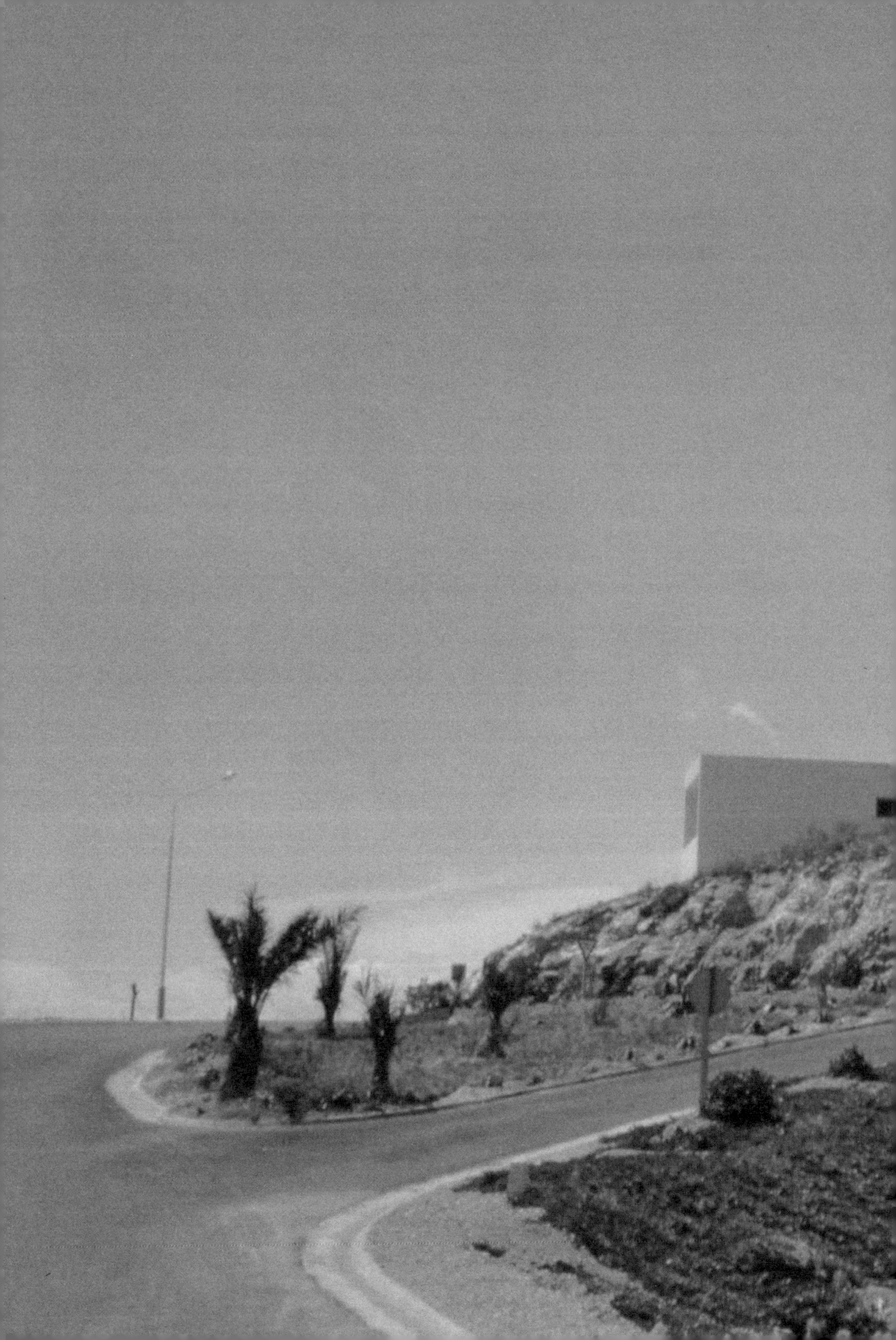

Chalet en la Bahía de Mazarrón
House on the Bay of Mazarrón

Murcia, 1968-1969
Miguel Fisac

House on the Bay of Mazarrón. Murcia, 1968-1969 — Miguel Fisac

It is planned to construct a single-family building on the beach at Mazarrón (Murcia), for Miguel Fisac.

The site is a rocky slope, with a gradient of about 30°, with views of the sea.

The intention is to construct a small house with a very modest layout and materials, in which the different pieces that make up the house are composed of four modules of decreasing size, each supported by the one before.

In the first module there is a terrace, a living room, a dining room and a kitchen, and each of the other modules is a bedroom with bathroom.

Structurally, each of these modules is formed by perimeter beams on which the floor slab rests and vertical walls formed by a half-brick outer skin, with partition walls on the interior, reinforced by buttresses of solid brick every 2 metres.

For the foundation in the rocky area there is a continuous sole with projecting lugs anchored in the rock to prevent slippage and a stepped reinforced concrete footing in the areas of sandy soil.

The services, materials, and all of the various characteristics of the other elements are indicated in the general budget, and are all of the utmost simplicity.

The budget for the work is estimated at 343,464.98 pesetas, and the time needed for its construction is eight months.

— Miguel Fisac
[Madrid, December 1968.]

Se proyecta la construcción de un edificio unifamiliar en la playa de Mazarrón (Murcia), para don Miguel Fisac.

El terreno es una ladera rocosa, de unos 30° de inclinación, con vistas hacia el mar.

Se trata de edificar una pequeña vivienda con una disposición y calidad de materiales muy modesta, en la que las diferentes piezas de que consta la casa están formadas por cuatro módulos que van disminuyendo de tamaño y que se van apoyando cada uno en el anterior.

En el primer módulo se dispone una terraza, un cuarto de estar, un comedor y una cocina, y cada uno de los restantes módulos es una habitación dormitorio con su cuarto de aseo.

Estructuralmente cada uno de estos módulos está formado por unas vigas perimetrales que cogen el forjado y por unos paramentos verticales formados por un murete exterior de medio pie y un tabicón en el interior, reforzándose esta disposición con machones de a pie de ladrillo macizo cada 2 m.

Para la cimentación se dispone en la zona rocosa de una solera continua a la que se le sacan unos tetones anclados en la roca para evitar el deslizamiento y una zapata escalonada y armada en las zonas de terreno arenoso.

Los servicios, los materiales, así como las diferentes características de las restantes instalaciones están indicados en el presupuesto general, y son todos ellos de la máxima sencillez.

El presupuesto de estas obras se calcula en 343.464,98 pesetas, y el plazo de su construcción es de ocho meses.

— Miguel Fisac
[Madrid, diciembre de 1968.]

House on the Bay of Mazarrón. Murcia, 1968-1969 — Miguel Fisac

Chalet en la Bahía de Mazarrón. Murcia, 1968-1969

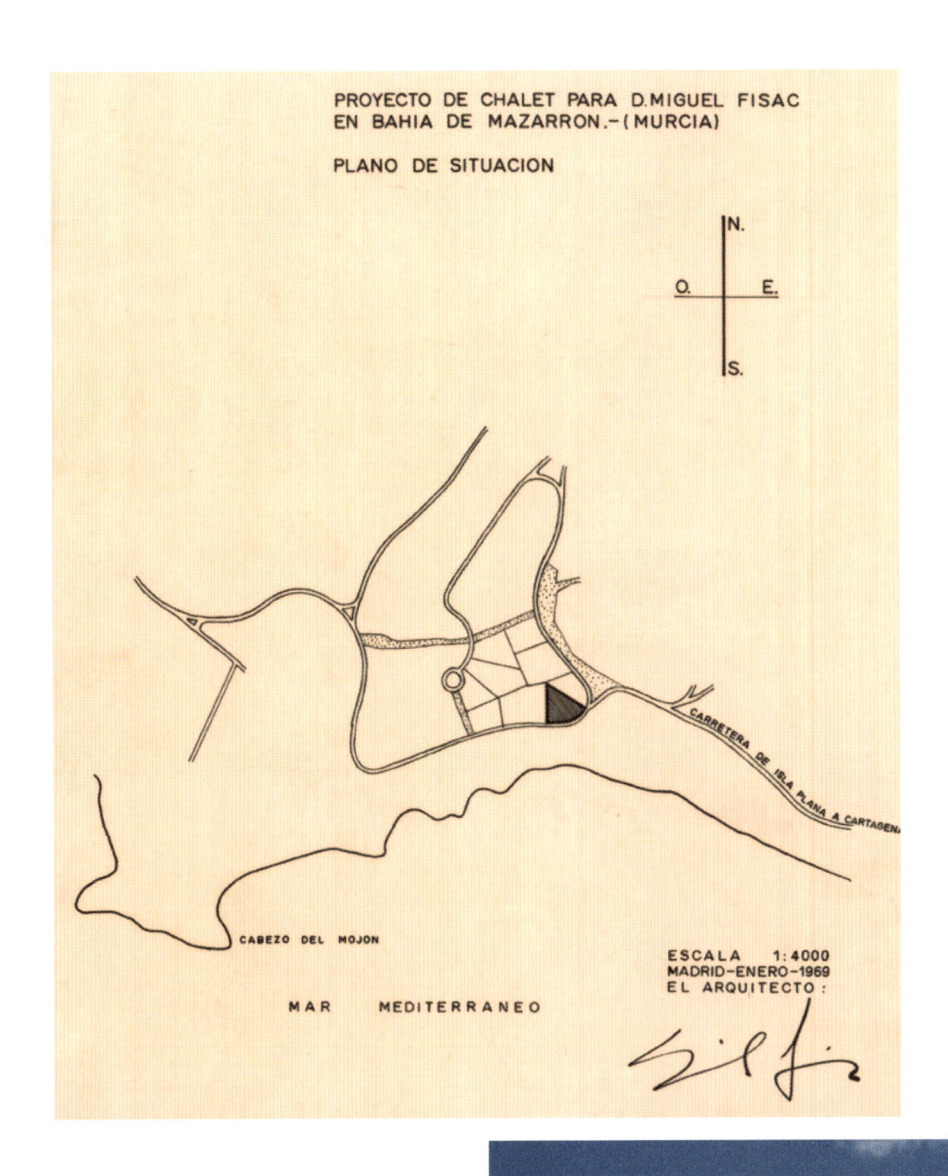

220 / 221

‹ **Vista de la vivienda desde la bahía.**
View of the house from the bay.

^ **Plano de situación.**
Location plan.

› **Vista exterior.**
Exterior view.

House on the Bay of Mazarrón. Murcia, 1968-1969 — Miguel Fisac

Chalet en la Bahía de Mazarrón. Murcia, 1968-1969

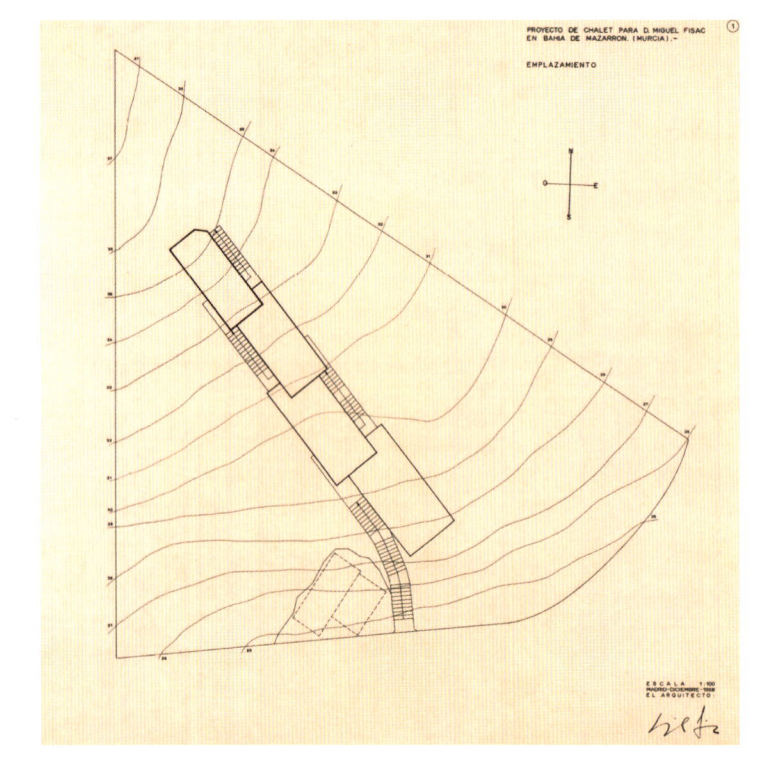

House on the Bay of Mazarrón. Murcia, 1968-1969 — Miguel Fisac

‹ Emplazamiento.
Site plan.

⌄ Plano de saneamiento.
Sanitary water plan.

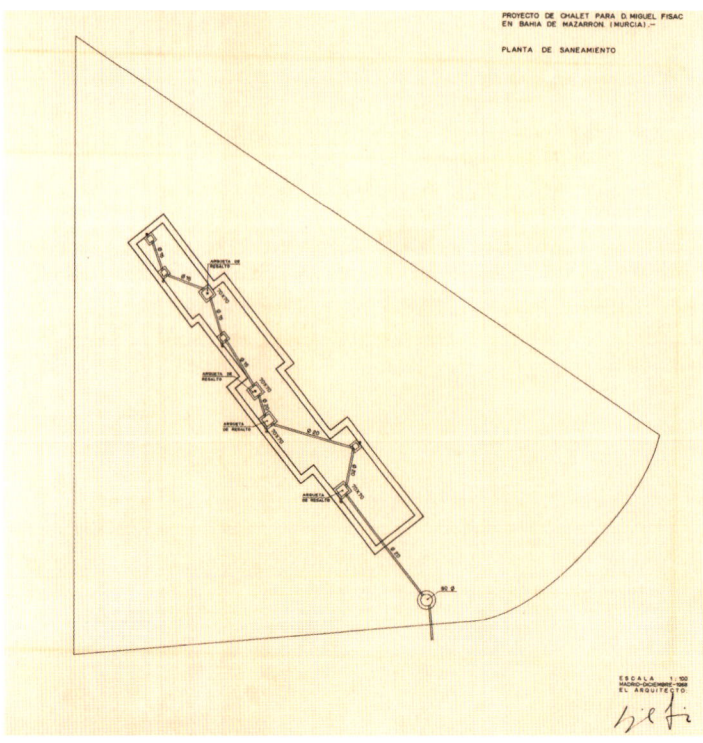

Chalet en la Bahía de Mazarrón. Murcia, 1968-1969

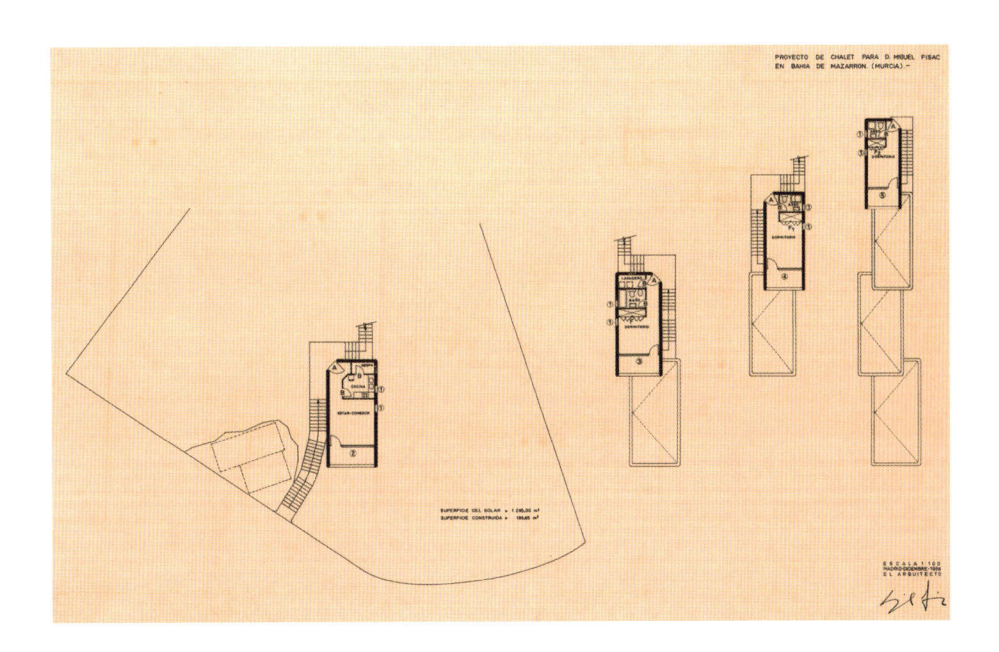

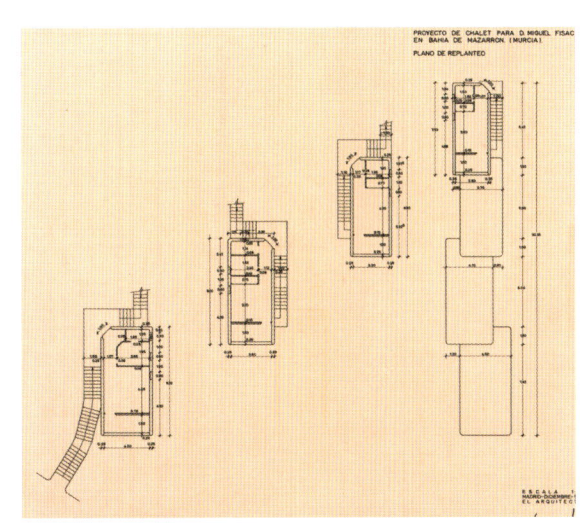

224 / 225

^ Solar y superficies de uso por planta.
Schemes of sunlight and light.

› Plano de replanteo.
Plan of the layout.

› Croquis de las plantas de cada módulo.
Sketch of the floor plans of each module.

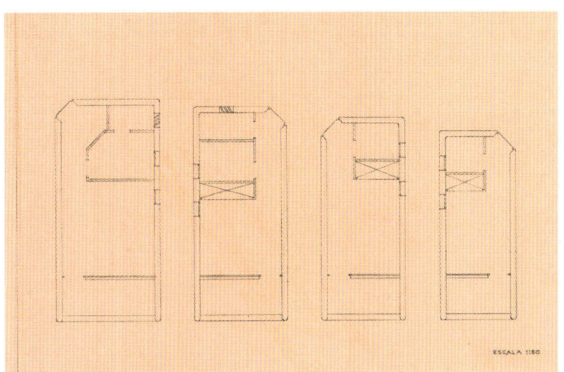

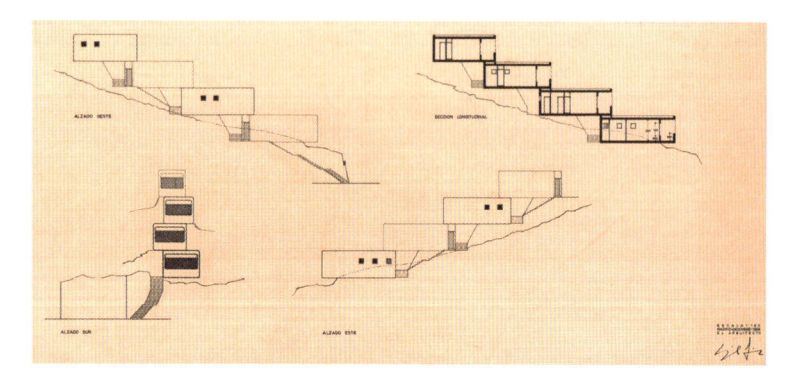

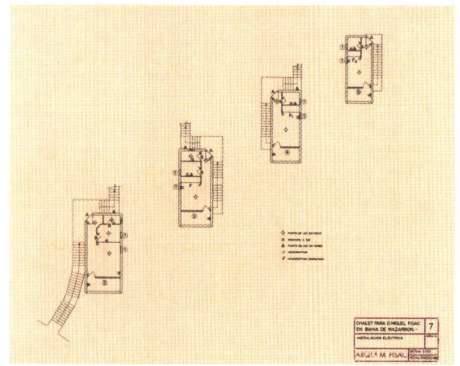

House on the Bay of Mazarrón. Murcia, 1968-1969   Miguel Fisac

⌃ **Vista de la vivienda desde la carretera.**
View of the house from the main road.

‹ **Alzados y sección transversal.**
Elevations and transverse section.

‹ **Plano de instalación eléctrica.**
Electrical wiring diagram.

Chalet en la Bahía de Mazarrón. Murcia, 1968-1969 226 / 227

› **Plano de estructura.**
Plan of the structure.

› **Memoria de carpinterías.**
Carpentry specifications.

˅ **Vista exterior.**
Exterior view.

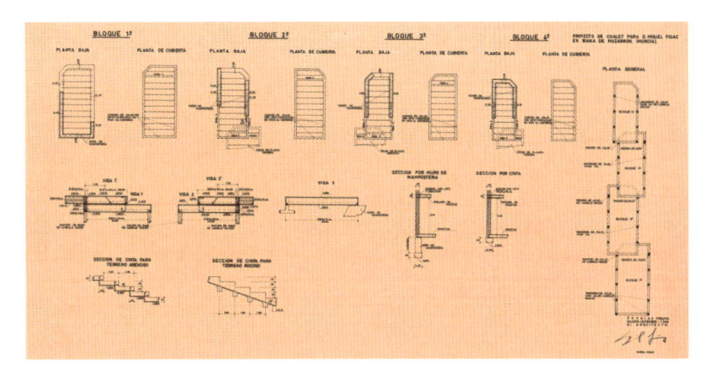

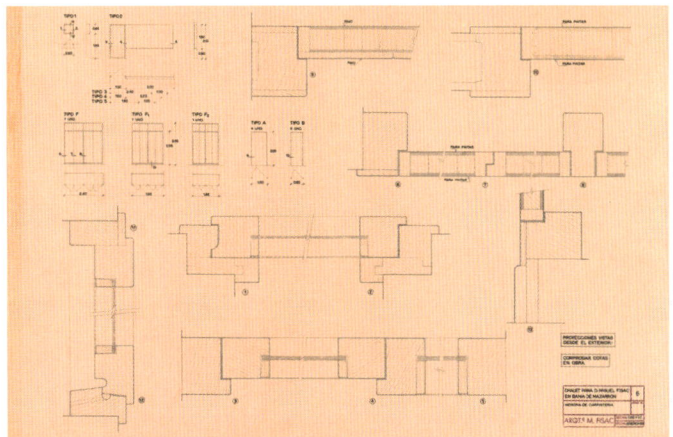

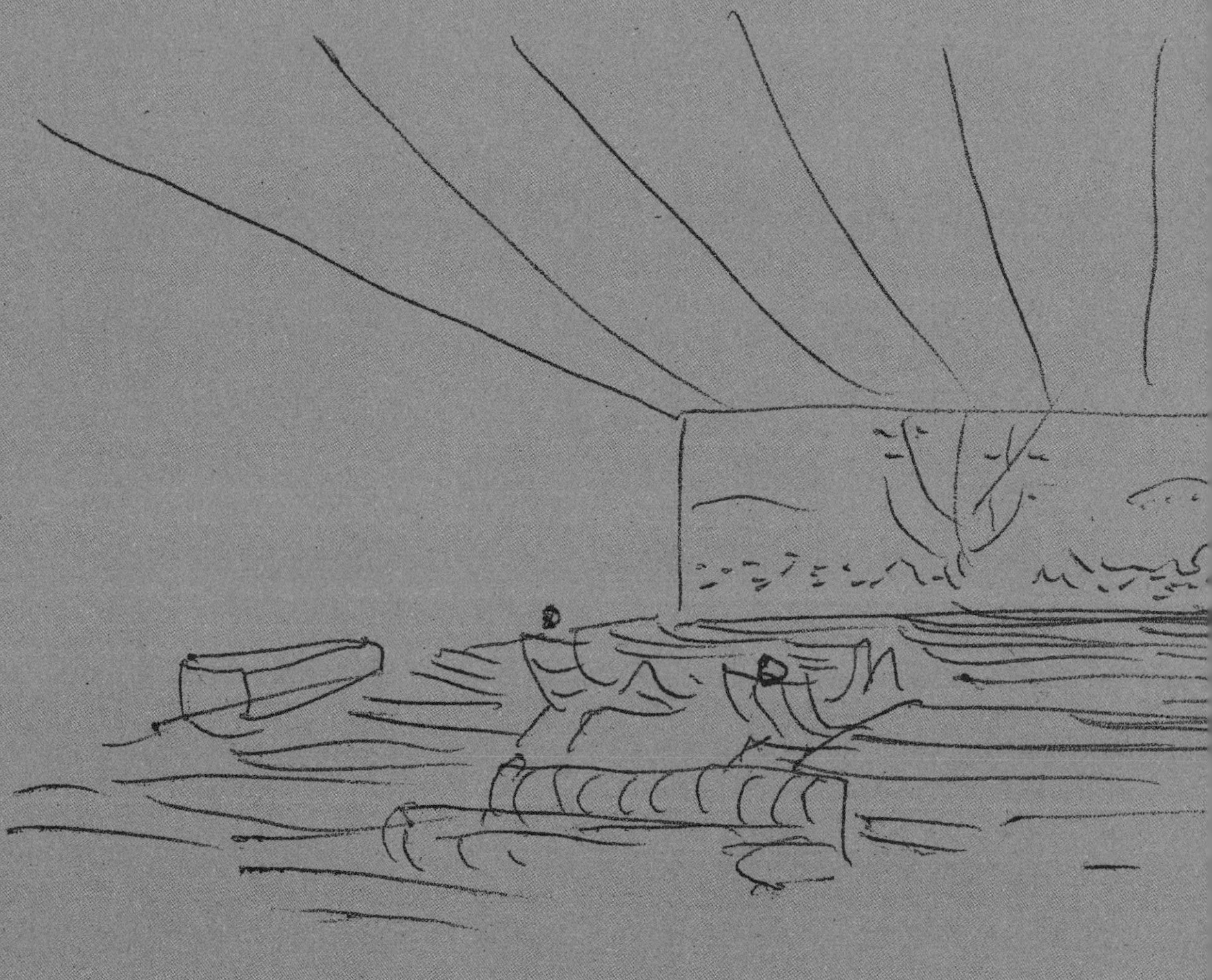

Urbanización junto al mar
Residential Development by the Sea

Alcudia, Mallorca, 1983-1984
Alejandro de la Sota

Residential Development by the Sea. Alcudia, Mallorca 1983-1984
Alejandro de la Sota

According to his biology, man tends to possess his territory.

According to his climate, if favourable to him, marks on the territory will be sufficient. The roar of the lion, the fox's piss.

According to his privacy, his nature requires the concealment of his activity or rest.

If man encloses himself in his own house, he has everything, but he loses nature. He then looks for a way to apprehend it, if not all, at least part. The patio appeared.

From Pompeii to Mies van der Rohe — to say nothing of Spain —the patio appears: interior if the house is large enough, and adjacent, contiguous, made with walls, if it is not so large.

The possessing of nature is such a well-known fact, that there is nothing so linked to the landscape as the rural wall. Miles of walls have gone into the best canvases.

The idea was a development with more walls and within these the private life, covering the space they delimit with vines, creepers and awnings. We will live in the whole of the small plot, which we have converted into a larger house.

We will live under trained vines. Who does not remember the houses of navvies or railway pointsmen?

We make the house a periscope, a shady terrace, to see the sea and the hills in the distance. In addition, a small seawater pool.

The whole construction is prefabricated and transported from the factory to the destination, in this case Mallorca. Sheet metal panels, metal floor slabs, metal partition walls, factory-made services, prefabricated flooring in large sections, all easy to assemble.

Time is saved, clarity is achieved and forms perhaps far removed from architecture are imposed.

To see the sea from all the houses; to have private life in all of them.

The idea was an open house, turning the plot, the garden, into a real house under bougainvillea, vines and so on.

Above them the sun deck with its panoramic views.

— Alejandro de la Sota
[Published in *Quaderns d'Arquitectura i Urbanisme*, No. 160, Barcelona, January-February 1984, p. 20.]

Según su biología, el hombre tiende a poseer su territorio.

Según su climatología, si es propicia, le bastaría con marcas sobre el territorio. El rugido del león, el pis del zorro.

Según su intimidad, su característica exige la ocultación de su actividad o descanso.

Si el hombre se encierra en su propia casa, consigue todo, pero pierde la naturaleza. Busca entonces la manera de aprehenderla, si no toda, en parte. Ya apareció el patio.

Desde Pompeya hasta Mies van der Rohe, no digamos en España, aparece el patio: interior si la casa da para ello, y adyacente, contiguo, hecho con tapias, si no llegamos a tanto.

Es un hecho tan notorio poseer naturaleza, que no existe nada tan ligado al paisaje como la tapia campesina. Kilómetros de tapias han pasado a los mejores lienzos.

Se intenta una urbanización con más tapias y dentro de ellas la vida íntima, cubriendo el espacio por ellas determinado con parras, enredaderas, toldos. Viviremos en toda la pequeña parcela que así hemos convertido en la más grande casa.

Viviremos emparrados. ¿Quién no recuerda las viviendas de peones camineros o de guardagujas de los ferrocarriles?

Hacemos a la vivienda un periscopio, terraza con sombra, para ver lejos el mar y el monte. Se añade una piscina pequeña propia y de agua de mar.

Se prefabrica toda la construcción y se lleva hecha desde la fábrica a donde sea, en este caso a Mallorca. Paneles de chapa, forjados de chapa, tabiques de chapa, instalaciones hechas en taller, pavimentos prefabricados de grandes dimensiones; todo de fácil montaje.

Se ahorra tiempo, se consigue claridad y se obliga a formas tal vez lejos de la arquitectura.

Ver el mar desde todas las casas; tener vida íntima en todas ellas.

Se pensó en una casa abierta, convirtiendo la parcela, el jardín, en auténtica casa, bajo buganvillas, enredaderas, etcétera.

Sobre ellas el mirador solario.

— Alejandro de la Sota
[Publicado en *Quaderns d'Arquitectura i Urbanisme*, núm. 160, Barcelona, enero-febrero 1984, p. 20.]

Residential Development by the Sea. Alcudia, Mallorca 1983-1984 — Alejandro de la Sota

playa con toldos
se ve el mar

ladera con casas
impiden vistas del mar

terrazas en sombra
permiten la visión total

no se puede ver el mar

Urbanización junto al mar. Alcudia, Mallorca, 1983-1984

Residential Development by the Sea. Alcudia, Mallorca 1983-1984 — Alejandro de la Sota

> **Alzados laterales.**
> Side elevations.

> **Alzado a la calle.**
> Street elevation.

> **Alzado posterior.**
> Rear elevation.

> **Planta baja,
> planta superior.**
> Ground floor, first floor.

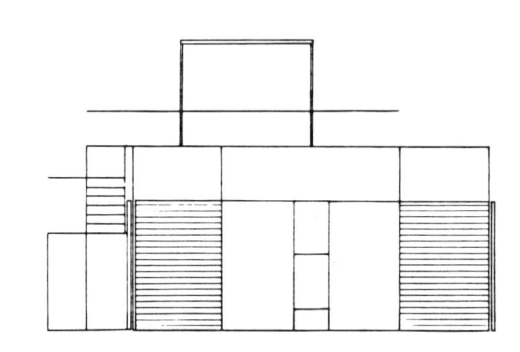

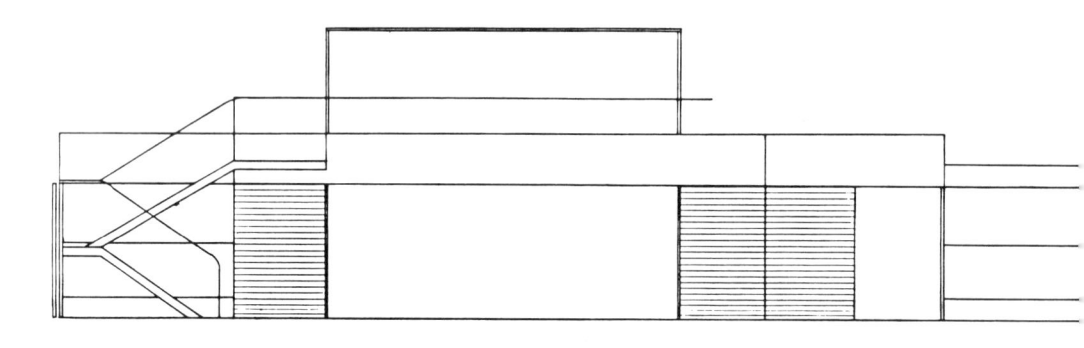

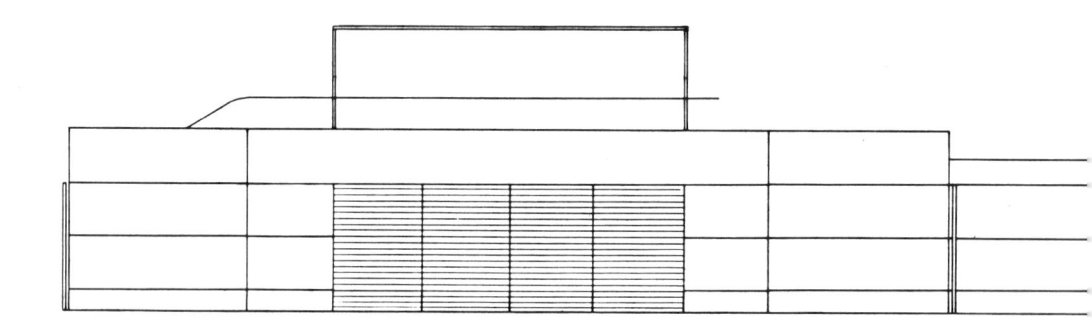

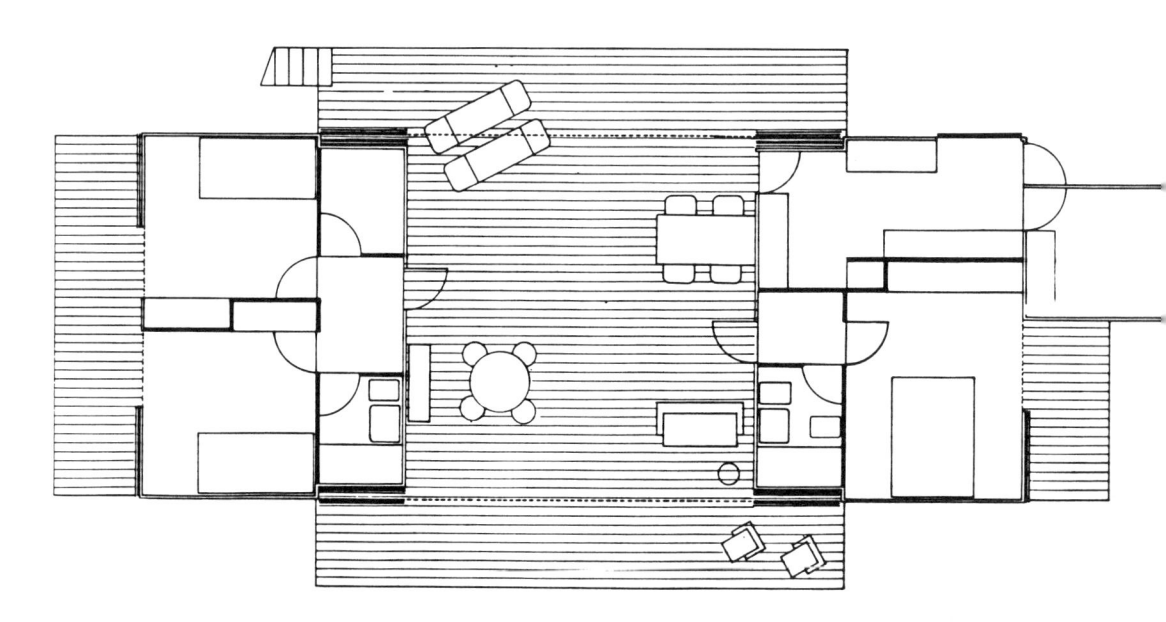

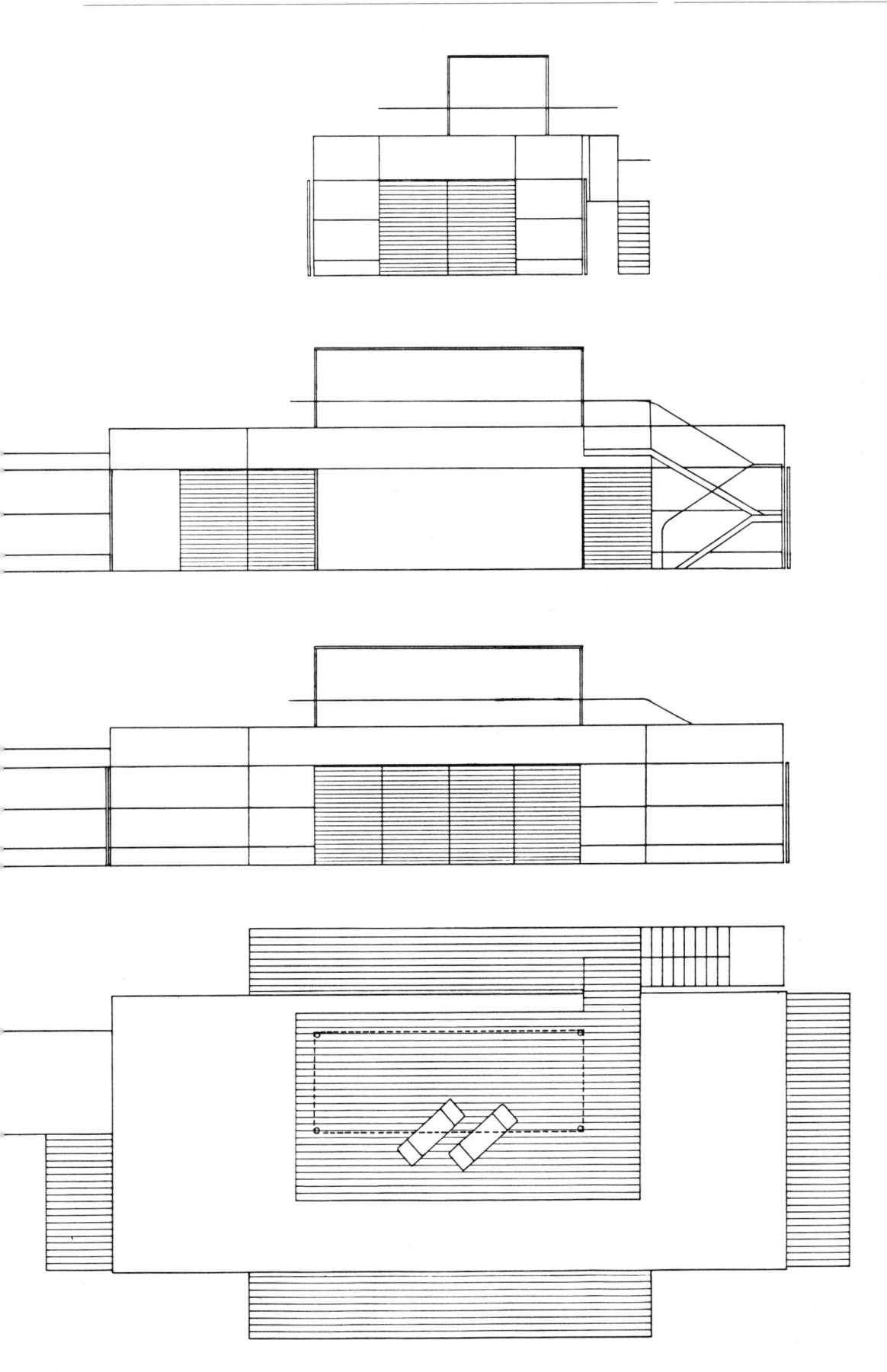

Urbanización junto al mar. Alcudia, Mallorca, 1983-1984

Residential Development by the Sea. Alcudia, Mallorca 1983-1984   Alejandro de la Sota

Urbanización junto al mar. Alcudia, Mallorca, 1983-1984

Residential Development by the Sea. Alcudia, Mallorca 1983-1984   Alejandro de la Sota